W0033209

Heinz Nawratil

Der Kult mit der Schuld

Heinz Nawratil

Der Kult mit der Schuld

*Geschichte
im Unterbewußtsein*

Mit einem Nachwort von
Prof. Herbert Speidel

Universitas

Besuchen Sie uns im Internet unter
http://www.herbig.net

© 2002 by Universitas
in der F. A. Herbig Verlagsbuchhandlung GmbH, München
Alle Rechte vorbehalten
Satz: Fotosatz Völkl, Puchheim
Druck und Binden: GGP Media, Pößneck
Printed in Germany
ISBN 3-8004-1439-2

Inhalt

»Moralisch gesehen ist es ebenso falsch, sich schuldig zu fühlen, ohne etwas Bestimmtes angerichtet zu haben, wie sich schuldlos zu fühlen, wenn man tatsächlich etwas begangen hat. Ich habe es immer für den Inbegriff moralischer Verwirrung gehalten, daß sich im Deutschland der Nachkriegszeit diejenigen, die völlig frei von Schuld waren, gegenseitig und aller Welt versicherten, wie schuldig sie sich fühlten.«

Hannah Arendt

1.

Warum dieses Buch geschrieben wurde

Ernst Jünger hat einmal konstatiert: »Der Antigermanismus scheint wie der Antisemetismus zu den Grundbestimmungen der Welt zu gehören; er bedarf keiner Begründungen. Wenn man heute eine Zeitung aufschlägt, sieht man, wie ihm gefrönt wird wie einer Orgie, auch von Landsleuten.«

Wer diese Feststellung für übertrieben hält, kann sie – zum Beispiel bei einem Rundgang durch eine beliebige deutsche Großstadt – selbst überprüfen. Er hat dabei gute Aussichten, Wandschmierereien wie die folgenden zu entdecken: »Deutschland verrecke«, »Tod der BRD«, »Scheißdeutschland« und in Köln mit etwas Glück: »Ausländer rein, Rheinländer raus«.

Manche Geschäfte verkaufen auch Aufkleber mit dem Text »Deutsche raus« (darunter winzig, kaum leserlich: »ins Grüne«) oder T-Shirts mit Galgensilhouette und der Umschrift »Dem deutschen Volke«. Bei Demonstrationen zu sehen sind Transparente wie »Ausländer – laßt uns mit diesen Deutschen nicht allein« oder »Ich schäme mich, ein REINRASSIGER Deutscher zu sein«.

Das Bundesverfassungsgericht sieht diesem Spuk mit auffallender Gelassenheit zu. Als die linke Punkrockgruppe »Slime« ein Lied mit dem Text »Deutschland muß sterben, damit wir leben können« herausbrachte und dann das Amtsgericht Berlin-Tiergarten wegen böswilliger Verächtlichmachung der Bundesrepublik eine Geldstrafe verhängte (das Berliner Kammergericht bestätigte das Urteil später), entschied das Bundesverfassungsgericht am 3. November 1999 dagegen, das Stück unterliege der Kunstfreiheit, wobei es auf die künstlerische Qualität nicht ankomme.

Antideutsche Gedankengänge sind auch in der Politik keineswegs selten und kamen vor allem bei der Wiedervereinigungsdebatte in die Öffentlichkeit. Der Grünenabgeordnete Dr. Briefs beendete seine Bundestagsrede vom 21. Juni 1990 mit dem Ausruf »Nie wieder Deutschland«, und seine ehemalige Parteigenossin Jutta Ditfurth, Mitbegründerin der Initiative »Nie wieder Deutschland, nie wieder Krieg«, meinte bündig: »Ich finde Deutschland zum Kotzen.« Auf die Frage »Lieben Sie Deutschland?« antwortete Jan Philipp Reemtsma mit der Gegenfrage: »Halten Sie mich für nekrophil?« Bekannt wurde der Hamburger Milliardär vor allem durch seine umstrittene Antiwehrmachtsausstellung. Bis dato hatte er nur das linksextreme Magazin »konkret« bezuschusst – ebenso wie sein Vater früher die Nationalsozialisten gesponsert hatte.

Auch unter Intellektuellen erfreut sich der Antigermanismus einer erstaunlichen Verbreitung, Beispiel Erich Kuby: »24 Jahre bewußter Zeitgenosse von A. H. (Adolf Hitler) lehrten mich, nicht ihn, sondern unser Volk zu verachten.« Oder der »konkret«-Verleger Gremliza: »Noch immer war jeder große Tag in der Geschichte der Deutschen ein schwarzer Tag in der Geschichte der Menschheit.« Oder der ehemalige Feuilletonchef der »Zeit«, Fritz J. Raddatz: »Schiebt es nicht immer auf ein paar SS-Bestien … Jeder von uns ist Kain. Jeder von uns hat seinen Abel erschlagen.« Der Schriftsteller Arno Schmidt meint: »Die Deutschen sind noch immer derselbe unveränderbare Misthaufen, ganz gleich, welche Regierungsform. Schließlich ist es ja auch wirklich egal, ob ein Kuhfladen rund oder ins Quadrat getreten ist: Scheiße bleibt's immer.«

In der ZDF-Sendung »5 nach 10« vom 15. Dezember

1986 zum Thema »Sterben die Deutschen aus?« meinte Margarete Mitscherlich, die Mitverfasserin des linken Kultbuchs »Die Unfähigkeit zu trauern«, konsequenterweise, für sie bedeute es weder einen Grund zur Besorgnis noch Anlaß zur Trauer, wenn das deutsche Volk in nicht allzu ferner Zukunft aussterben würde, denn es habe in den beiden Weltkriegen dieses Jahrhunderts unendlich viel Schuld auf sich geladen. Nur eine intensive Vermischung mit den kinderreichen Farbigen der dritten Welt könne den verbrecherischen Volkscharakter allmählich verändern. Die Deutschen seien eine Verbrechernation, die kein Recht mehr auf ein eigenes Volksleben habe.

Eine andere Lösung weiß der ehemalige SDS-Aktivist Erhard Lucas-Busemann, der bis zu seinem Tod in Bremen als Sozialhistoriker lehrte: »Auch wenn alle Deutschen nach 1945 von ihrem Territorium vertrieben und über den ganzen Globus zerstreut worden wären, dürften wir uns nicht beklagen.«

Um den Leser nicht mit einer endlosen Reihe geistesverwandter Zitate zu langweilen, soll die Aufzählung mit Wiglaf Droste abgeschlossen werden, der als freier Autor das ganze Medienspektrum von links bis linksextrem bedient, unter anderem »Der Spiegel«, »Süddeutsche Zeitung«, »Kritisches Tagebuch« des WDR, »Junge Welt«, »taz«, »konkret«, »Neues Deutschland« und »Titanic«. In letzterem Magazin (Nr. 11/1991) konnte man von ihm lesen: »Das deutsche Volk hat die moralische Verpflichtung auszusterben, und zwar subito. Jeder Pole, Russe, Jude, Franzose, Schwarzafrikaner usw. hat genauso viele Rechte, auf ›deutschem Boden‹, von dem gesprochen wird, als sei er heilig und gebenedeit, zu leben wie irgendein Deutscher – wenn nicht sogar mehr. Ich habe kein persönliches Schuldgefühl, was die deutsche Vergangenheit angeht, und ich möchte niemandem eins einreden. Historisch aber muß eine Gerechtigkeit erzwungen werden, und wenn so zirka 100 Millionen Asylanten, egal, wie arm, krank und kriminell sie sein mögen, aufgenommen und gleichwertig behandelt worden sind, dann darf an einem Kneipentisch ein Besoffener einmal leise seine Überfremdungsbeschwerde führen – aber keinen Tag eher. Die ›Deutschland-den-Deutschen!‹-Deutschen, egal, ob sie radikal nazistisch wie in Hoyerswerda oder unterschwellig rassistisch auftreten, wie zum Beispiel in Saarlouis oder Bielefeld, haben den Rand zu halten und sich nicht zu mopsen. Tun sie es doch, gehören sie – ja doch! – deportiert, an den dunkelsten, kältesten und elendsten Ort, der sich in diesem Universum finden läßt. Dort dürfen sie dann in der Scheiße, die sie im Kopf haben, ersaufen.«

Szenenkenner Rolf Stolz, einstmals Mitbegründer der Grünen und Initiator der Linken Deutschlanddiskussion, warnt in seinem Buch »Der deutsche Komplex«, davor, das Phänomen des linken deutschen Selbsthasses zu unterschätzen: »Die Deutschen als lebensunwertes Leben, Deutschland teils als absolute politische Unmöglichkeit, teils als Krebsgeschwür Europas – das ist jenes zugespitzte, übersteigerte Selbst(-haß-)Gefühl, das in dieser Radikalität bisher nur eine gewisse Szene erfaßt hat, aber heute bereits in abgemilderter Form ein tatsächliches Massenphänomen ist.«

Bemerkenswert ist jedenfalls, wie hier alle Elemente der nationalsozialistischen Ideologie in rotlackierter Version wiederkehren: die Einteilung der Menschen in gute und böse Rassen, von denen letztere möglichst von der Erdoberfläche verschwinden sollten; die historische Notwendigkeit und Entschuldbarkeit von Verbrechen, insbesondere wenn Untaten der anderen Seite vorausgegangen sind (Hitlers Argumentation im Rußlandfeldzug), eine Neuauflage der »jüdisch-bolschewistischen

Weltverschwörung« mit neu verteilten Rollen etc. Vielleicht hat Hitler am Ende doch gesiegt, und wir haben's bloß noch nicht gemerkt.

Während nach dem Krieg rund 85.000 Bücher allein zum Thema Antisemitismus und Judenmorde geschrieben wurden, können Studien über den Antigermanismus und seine Quelle, die Kollektivschuld, als Rarität gelten. Die wenigen vorliegenden Arbeiten befassen sich mehrheitlich mit dem Deutschlandbild im Ausland. Der deutsche Deutschenhaß wird allenfalls beiläufig abgehandelt. Grund genug, ihm eine eigene Studie zu widmen.

2.

Die Kollektivschuld ist tot – es lebe die Kollektivschuld

Die These der Kollektivschuld, der Schuld aller Deutschen an Kriegen und Verbrechen der braunen Diktatur, war 1945 in aller Munde. Nicht ohne Grund, wie Worte und Taten zahlreicher alliierter Politiker ahnen lassen, zum Beispiel Clement Attlees Rede vom 1. März 1945 im britischen Unterhaus: »Sie (die Deutschen) haben die alten Schranken eingerissen, und deshalb sage ich, daß sie sich nicht auf das alte Europa berufen können. Falls sie sich fügen, falls sie wiedergutmachen müssen, haben sie kein Recht, die Grundlage der Moralgesetze zu beschwören, die sie selbst nicht beachtet haben, oder auf Mitleid und Gnade zu rechnen, die sie niemals anderen zuteil werden ließen.«

Die Kollektivschuld war ein bequemes Argument, um sich über die »Grundlage der Moralgesetze« hinwegzusetzen. Die Mehrzahl der deutschen Politiker jener Zeit hat sich daher entschieden gegen solche Ideen gewandt, Oppositionsführer Kurt Schumacher ebenso wie Regierungschef Konrad Adenauer.

In den 60er Jahren war von der Kollektivschuld nur noch wenig zu hören, so daß bei flüchtiger Betrachtung der Eindruck entstehen konnte, die These sei zu Grabe getragen worden. Aber gelegentlich wurde deutlich, daß mit dem Wort keinesfalls die Idee ausgestorben war. Genannt seien hier nur Bücher wie die von Shirer, Mitscherlich, Giordano oder Goldhagen. Ralph Giordano zum Beispiel, ein prominenter Fernsehjournalist, schreibt 1987 in seinem Buch »Die zweite Schuld« sogar unverblümt: »Ich bin immer, ohne je geschwankt zu haben, ein Anhänger der Kollektivschuldthese gewesen.«

Giordanos Vorstellungen lassen sich nicht allein mit seiner Vergangenheit als gewalttätiger Kommunist erklären; denn er steht mit ihnen nicht allein: der ganze linke Medienverbund der Republik – vom öffentlich-rechtlichen Fernsehen über den »Spiegel« bis hin zum »Stern« – spendete ihm frenetischen Beifall. Der »Zeit« zum Beispiel war zu entnehmen: »Häuserwände müßten plakatiert werden, von denen die Thesen, Einsichten und Bitterkeiten dieses Buches mahnen.«

Mehr ins rassistische Fahrwasser steuerte dann 1996 der Amerikaner D. J. Goldhagen mit seinem Bestseller »Hitlers willige Vollstrecker«. Er empfiehlt, die Deutschen »mit dem kritischen Auge des Anthropologen« zu betrachten. Der Deutsche sei »im allgemeinen brutal und mörderisch« gegenüber Angehörigen anderer Völker und gehöre »einer politischen Kultur des Todes« an. Daher habe man die Juden »guten Gewissens« umbringen können. Das Magazin »Time« feierte Goldhagens unwissenschaftliches Pamphlet als zweitbestes Sachbuch des Jahres 1996, und die »New York Times« sprach von einer »der seltenen Neuerscheinungen, die die Bezeichnung Markstein verdienen«.

Trotzdem tut man in der deutschen Öffentlichkeit gern so, als sei die Kollektivschuld reine Halluzination. Zum Beispiel schreibt Helmut Dubiel in seinem Buch »Niemand ist frei von Geschichte/Die nationalsozialistische Herrschaft in den Debatten des Bundestages«: »An der Abwehr der Kollektivschuldthese, die sich in den einschlägigen Debattenbeiträgen sehr häufig findet, ist vor allem bemerkenswert, daß sie auf einen Vorwurf reagiert, den niemand erhoben hatte. In keinem Dekret der Besatzungsmächte, in keiner öffentlichen Äußerung eines mit Definitionsmacht ausgestatteten britischen, französischen oder amerikanischen Politikers war jemals von einer kollektiven Schuld aller Deutschen die Rede.«

Noch krasser formuliert der linkslastige Historiker und »Faschismusforscher« Wolfgang Benz in seinem Lexikon »Legenden Lügen Vorurteile«: »Zum Arsenal rechtsradikaler Propaganda gehört die Behauptung, die Alliierten hätten die These von der Kollektivschuld aller Deutschen an den Verbrechen des Hitlerregimes propagiert und darauf gestützt die Bestrafung und Umerziehung der Deutschen ... betrieben ... Die Mühe ist auch deshalb vergeblich, weil die These einer Kollektivschuld der Deutschen niemals Bestandteil der alliierten Politik gegenüber Deutschland gewesen ist oder zur Begründung dieser Politk nach 1945 herangezogen wurde.«

Für den historisch Interessierten klingen solche Sätze so, als wolle jemand behaupten, die Französische Revolution oder der Erste Weltkrieg hätten nie stattgefunden. Es füllen nämlich die Zeugnisse des Kollektivschulddenkens höchster westalliierter Repräsentanten und der entsprechenden Kollektivstrafen ganze Bibliotheken. Um den Leser nicht zu ermüden, sollen im folgenden nur einige wenige Beispiele präsentiert werden. Zum Beispiel schrieb Präsident Roosevelt an den Kriegsminister Stimson: »Dem gesamten deutschen Volk muß eingehämmert werden, daß die ganze Nation an einer gesetzlosen Verschwörung gegen die Gesittung der modernen Welt beteiligt war.« Zum Beispiel heißt es in der berühmten Anweisung an die amerikanischen Besatzungstruppen in Deutschland, der »Direktive JCS 1067«: »Es sollte den Deutschen beigebracht werden, daß Deutschlands skrupellose Kriegsführung aus dem Geist des fanatischen Naziwiderstands die deutsche Wirtschaft zerstört und Chaos und Leiden unvermeidlich gemacht hat und daß die Deutschen der Verantwortlichkeit nicht entrinnen können für das, was sie selbst über sich gebracht haben.

Deutschland wird nicht besetzt werden zum Zweck der Befreiung, sondern als eine besiegte Feindnation.«

Den geistigen Nährboden für diese Direktive bereiteten Schriften wie die eines gewissen Louis Nizer, »What to do with Germany«. Dort konnten die US-Bürger unter anderem lesen: »Der Nazismus ist keine neue Theorie, geboren aus der Ungerechtigkeit des Versailler Vertrags oder aus wirtschaftlicher Notlage. Er ist ein Ausdruck deutscher Bestrebungen, die in Jahrhunderten ihren Niederschlag gefunden haben ... Es gab einen Kaiser vor Hitler und Bismarck vor dem Kaiser und Friedrich den Großen vor Bismarck – in der Tat sind 2000 Jahre deutschen Wesens dafür verantwortlich ... Ja, es gibt eine deutsche Verschwörung gegen den Weltfrieden und gegen jeden freien Menschen in jedem Land. Es ist eine Verschwörung, die in der Niederlage nie abgestorben ist. Sie ist dem Volk angeboren ...

Die deutsche Philosophie ist aus der Barbarei entstanden und durch Kultur verfeinert und gefährlicher gemacht worden. Sie bleibt jedoch die Philosophie von Zahn und Klaue, modernisiert durch Flugzeug-Zähne und Panzer-Klauen. Die Jahrhunderte haben sie nicht geändert. Der Evolution des Menschen, die seine geistigen Fähigkeiten entwickelt hat, haben die Deutschen getrotzt.«

Man könnte diese Zeilen mit einem Achselzucken übergehen, etwa wie die entsprechenden Ergüsse wildgewordener Oberlehrer, mit denen das Dritte Reich so überreich gesegnet war, wenn nicht das Buch von Nizer die Lieblingslektüre von drei amerikanischen Präsidenten gewesen wäre. F. D. Roosevelt verteilte es an seine Kabinettsmitglieder, Eisenhower verteilte 100.000 Exemplare an die Truppe (die obigen Zitate stammen aus der Militärausgabe) und ließ alle Offiziere seines Stabs Aufsätze über das Buch schreiben, und Harry S. Truman schließlich hielt es für »eines der fesselndsten und aufschlußreichsten Bücher«, die er je gelesen habe, und meinte: »Jeder in diesem Land sollte es lesen.«

Soviel zu der obenerwähnten Behauptung von Helmut Dubiel und anderen, niemand habe einen kollektiven Schuldvorwurf erhoben. Obendrein widerspricht sich Dubiel schließlich selbst, wenn er anerkennend feststellt, »bei einer Mehrheit der Bevölkerung« sei ein »Prozeß der Schuldreflexion« in Gang gekommen.

Welch schöne Früchte dieser Prozeß schon trägt, bewies am 26. Juni 1999 Alexander Schuller in der »Welt«: »Wer zwischen Milošević und den Serben unterscheidet, hat recht. Wer zwischen Hitler und den Deutschen nicht unterscheidet, erst recht. Beides ist nicht vergleichbar ... Jetzt sind auch wir Deutsche ein auserwähltes – ein von Gott verfluchtes – Volk.«

Wie sagte doch Salcia Landmann, die Schweizer Schriftstellerin mit jüdisch-ukrainischen Wurzeln: »Die Bußbereitschaft wegen Auschwitz birgt schon lange irrationale massenpsychotische Elemente.« Auch US-Präsident Reagan meinte am 5. Mai 1985 bei seinem Besuch des deutschen Soldatenfriedhofs in Bitburg: »Den Deutschen ist ein Schuldgefühl aufgezwungen und zu Unrecht auferlegt worden.«

Wie schon angedeutet, begann in den 60er Jahren die Suche nach einem sprachlichen Ersatz für die »Kollektivschuld«. Eine Art Tarnkappe mußte her, um die fragwürdige These wieder gesellschaftsfähig zu machen. Zwar hatte Bundespräsident Heuß schon sehr früh von Kollektivscham gesprochen, aber damit konnte jeder patriotische Demokrat leben; denn wer auf seinen Goethe, Kant oder Beethoven stolz sein will, wird bei der Erinnerung an Hitler, Himmler & Co. nun eben das Gegenteil von Stolz empfinden.

Der Philosoph Jaspers, der Soziologe Habermas,

der Kirchentagspräsident und spätere Bundespräsident von Weizsäcker und Legionen bekannter und unbekannter Schreiber und Redner mühten sich redlich, um der Mißgeburt namens Kollektivschuld durch kunstreiches Facelifting doch noch ein gefälliges Aussehen zu verschaffen. Häufig sprach man von den NS-Verbrechen als »im deutschen Namen« begangen. Aber seit wann ist eine totalitäre Diktatur legitimiert, im Namen des Volkes zu handeln? Und wie populär sind Aktionen, die die Regierung zum Staatsgeheimnis erklären und vor der eigenen Bevölkerung verstecken muß? Bekanntlich war die sogenannte Endlösung der Judenfrage »geheime Reichssache«.

Andere bezeichnen die Menschenrechtsverletzungen nach dem Krieg – zum Beispiel Vertreibung und Vertreibungsverbrechen – gern als notwendige Folge der Besetzung der osteuropäischen Länder ab 1939. So nannte sich eine ARD-Fernsehproduktion 2001 unverblümt »Die Vertriebenen – Hitlers letzte Opfer«. Was aber, wenn gewisse Vertreibungspläne schon vorher nachweisbar wären? In seinem »Schwarzbuch der Vertreibung« hat der Verfasser die wichtigsten polnischen und tschechischen Annexions- und Vertreibungspläne der Vorkriegszeit zusammengestellt und kommt – ebenso wie Prof. Hillgruber und andere Autoren – zu der ernüchternden Erkenntnis, daß der Krieg nicht Ursache der Vertreibung war, sondern nur eine günstige Gelegenheit für die Verwirklichung alter Pläne. Und hatte nicht auch Hitler seine Unrechtsbefehle in Rußland, zum Beispiel den sogenannten Kommissarerlaß, mit den vorausgegangenen Verbrechen des »jüdisch-bolschewistischen Systems« begründet?

Nach einem Umweg über Ausdrücke wie »Tätervolk« oder »kollektive Haftung« landeten die meisten Protagonisten der Kollektivschuld schließlich bei der »kollektiven Verantwortung«. Das klingt angenehm moralisch (wie etwa »Verantwortung im Straßenverkehr«) und ist zugleich vage genug, um den verschiedensten ideologischen Zwecken zu dienen.

In der Praxis hört sich die neue Sprachregelung zum Beispiel so an: »Versöhnung ist ein absolut sinnloser Begriff. Den Erben des judenmordenden Staates kommt gar nichts anderes zu, als die schwere historische Verantwortung auf sich zu nehmen, generationenlang, für immer.« Diese Stellungnahme stammt von dem einflußreichen Fernsehjournalisten Michel Friedman, der zeitweise zugleich Funktionen im Bundesvorstand der CDU und im Zentralrat der Juden bekleidete.

Der unbestrittene Klassiker in diesem Genre ist Richard von Weizsäckers Bundestagsrede vom 8. Mai 1985 zur 40. Wiederkehr der Kapitulation der Deutschen Wehrmacht. Für diese Rede gilt im besonderen, was die Kanzlerwitwe Brigitte Seebacher-Brandt über den Redner im allgemeinen schreibt: »Das Geheimnis seiner Wirkung lag darin, daß der Geist der Zeit, der nicht der Geist des Volkes war, ihm entsprach.«

Was hier interessiert, ist die moderne Version der Kollektivschuldthese, von der die »Jerusalem Post« am 4. September 1985 anerkennend schrieb, der Bundespräsident habe »die junge Generation in Deutschland … konfrontiert mit der Unsühnbarkeit kollektiver deutscher Schuld«. Wie in jeder guten Kollektivschuldrede steht am Anfang die Ablehnung des Wortes Kollektivschuld: »Schuld oder Unschuld eines ganzen Volkes gibt es nicht. Schuld ist, wie Unschuld, nicht kollektiv, sondern individuell.« Es erinnert dieser Kunstgriff an Shakespeares »Julius Cäsar«, wo Antonius seine Brandrede gegen Brutus immer wieder mit einer scheinbaren Verteidigung des Verschwörers tarnt: »Der edle Brutus hat euch gesagt, daß er (Cäsar) voll Herrschsucht war … und Brutus ist ein ehrenwerter Mann.«

Was bei Weizsäcker folgt, ist fast das ganze Repertoire der modernen Kollektivschuldrhetorik: »Wir alle sind von (der Vergangenheit und) ihren Folgen betroffen und für sie in die Haftung genommen.« – »Der Ausbruch des Zweiten Weltkriegs bleibt mit dem deutschen Namen verbunden.« – »Niemand wird um dieser Befreiung willen vergessen, welche schweren Leiden für viele Menschen mit dem 8. Mai erst begannen und danach folgten. Aber wir dürfen nicht im Ende des Krieges die Ursache für Flucht, Vertreibung und Unfreiheit sehen. Sie liegt vielmehr in seinem Anfang und im Beginn jener Gewaltherrschaft, die zum Krieg führte.«

Weiter heißt es: »Wer vor der Vergangenheit die Augen schließt, wird blind für die Gegenwart. Wer sich der Unmenschlichkeit nicht erinnern will, der wird wieder anfällig für neue Ansteckungsgefahren.« Ein bezeichnendes Licht auf die intellektuelle Redlichkeit der Weizsäckerschen Rhetorik warf dann sieben Jahre später eine Rede im bayerischen Wunsiedel, als es im Zusammenhang mit einem deutsch-tschechischen Nachbarschaftsvertrag um deutsche Verbrechensopfer ging: »Der Blick nach vorne heilt die Wunden der Vergangenheit viel besser, als in den Wunden herumzurühren.«

Doch zurück zu der Rede vom 8. Mai 1985: »Die Ausführung (der Judenmorde) lag in der Hand weniger ... Aber jeder Deutsche konnte miterleben, was jüdische Mitbürger leiden mußten ... Wer seine Augen und Ohren aufmachte, wer sich informieren wollte, dem konnte nicht entgehen, daß Deportationszüge rollten.« – Die Pikanterie liegt hier darin, daß der Vater des Bundespräsidenten, Ernst von Weizsäcker, als Staatssekretär im Reichsaußenministerium so sehr in die Judendeportationen verstrickt war, daß die Anklage der Nürnberger Kriegsverbrecherprozesse – hier der sogenannte Wilhelmstraßenprozeß mit dem Rubrum »Gegen Weizsäcker und andere« – für ihn sogar die Todesstrafe forderte. Schließlich kam der Angeklagte mit sieben Jahren Haft davon.

Auf Anfragen von Adolf Eichmann hatte der Staatssekretär »keine Bedenken seitens des Auswärtigen Amtes« gegen die Deportation von Juden aus Frankreich, Belgien und den Niederlanden »zum Arbeitseinsatz in das Lager Auschwitz« signalisiert. Gegenüber der Slowakei drängte das Außenamt sogar von sich aus auf den restlosen Abtransport der dortigen Juden.

Vom Verlauf der berüchtigten Wannseekonferenz vom 20. Januar 1942 und der Folgekonferenzen vom 6. März und 27. Oktober 1942 hatte man Ernst von Weizsäcker unterrichtet. Die entsprechenden Protokolle mit dem Stempel »Geheime Reichssache« und der Überschrift »Besprechung zur Endlösung der Judenfrage« wurden ihm vorgelegt. Vor Gericht verteidigte sich der zweite Mann des Reichsaußenministeriums mit dem Hinweis: »Ich habe Auschwitz, solange ich Staatssekretär war, für ein Lager gehalten, wo Arbeitsmänner interniert waren.« – Sein Sohn betonte noch 1985 gegenüber der »New York Times«: »Ich glaube wirklich, daß er nichts von … den systematischen Massenmorden wußte.«

Eine seltsame Moral: Der kleine Mann wird schon durch den bloßen Anblick der Deportationszüge schuldig. Der große Mann aber, der das grüne Licht für diese Züge gab, ist unschuldig. Der viel zu früh verstorbene Publizist und Essayist Johannes Gross hat zu dieser Geisteshaltung einen passenden Aphorismus zu Papier gebracht: »Die höchste Schamlosigkeit. Die Scham, die einer als eigene empfinden sollte, auf alle Umstehenden verteilen und bewirtschaften. Nach dem Zweiten Krieg bei den hochgestellten Mitläufern der Nazis aufgekommen, längst zum eingeübten Verhalten geworden. Wir alle sind schuldig, sagt der, der zuerst gefehlt hat, und die braven Unschuldigen nicken und schämen sich.«

Zu ergänzen wäre noch, daß auch Richard von Weizsäckers Großvater Carl im Kaiserreich ein hohes Amt bekleidete, nämlich das des württembergischen Ministerpräsidenten. Die »Neue Zürcher Zeitung« bemerkt dazu: »Wenn drei aufeinanderfolgende Generationen ein und derselben Familie hohe Staatsämter innehaben bei den unterschiedlichsten Regierungsformen, wäre das nicht des Nachdenkens wert?«

Auf Richard von Weizsäcker folgte Roman Herzog. Das Hauptverdienst des Niederbayern liegt in der Fortentwicklung der Schuldtheorien.

In einem Pressegespräch meinte Herzog, wenngleich die Nachkriegsgenerationen keine persönliche Schuld trügen (die klassische Einleitung aller Kollektivschuldreden!), »werden wir Redeformen entwickeln müssen, die diesen Generationen ihre Verantwortung vor Augen führen«. Bei der Beschäftigung mit der Zeit des Dritten Reichs solle »mehr von Verantwortung« die Rede sein. Im Klartext konnte das nur bedeuten: Während durch die klassische Kollektivschuldthese aus der Schuld von einzelnen die Schuld einer Generation wird, macht die moderne Version aus der vermeintlichen Schuld einer Generation die Erbsünde eines ganzen Volkes; die Schuld/Haftung/Verantwortung wird gleichsam mit den Genen weitergegeben.

Daß die präsidialen Worte nicht ohne Wirkung geblieben sind, zeigt unter anderem die Ansprache des Bundestagspräsidenten Thierse am 27. Januar 2000 – dem »Tag des Gedenkens an die Opfer des Nationalsozialismus«, den Herzog eingeführt hatte:

»Wie kein anderer Name steht Auschwitz für eine Schuld, die nicht vergeben werden kann und die nie vergessen werden darf. Wenn diese Schuld auch nicht übertragbar ist – die Verantwortung, die daraus erwächst, ist sehr wohl übertragbar.«

Nur seltsam, daß die Bibel – hier Prophet Ezechiel – anderer Meinung ist: »Der Sohn darf nicht an der Schuld seines Vaters, und der Vater soll nicht an der Schuld seines Sohnes tragen« (Ez 18,20). Politiker wie Herzog und Thierse sind eben keine biblischen Monumentalgestalten. Eher gilt hier eine Beobachtung von Karl Krauss: Wenn die Sonne der Kultur niedrig steht, werfen auch Zwerge lange Schatten.

Im Ergebnis ist festzuhalten, daß im gleichen Maß, in dem der Gebrauch des Wortes Kollektivschuld zurückgegangen ist oder abgelehnt wird, sich die dahinterstehende Ideologie ausgebreitet hat. Diese ist heute mächtiger als bei Gründung der Bundesrepublik und sogar drauf und dran, zu einer Art Staatsreligion zu werden. Zum Beispiel glaubt der Historiker Hans Mommsen: »Nicht 1000 Jahre heiler, sondern zwölf Jahre unheilvoller Geschichte vermögen uns vielleicht zu dem verhelfen, was man ein ›gesundes Nationalgefühl‹ nennt.« – Bogodan Musial, ein anderer Historiker, beobachtet: »Deutschland ist wohl das einzige Land der Welt, in dem – wenigstens offiziell – der einzige identitätsstiftende Nenner aus einem Bündel von Antigefühlen besteht, aus denen sich der sogenannte ›negative Nationalismus‹ zusammensetzt.«

Und so berichtete der Schriftsteller Michael Kleeberg in der »Welt« vom 22. Mai 1999 von der Deutschlandreise seines französischen Kollegen Bernard-Henri Lévy die folgende Episode: »Das Interessanteste war die Antwort Joschka Fischers auf Lévys Frage, was denn der Zement sei, der das heutige Deutschland zusammenhalte, der Urkonsens, der Anfangsmythos, so wie die Revolution von 1789 für Frankreich. Fischer antwortete, das sei, so seltsam es sich anhöre, für die Bundesrepublik wohl Auschwitz. Es lohnt, eine Weile innezuhalten und zu überlegen, was ein solcher Satz bedeutet. Ein Staat, so scheint mir, der tatsächlich auf Auschwitz beruht, kann nur eine Finalität haben, nämlich zu verschwinden. Die Chiffre Auschwitz kann vieles bedeuten, eines jedoch nicht: eine Konstruktionsvorlage. Ein Staat Deutschland, der statt auf den Toten seiner Revolution auf den Leichen der von seinen Vätern Vergasten ruhte, dessen einzige Aufgabe wäre es, sich selbst und seinen Namen abzuwickeln.«

3.

Kollektive Schuld, kollektive Strafe

Daß der Gedanke einer Kollektivschuld nicht in philosophischen Seminaren ein beschauliches akademisches Dasein fristete, sondern weitgehende Folgen in der praktischen Politik haben sollte, wurde während des Zweiten Weltkriegs zunehmend klarer.

Schon das Flächenbombardement deutscher Wohnviertel wurde als Beginn der kollektiven Bestrafung angesehen, was sich unter anderem aus Churchills Rede vor dem Unterhaus am 12. November 1946 ergibt. Der Kriegspremier hatte sich in dieser Debatte mit immer neuen Bestrafungsplänen auseinanderzusetzen und erwiderte:

»Man sagt nun, Deutschland müsse bestraft werden. Ich frage: Wann begann die Bestrafung? … Sie begann 1943 und ging 1944 und 1945 weiter, als die schrecklichsten Luftangriffe auf die deutschen Städte niedergingen …«

Bezeichnenderweise nannte die Royal Air Force ihre Angriffswelle gegen Hamburg vom 24. Juli bis zum 2. August 1943 – seinerzeit der verheerendste Luftschlag der Geschichte – »Aktion Gomorrha« zur Erinnerung an die biblische Stadt der Sünden, die Gott bestrafte, indem er Schwefel und Feuer vom Himmel herabfallen ließ und die Stadt mitsamt ihren Einwohnern vom Erdboden vertilgte.

Parallel zu solchen alttestamentarischen Strafaktionen kursierte auch noch eine Fülle der abenteuerlichsten Pläne, die den Präsidenten der Universität Chicago, Robert Hutchings, bei Kriegsende seufzen ließen: »Der bedrückendste Aspekt der gegenwärtigen Diskussion um die Zukunft Deutschlands ist die Freude, mit der die unmenschlichsten Vorschläge vorgetragen, und das sichtbare Vergnügen, mit dem sie von unseren Mitbürgern angehört werden.« In der Tat fielen die einschlägigen Projekte brutal bis grotesk aus. – Zunächst die groteske Version:

Noch vor dem amerikanischen Kriegseintritt veröffentlichte ein gewisser Theodore N. Kaufman das Buch »Germany Must Perish«, dessen Titel man mit »Deutschland muß untergehen« oder »Deutschland muß sterben« übersetzen könnte. Er wollte das deutsche Problem durch Sterilisierung aller Deutschen im zeugungsfähigen Alter gelöst wissen und fügte auch gleich eine Landkarte mit konstruktiven Vorschlägen bei, wie das ausgestorbene Land – einschließlich Österreich – an die Nachbarstaaten verteilt werden könnte. Zur technischen Durchführung schreibt Kaufman:

»Sterilisierung sollte nicht mit Kastration verwechselt werden. Es ist eine gefahrlose und einfache Operation, ziemlich harmlos und schmerzlos, die den Patienten weder verstümmelt noch zum geschlechtslosen Wesen macht ... Wenn man bedenkt, daß solche gesundheitsfördernden Maßnahmen wie Impfungen und Serumbehandlungen als direkte Wohltaten für die Bevölkerung betrachtet werden, dann kommt man nicht umhin, die Sterilisierung des deutschen Volkes als eine große Gesundheitsmaßnahme der Menschheit zu betrachten, um sich FÜR IMMER gegen den Virus des deutschen Wesens (Germanism) zu immunisieren.«

Es gibt zwar keine Anhaltspunkte dafür, daß US-Präsident Roosevelt Mr. Kaufman persönlich gekannt oder gar seinen Plan inspiriert hat, wie in Berlin Propagandaminister Goebbels verbreiten ließ; allerdings wurde das Kaufman-Buch im Dritten Reich derart hochgespielt und auch in großen amerikanischen Blättern erörtert – zum Beispiel im Nachrichtenmagazin »Time«

am 24. März 1941 –, daß es dem Präsidenten nicht verborgen bleiben konnte. Daß Roosevelt dem Sterilisationsgedanken nicht grundsätzlich ablehnend gegenüberstand, ergibt sich aus einigen seiner Äußerungen. Finanzminister Morgenthau überliefert zum Beispiel folgende Äußerung des Präsidenten vom 19. August 1944: »Wir müssen mit den Deutschen hart sein. Das heißt mit dem deutschen Volk, nicht nur mit den deutschen Nazis. Wir müssen sie entweder kastrieren oder mit ihnen so verfahren, daß sie nicht länger Menschen zeugen, die so wie bisher weitermachen.« S. Rosenman, der letzte Rechtsberater Franklin D. Roosevelts, hat berichtet, wie der Präsident amüsiert eine Maschine skizzierte, mit der die Sterilisierung massenhaft durchgeführt werden könne.

Ernsthaft in der amerikanischen Öffentlichkeit diskutiert wurde auch der Vorschlag des Harvard-Professors E. A. Hooton, den am 4. Januar 1943 die amerikanische Zeitschrift »Peabody Magazine« publizierte. In seinem »PM«-Aufsatz »Breed War Strain out of Germans« schlägt der Anthropologe Hooton vor, frei nach Mendels Gesetzen die »deutsche Aggressivität« aus dem Volk herauszuzüchten. Dieses Ziel könne erreicht werden, indem man Angehörige der alliierten Besatzungstruppen zu Ehen mit deutschen Frauen ermutige und außerdem die Einwanderung nichtdeutscher Menschen, vor allem nichtdeutscher Männer, nach Deutschland fördere. Das Gros der ehemaligen Wehrmacht solle währenddessen mindestens 20 Jahre lang im Ausland Zwangsarbeit leisten. Auf diese Weise ließe sich die Zahl der reinrassigen Deutschen (pure Germans) und damit die kriegerische Erbanlage der Mitteleuropäer in absehbarer Zeit drastisch reduzieren.

Ein weiterer menschenfreundlicher Plan, der immerhin zum Teil verwirklicht wurde, war der oft zitierte

Morgenthauplan. Sein Kernstück bildeten – neben der Zerstückelung des besiegten Landes und einer teilweisen Vertreibung – die Zerstörung des Ruhrgebiets und die Verwandlung Deutschlands in ein Agrarland. Daß dadurch die Existenzgrundlage von etwa 30 Millionen Menschen entfalle und diese dann möglicherweise dem Hungertod preisgegeben seien, wie Kriegsminister Stimson am 4. September 1944 bei einem Essen im Hause Morgenthau einwendete, beeindruckte den Finanzminister wenig. Er erklärte:»Ich bin dafür, erst zu zerstören, und um die Bevölkerung werden wir uns dann in zweiter Linie Sorgen machen.« Auch seinen väterlichen Freund Franklin D. Roosevelt und dessen Frau plagten wenig Skrupel. Morgenthau fährt fort:»Ich konnte mit dem Präsidenten ruhig und ungestört sprechen, und ihm gefiel mein Vorschlag, auch Mrs. Roosevelt, die früher eine große Pazifistin war. Es macht ihr überhaupt keine Sorge.«

Auch Churchill, der schon am 11. Dezember 1941 öffentlich erklärt hatte, er wolle den Deutschen »eine Lektion erteilen, die auch in 1000 Jahren nicht vergessen sein wird«, schloß sich nach kurzem Zögern dem Konzept des US-Finanzministers an.

Der Plan Morgenthaus, den ein Leitartikel der »Washington Post« 1944 in die Nähe von Fieberträumen (product of a fevered mind) gerückt hatte, wurde im Oktober 1944 vorerst auf Eis gelegt und nach Roosevelts Tod endgültig fallengelassen.

Weit verbreitet unter hochrangigen Politikern in Washington war auch der Wunsch, Deutschland in Kleinstaaten aufzuteilen, eine Idee, die vor allem der Unterstaatssekretär im State Department, Sumner Welles, vehement vertrat und die auf der Konferenz von Jalta (3.–12. Februar 1945) ernsthaft diskutiert wurde. Der US-Diplomat George F. Kennan schilderte seine einschlägigen Gedanken, ausgehend von einem Memorandum zur deutschen Frage, das er 1940 für Sumner Welles verfaßt hatte:

»... Und ich schloß mit der Befürwortung einer Politik, deren Ziel die Teilung Deutschlands sein müsse, nämlich die Beseitigung des mit der nationalen Einigung Deutschlands und Italiens angerichteten Schadens durch eine Rückkehr zum Partikularismus des 18. Jahrhunderts – zu den kleinen Fürstentümern, den Operettensoldaten und dem romantischen Lokalkolorit vergangener Zeiten.

Heute staune ich über mich selbst bei der Lektüre dieser Aufzeichnung ...«

Letztlich konnten sich diese Vorstellungen aber nicht durchsetzen. Gefallen war auch der Plan, die Bewohner des Saarlands zu vertreiben, den unter anderem Eisenhower mit den Worten begrüßt hatte: »Man sollte lieber die Deutschen alle aussiedeln, weil sie biologisch viel stärker als die Franzosen sind« – eine Phrase, die ohne weiteres aus Hitlers Tischgesprächen stammen könnte.

Was von der brutalen Spielart der alliierten Planungen blieb, war allerdings schlimm genug und ging teilweise über Morgenthaus Vorstellungen hinaus: das Verdikt über 20 Millionen Deutsche in den Vertreibungsgebieten, »der unmenschlichste Beschluß, der jemals von zur Verteidigung der Menschenrechte berufenen Regierungen gefaßt wurde«, wie Anne O'Hare McCormick am 13. November 1946 in der »New York Times« schrieb.

Annähernd drei Millionen Menschen haben die Vertreibung aus Ostdeutschland und Osteuropa – die größte ethnische Säuberung der Weltgeschichte – nicht überlebt. Namhafte Völkerrechtsexperten, wie zum Beispiel Prof. Ermacora, der jahrelang UN-Gutachter sowie Mitglied der Europäischen und der UN-Menschenrechtskommission gewesen war, haben diese Vorgänge als Völkermord im Sinne der UNO-Resolution über den Genozid und auch des deutschen Strafrechts (§ 220 a StGB) eingestuft.

Erst 1999 schloß sich die deutsche Justiz in eindeutiger Weise der Rechtsauffassung Ermacoras an. Die »Frankfurter Allgemeine« berichtete dazu am 4. Mai 1999: »Zum ersten Mal ist in Deutschland ein Angeklagter rechtskräftig wegen Vökermordes verurteilt worden. Der Bundesgerichtshof in Karlsruhe bestätigte im Ergebnis ein Urteil des Oberlandesgerichts Düsseldorf, das den bosnischen Serben Nicola Jorgić wegen der Ermordung von insgesamt 30 Menschen zu einer lebenslangen Freiheitsstrafe verurteilt hatte ...

Der Bundesgerichtshof stellte klar, daß Völkermord nicht die Ausrottung einer ganzen Bevölkerungsgruppe voraussetze; das hatten die Verteidiger des Angeklagten behauptet. Die Richter hielten es vielmehr für maßgeblich, daß es Jorgić um die Vernichtung der nordbosnischen Muslime gegangen sei; auch das erfülle den Tatbestand des Völkermordes. Danach ist ausreichend, wenn jemand in der Absicht, eine nationale, rassische, religiöse oder durch ihr Volkstum bestimmte Gruppe ganz oder teilweise zu zerstören, Mitglieder der Gruppe tötet, ihnen schwere Schäden zufügt oder die Gruppe unter Lebensbedingungen stellt, die geeignet sind, deren Zerstörung herbeizuführen.«

Nach dem Krieg wurden Millionen deutscher Kriegsgefangener als Zwangsarbeiter mißbraucht. Arbeitssklaven hielten sich vor allem die Sowjetunion (3.060.000), Frankreich (937.000) und Jugoslawien (194.000). Aber auch in den USA, in England, Polen, der ČSR und in den Beneluxstaaten wurden nach 1945 deutsche Zwangsarbeiter eingesetzt. Die Sowjets verschleppten mit westalliierter Zustimmung außerdem noch 900.000 deutsche Zivilpersonen zur Zwangsarbeit, ferner 600.000 Ungarn und weitere Hunderttausende aus Polen, Rumänien, dem Baltikum und anderen Ländern. Allein von den deutschen Kriegsgefangenen sind bei der Zwangsarbeit in Rußland weit über eine Million, in Frankreich 167.000 und in Jugoslawien zirka 100.000 elend zugrunde gegangen.

Deportation und Zwangsarbeit sind nach allgemeinem Völkerrecht und nach dem Londoner Vertrag vom 8. August 1945 über die »Verfolgung und Bestrafung der Hauptkriegsverbrecher der europäischen Achse« Kriegsverbrechen beziehungsweise Verbrechen gegen die Menschlichkeit (Titel II, Artikel 6, Buchstaben b und c des Statuts zu Artikel 2 des Vertrags). Führende Nationalsozialisten wie Hermann Göring, Alfred Rosenberg, Martin Bormann, Hans Frank oder Fritz Sauckel wurden in Nürnberg wegen ebendieser Praktiken zum Tode verurteilt. Die katholischen Bischöfe der Vereinigten Staaten haben im Rundschreiben vom 17. November 1946 ihre Regierung auf die schwere Mitverantwortung für diese Vorgänge hingewiesen: »Was jedoch eine Regierung beim Gebrauch ihrer eigenen Hoheitsrechte nicht tun darf, das darf sie auch nicht genehmigen oder gar in versteckter Form begünstigen, wenn es sich um eine andere Regierung handelt.«

Fast vergessen ist heute eine andere Kollektivstrafe der Anglo-Amerikaner, nämlich die gezielte Hungerpolitik der Jahre 1945 und 1946. Drei Zitate dazu mögen genügen.

Am 7. August 1944 äußerte General Eisenhower in einem Gespräch mit Henry Morgenthau: »Die ganze deutsche Bevölkerung ist ein zusammengesetzter Fall von Paranoia. Und es gibt keinen Grund, einen Paranoiker schonend zu behandeln. Die beste Behandlung besteht darin, die Deutschen im eigenen Saft schmoren zu lassen.«

Als am 14. Dezember 1945 der amerikanische Senator Hawkes angesichts des strengen Winters und des großen Hungers in Deutschland dringend bat, doch endlich private Hilfslieferungen und Spenden in die amerikanische Besatzungszone hereinzulassen, antwortete Präsident Truman am 21. Dezember gar nicht weihnachtlich: »Wenn wir auch nicht wünschen, ungebührlich grausam gegen Deutschland zu verfahren, kann ich doch nicht viel Sympathie für die Leute aufbringen, die den Tod so vieler Menschen verursacht haben ... Bevor nicht das Unglück jener, die von Deutschland bedrückt und gequält wurden, vergessen ist, scheint es nicht richtig, unsere Bemühungen den Deutschen zugute kommen zu lassen. Ich gebe zu, daß es natürlich viele Unschuldige in Deutschland gibt, die mit dem Naziterror wenig zu tun hatten. Aber die administrative Last, diese Leute herauszufinden, um sie anders als die übrigen zu behandeln, ist fast untragbar.«

Noch 1946 meinte Feldmarschall Montgomery in einer Rede: »Die deutschen Lebensmittelbeschränkungen werden bleiben. Wir werden sie bei 1000 Kalorien halten« (die Briten hatten damals 2800). »Sie gaben den Insassen von Belsen nur 800.«

In der französischen Besatzungszone lag der Verpflegungswert seinerzeit zum Teil sogar unter den KZ-Rationen von Bergen-Belsen.

Während zumindest Fachhistoriker wissen, daß infolge der fortgesetzten alliierten Lebensmittelblockade gegen Deutschland und Österreich nach dem Ersten Weltkrieg rund eine Million Menschen starben, gelang es erst dem kanadischen Journalisten James Bacque, die Öffentlichkeit auf die wesentlich höhere Zahl direkter und indirekter Hungeropfer (zum Beispiel erhöhte Säuglingssterblichkeit, hungerbedingte Krankheiten und dergleichen) nach dem Zweiten Weltkrieg aufmerksam zu machen. Bacque kommt auf schier unglaubliche 5,7 Millionen in den vier Besatzungszonen Deutschlands.

Selbst wenn diese Zahl zu hoch gegriffen sein sollte, so steht doch fest, daß die sogenannte Befreiung mehr Deutsche das Leben gekostet hat als Hitlerdiktatur und Weltkrieg zusammengenommen.

Die Faszination des Denkens in den Kategorien von Kollektivschuld und Kollektivstrafe liegt neben der schrankenlosen Handlungsfreiheit für die Regierungen vor allem in der leichten Verständlichkeit für die Massen. Gerade die Einfachheit dieser Lehre dürfte wesentlich zu ihrer Verbreitung beigetragen haben. Das Resümee ist bei dem englischen Staatsmann und Historiker Macaulay nachzulesen:

»Ein Strafsystem, das ohne Unterschied auf den Schuldigen und den Unschuldigen einschlägt, wirkt bloß wie eine Seuche oder eine große Naturkatastrophe und ist ebensowenig wie die Cholera oder ein Erdbeben geeignet, Verbrechen zu verhüten … Die Menschen hundertweise zu enthaupten, ohne nach ihrer Schuld oder Unschuld zu fragen, dem Reichen mit Hilfe von Kerkermeistern und Henkern sein Geld abzupressen … das ist die einfachste und leichtbegreiflichste aller Regierungsweisen. Über ihren sittlichen Rang wollen wir schweigen, gewiß erfordert sie aber keine Fassungskraft, die über die des Barbaren oder des Kindes hinausgeht.«

4.

5000 Jahre Kollektivschuld

Das lange Leben kollektivistischer Vorstellungen

In dem Buch »The Land and People of Zambia« von E. Dresang kann man lesen: »Wenn eine Person ein Verbrechen gegen jemanden in seiner eigenen Gruppe oder Dorf beging, wurde er persönlich verantwortlich gemacht. Wenn er es jedoch an jemandem in einer anderen Gruppe beging, so wurde sein ganzes Dorf beschuldigt und oft durch einen Angriff bestraft. – Diese Sitte der kollektiven Anklage und Bestrafung illustriert ein wichtiges Prinzip bei traditionellen afrikanischen Gesellschaften. Alles, was einer während seines Lebens tat, sagte oder glaubte, gut oder böse, wirkte auf die Gruppe zurück, der er angehörte. Individuelle Werte ... waren nicht nur unerwünscht; sie waren verboten.«

Auch in Europa konnten sich individualistische Vorstellungen nur langsam durchsetzen. Erst im 14. Jahrhundert schaffte man zum Beispiel in England die Verantwortlichkeit der Gemeinden für ihre Angehörigen ab, und etwa zur gleichen Zeit untersagten deutsche Landesfürsten offiziell die Blutrache, die sich aber trotzdem bis ins 16. Jahrhundert und auf dem Balkan und in Teilen Südeuropas bis in unsere Tage halten konnte.

Einen Rückfall in die dunkle Welt der Blutrache brachte während des Zweiten Weltkriegs die nationalsozialistische Praxis der Sippenhaft. Nach diesem selbst unter Hitlers Paladinen umstrittenen Verfahren wurde die Verwandtschaft von »Verrätern« oft bis in die Seitenlinien hinein eingesperrt. Kinder bis zu einem bestimmten Alter wurden der NS-Volkswohlfahrt (NSV) übergeben.

Die Bibel, die ja auch die frühen Entwicklungsstufen des Volkes Israel widerspiegelt, enthält – man möchte fast sagen: selbstverständlich – auch kollektivistische Vorstellungen. So heißt es zum Beispiel im 2. Buch Mose (2 Mose 20,5): »Denn ich, der Herr, Dein Gott, bin ein eifriger Gott, der da heimsucht der Väter Missetat an den Kindern bis ins dritte und vierte Glied derer, die mich hassen.«

Später beginnt sich ein neues Denken durchzusetzen; schon König David schreitet gegen Blutrache ein (2 Sam 14,9–12). Und schließlich heißt es ausdrücklich (Ez 18,1–5): »Der Herr sagte zu mir: Was habt ihr da für ein Sprichwort im Land Israel? Ihr sagt: Die Väter essen unreife Trauben, und die Söhne bekommen davon stumpfe Zähne. – So gewiß ich, der Herr, lebe: Keiner von euch, keiner in Israel wird dieses Wort noch einmal wiederholen! Ich habe das Leben jedes einzelnen in der Hand, das Leben des Sohnes so gut wie das Leben des Vaters. Alle beide sind mein Eigentum. Nur wer sich schuldig macht, muß sterben.«

Freilich verlief die Entwicklung im theologischen Bereich nicht immer gradlinig, man denke nur an die Lehre von der Erbsünde. Sie beruht darauf, daß Adam, vom Teufel versucht, Gottes Gebot übertreten und vom Baum der Erkenntnis gegessen hat. Der Katechismus der katholischen Kirche von 1993 definiert folgendermaßen: »Durch seine Sünde hat Adam, der erste Mensch, die ursprüngliche Heiligkeit und Gerechtigkeit verloren, die er von Gott nicht nur für sich, sondern für alle Menschen erhalten hatte. Adam und Eva haben ihren Nachkommen die durch ihre erste Sünde verwundete, also der ursprünglichen Heiligkeit und Gerechtigkeit ermangelnde menschliche Natur weitergegeben. Dieser Mangel wird ›Erbsünde‹ genannt.« Erläuternd heißt es weiter: »Deswegen ist die Erbsünde ›Sünde‹ im übertragenen Sinn: Sie ist eine Sünde, die man ›miterhalten‹, nicht aber begangen hat, ein Zustand, keine Tat ... Die Weitergabe der Erbsünde ist jedoch ein Geheimnis, das wir nicht vollständig verstehen können.«

Realere Folgen hatte die christliche Auffassung von der Schuld der Juden am Tod Christi, gestützt auf die Bibelstelle, in der das versammelte Volk Pilatus zuruft (Mt 27,24): »Sein Blut komme über uns und unsere Kinder!« Sie war über Jahrhunderte immer wieder Anlaß für Unduldsamkeit bis hin zu Pogromen. 1581 zum Beispiel erklärte Papst Gregor XIII., daß die Schuld der Rasse, die Christus von sich gewiesen und gekreuzigt habe, mit jeder Generation größer werde und alle ihre Glieder mit ewiger Knechtschaft belaste. Der christliche Antisemitismus hat Tradition, wie die folgende Blütenlese zeigt. Der heilige Ambrosius von Mailand (339–397) behauptete, die Juden als Feinde Christi hätten keinen Anspruch auf Gerechtigkeit oder gesetzliche Unterstützung. Der heilige Johannes Chrysostomus (354–407) hielt die Juden für »unreine Bestien«; in ihrer Schamlosigkeit und Gier überträfen sie sogar die Schweine. Noch Pius IX. (Papst von 1846 bis 1878) glaubte, der Gott der Juden sei das Gold; sie stünden hinter allen Angriffen gegen die katholische Kirche.

Erst 1965 erteilte das 2. Vatikanische Konzil der Vorstellung von einem »Volk der Gottesmörder« eine klare Absage. In der Erklärung »Nostra aetate« heißt es wörtlich: »Obgleich die jüdischen Obrigkeiten mit ihren Anhängern auf den Tod Christi gedrungen haben, kann man dennoch die Ereignisse seines Leidens weder allen damals lebenden Juden ohne Unterschied noch den heutigen Juden zur Last legen ... Im Bewußtsein des Erbes, das sie mit den Juden gemeinsam hat, beklagt die Kirche, die alle Verfolgungen gegen irgendwelche Menschen verwirft, nicht aus politischen Gründen, sondern aus Antrieb der religiösen Liebe des Evangliums alle Haßausbrüche, Verfolgungen und Manifestationen des Antisemitismus, die sich zu irgendeiner Zeit und von irgend jemandem gegen die Juden gerichtet haben.«

Ein ganz anderer kollektiver Vorwurf traf die jüdische Gemeinschaft mit dem Aufkommen von Sozialismus und Kommunismus. Vielen fiel auf, daß nicht nur Gründerväter wie Marx oder Lasalle, sondern auch Revolutionäre wie Trotzki (Rußland), Bela Kun (Ungarn), Rosa Luxemburg (Deutschland) oder Emma Goldman (USA) Juden waren. Kein geringerer als der junge Winston Churchill beschuldigte die Juden in einem Aufsatz anläßlich der internationalen Intervention in Rußland nach dem Ersten Weltkrieg einer »weltweiten Verschwörung zum Sturz der Zivilisation«, wobei man Churchill zugute halten muß, daß er zu zugespitzten und oft derben Formulierungen neigte, seine Meinung nicht selten änderte und auch einen Zusammenhang zwischen dem sowjetischen Terror und irgendwelchen Rasseeigenschaften nie behauptet hat.

Tatsache ist allerdings, daß bis ins Jahr 1937 hinein zum Beispiel der gefürchtete Geheimdienst NKWD zu fast 40 Prozent aus Juden bestand, was bei einem jüdischen Anteil an der sowjetischen Gesamtbevölkerung von unter zwei Prozent nicht zu übersehen war, vgl. das NKWD-Handbuch von Petrow und Skorkin von 1999 (in der FAZ besprochen am 30. März 2000). Erst später betrieb Stalin eine Slawisierung seiner roten Gestapo, und der jüdische Anteil dort wurde drastisch reduziert.

Hitlers These von der »jüdisch-bolschewistischen Weltverschwörung« entsprach einer starken Strömung des damaligen Zeitgeists, bloß brachte der »Führer« vulgärrassistische Elemente ins Spiel und vermengte – anders als Churchill – die »Kollektivschuld« an den Sowjetverbrechen mit unterstellten rassischen Defekten zu einem unentwirrbaren Knäuel.

Vor Beginn des Rußlandfeldzugs (Deckname: Barbarossa), am 13. Mai 1941, kam es zu dem »Erlaß über die Ausübung der Kriegsgerichtsbarkeit im Gebiet ›Barbarossa‹ und über besondere Maßnahmen der Truppe«. Darin wurde unter anderem der militärgerichtliche Verfolgungszwang aufgehoben für Straftaten von Soldaten »aus Erbitterung« über die vorausgegangenen Verbrechen des Sowjetsystems – das nach Hitlers Ansicht ein jüdisches war. Ganz ähnlich der sogenannte Kommissarbefehl vom 6. Juni 1941: Danach sollten die politischen Kommissare der Roten Armee abgesondert und »erledigt« werden, da sie – so wörtlich – als »Träger des jüdisch-bolschewistischen Systems« für die »Greueltaten« unter Lenin und Stalin verantwortlich seien. Auch in den Tagesbefehlen einiger indoktrinierter NS-Generäle finden sich ähnliche Gedankengänge. Zum Beispiel belehrte Walther von Reichenau seine Truppe: »Der Soldat ist im Ostraum ... Rächer für alle Bestialitäten ... Deshalb muß der Soldat für die Notwendigkeit der harten, aber gerechten Sühne am jüdischen Untermenschentum volles Verständnis haben.«

Es ist ein Ironie der Geschichte, daß weitgehend ähnliche Ideen, bloß spiegelbildlich, auch auf der anderen Seite der Front kursierten: Der Sowjetmensch als Rächer der NS-Verbrechen. An der deutschen Grenze wurden sogar Schilder aufgestellt, auf denen zu lesen stand: »Rotarmist: Du stehst jetzt auf deutschem Boden – die Stunde der Rache hat geschlagen!« Der Moskauer Propagandaapparat hatte dazu jahrelang Vorarbeit geleistet; für den prominenten Propagandisten und Literaten Ilja Ehrenburg zum Beispiel waren die Deutschen nichts anderes als Pestbazillen: »Unter ihresgleichen betrachten die Mikroben wahrscheinlich Pasteur als Mörder. Aber wir wissen, daß er, der die Mikroben der Tollwut und Pest tötet, der wahre Menschenfreund ist.«

Die deutsche Kollektivschuld

Stalin selbst waren Kollektivschuldgedanken und Rassismus ebenso fremd wie moralische Kategorien. In seiner Politik zählte nur die Zweckmäßigkeit. Am 23. Februar 1942 stellte er fest: »Es wäre aber lächerlich, die Hitler-Clique mit dem deutschen Volk, mit dem deutschen Staat gleichzusetzen. Die Erfahrungen der Geschichte besagen, daß die Hitler kommen und gehen, aber das deutsche Volk, der deutsche Staat bleibt.« – Am 1. Mai 1942 unterstrich er aber: »(Die Rotarmisten) haben begriffen, daß man den Feind nicht besiegen kann, ohne es gelernt zu haben, ihn aus ganzer Seele zu hassen.« Als die russischen Truppen die Oder-Neiße-Linie erreicht hatten, die Wehrmacht de facto besiegt war und die Gefahr bestand, daß durch das Wüten seiner Soldateska die künftige sowjetische Besatzungszone westlich der Oder ebenso verwüstet würde wie Deutschland östlich dieses Flusses, ließ er durch den vielzitierten Grundsatzartikel der Prawda vom 15. April 1945 »Genosse Ehrenburg vereinfacht zu sehr« die Haßpropaganda schlagartig stoppen und anschließend überall in seiner Zone Schilder aufstellen mit seinem obenzitierten Ausspruch: »Die Hitler kommen und gehen ...«

General de Gaulle war während des Kriegs überzeugter Anhänger der Kollektivschuldthese. In seinen Memoiren schrieb er über das Verhältnis des deutschen Volks zu Hitler: »Das von ihm zutiefst verführte Deutschland folgte ihm mit Elan. Bis zuletzt war es ihm ergeben und diente ihm mit allen seinen Kräften in einer Weise, wie kein Volk jemals zuvor irgendeinem Führer gedient hatte.« Der General glaubte an eine vererbte Aggressivität des Volkes, die er in der ganzen deutschen Geschichte zu sehen vermeinte. Konsequenterweise forderte er, dem »Germanentum« die Voraussetzung zur Aggression zu nehmen. An anderer Stelle schildert er aber, wie in ihm später beim Anblick des zerstörten Deutschlands Mißtrauen, Haß und Härte allmählich schwanden.

Winston Churchill glaubte wie de Gaulle an eine deutsche Kollektivschuld und war wie dieser von rassistischen Anwandlungen nicht frei. In seiner Unterhausrede vom 21. September 1943 betonte er, die Deutschen vereinigten in sich in todbringender Weise »Eigenschaften des Krieger- und Sklaventums«. Churchill fuhr fort: »Freiheit bedeutet ihnen nichts, und sie bei anderen zu sehen ist ihnen verhaßt. Sobald sie erstarken, gehen sie auf Raub aus und leisten jedem, der sie dazu anführt, mit eiserner Disziplin Gehorsam.«

Seinem sprunghaften Naturell entsprechend, kritisierte er später die Kollektivschuldthese und zitierte am 5. Juni 1946 im Unterhaus den liberalen Politiker Edmund Burke (1729–1797): »Ich kann nicht ein ganzes Volk verurteilen.«

Während der ersten Zeit der Besetzung Deutschlands aber galt noch, was der britische Oberbefehlshaber Montgomery in seiner Botschaft an die Bevölkerung verlautbaren ließ: »Ihr habt euch wahrscheinlich gewundert, warum unsere Soldaten euch nicht beachten, wenn ihr ihnen zuwinkt oder auf der Straße guten Morgen wünscht, und warum sie nicht mit euren Kindern spielen. Unsere Soldaten handeln auf Befehl … Sie haben in den Ländern, in die eure Führer den Krieg trugen, schreckliche Dinge geschaut. Für diese Dinge, meint ihr, seid ihr nicht verantwortlich, sondern eure Führer. Aber aus dem deutschen Volk sind diese Führer hervorgegangen. Dieses Volk ist für seine Führer verantwortlich.«

Die klassischen Vertreter der Kollektivschuld fanden sich in Übersee, allen voraus in Franklin D. Roosevelt und seinem Intimus Henry Morgenthau jun.

Ihre Einstellung ist weiter oben schon skizziert worden.

In Deutschland selbst konnten sich 1945 praktisch nur die Kirchen öffentlich artikulieren, nachdem der deutsche Staat bloß noch auf dem Papier existierte und freie Medien zunächst nicht zugelassen waren. Der Unterschied zwischen Protestanten und Katholiken war frappierend. Die Vorstellung einer deutschen Kollektivschuld fand ihren Niederschlag in dem sogenannten Stuttgarter Schuldbekenntnis der evangelischen Kirche in Deutschland vom Oktober 1945, dessen Kernsätze lauteten: »Der Rat der EKD begrüßt bei seiner Sitzung am 18./19. Oktober 1945 in Stuttgart Vertreter des Ökumenischen Rates der Kirchen. Wir sind für diesen Besuch um so dankbarer, als wir uns mit unserem Volk nicht nur in einer großen Gemeinschaft der Leiden wissen, sondern auch in einer Solidarität der Schuld. Mit großem Schmerz sagen wir: Durch uns ist unendliches Leid über viele Völker und Länder gebracht worden. Was wir unseren Gemeinden oft bezeugt haben, das sprechen wir jetzt im Namen der ganzen Kirche aus: Wohl haben wir lange Jahre hindurch im Namen Jesu Christi gegen den Geist gekämpft, der im nationalsozialistischen Gewaltregiment seinen furchtbaren Ausdruck gefunden hat; aber wir klagen uns an, daß wir nicht mutiger bekannt, nicht treuer gebetet, nicht fröhlicher geglaubt und nicht brennender geliebt haben«.

Nicht aufgefallen war den Versammelten die Naivität des Textes – als ob man eine totalitäre Diktatur durch treueres Beten und fröhlicheres Glauben stürzen könnte! Immerhin ahnte man die politische Brisanz der Erklärung; denn Pastor Asmussen, der Leiter der Kanzlei der EKD, übergab sie der ökumenischen Delegation mit den Worten: »Wir sagen es Ihnen, weil wir es Gott sagen. Tun Sie das Ihrige, daß diese Erklärung nicht politisch mißbraucht wird, sondern zu dem dient, was wir gemeinsam wollen!«

Noch deutlicher zeigt sich der Kollektivschuldglaube in der Vertriebenendenkschrift der EKD von 1965 (»Die Lage der Vertriebenen und das Verhältnis des deutschen Volkes zu seinen Nachbarn«); ihre Argumentation hat sich bis heute fast unverändert erhalten. Die kollektive Schuld eines Volkes wird verbal abgelehnt, um anschließend wieder durch die Hintertür eingeführt zu werden: »Das deutsche Volk« habe »schwere politische und moralische Schuld gegenüber seinen Nachbarn auf sich geladen« und die Vertreibung sei ein »Gericht Gottes« und »Wiedergutmachung für vergangenes Unrecht«; Polen brauche »Lebensraum« (!) für Millionen Menschen.

Ein ganz anderes Szenarium bietet sich dem Historiker in der katholischen Welt. Im Gegensatz zur traditionell staatsnahen evangelischen Kirche hatte sie schwer unter dem braunen Terror zu leiden. Die Ausfälle des »Führers« im engsten Kreis gegen die »Schwarze Internationale«/»die schwarze Brut«/»diese Verräter« sind bekannt, ebenso die massiven Eingriffe in die kirchliche Arbeit und die perfiden »Sittlichkeitsprozesse«. Hitlers Terror traf jeden dritten Priester: 866 Ordensgeistliche und 7145 Weltpriester sind mit dem Nationalsozialismus in Konflikt geraten, wie die Studie »Priester unter Hitlers Terror« (eine Initiative der Deutschen Bischofskonferenz) belegt.

Thomas Mann und Max Horkheimer kamen nach dem Krieg in einer gemeinsamen Studie zu einem für sie als Nichtkatholiken überraschenden Ergebnis: »Es stellte sich nämlich heraus, daß gläubige Katholiken die größte Bereitschaft zeigten, dem Verfolgten (Juden) zu helfen.«

Die Ablehnung pauschaler Urteile und Vorurteile zieht sich wie ein roter Faden durch die kirchlichen Verlautbarungen des 20. Jahrhunderts. Papst Pius XI. zum

Beispiel mahnte in seiner Enzyklika vom 14. März 1937 (»Mit brennender Sorge«): »Wer die Rasse oder das Volk oder den Staat ... zur höchsten Norm macht und sie mit Götzenkult vergöttert, der verkehrt und verfälscht die gottgeschaffene Ordnung der Dinge ...«

Papst Pius XII. warnte in seiner Ansprache an das Hl. Kollegium vom 20. Februar 1946 vor neuen Irrwegen: »Es gehen verhängnisvolle Irrtümer um, die einen Menschen für schuldig und verantwortlich erklären nur deshalb, weil er Glied oder Teil irgendeiner Gemeinschaft ist, ohne daß man sich die Mühe nimmt, nachzufragen und nachzuforschen, ob bei ihm wirklich eine persönliche Tat- oder Unterlassungsschuld vorliege.«

Vor der Pax-Christi-Bewegung wurde Pius XII. am 13. September 1952 noch konkreter: »... was aber die Verantwortung angeht, so erlauben der Aufbau der modernen Staatsmaschine und die fast unentwirrbare Verkettung der wirtschaftlichen und politischen Dinge es dem kleinen Mann nicht, wirksam auf die politischen Entscheidungen Einfluß zu nehmen.«

Der deutsche Episkopat äußerte sich durchwegs ähnlich. Clemens August Graf von Galen, der Bischof von Münster und spätere Kardinal, war einer der ersten. Die gleichen Grundsätze, die er mutig im Dritten Reich vertreten hatte, verteidigte er nun im Namen der Gerechtigkeit gegen die Siegermächte. Am 1. Juli 1945 sagte er zu Pilgern: »Es ist eine Verleugnung der Gerechtigkeit und der Liebe, wenn man uns alle, jeden deutschen Menschen, für mitschuldig an jenen Verbrechen und darum für strafwürdig erklärt. Die unvermeidlichen Kriegsfolgen, das Leid um unsere Toten, um unsere zerstörten Städte, Wohnungen und Kirchen wollen wir annehmen und mit Gottes Hilfe geduldig tragen. Nicht aber ungerechte Beschuldigung und Bestrafung für Geschehnisse, unter deren Willkür, Ungerechtigkeit und Grausamkeit wir selbst durch lange Jahre geseufzt und schwer gelitten haben.«

Nach Gründung der Bundesrepublik Deutschland und Beginn des Ost-West-Konflikts verschwand die Kollektivschuld weitgehend aus der öffentlichen Debatte und konnte sich nur noch in isolierten protestantischen und linksintellektuellen Zirkeln halten. Regierung und Opposition waren sich in ihrer Ablehnung weitgehend einig; hatte doch der große Sozialdemokrat Kurt Schumacher schon 1945 betont: »Wir saßen in den KZs, als andere Völker noch Bündnisse mit der Reichsregierung schlossen. Wir kommen nicht mit Bitten und Forderungen, wir wollen gerechte und objektive Nachprüfung der Tatsachen.«

Am 22. Januar 1951 gab Eisenhower auf dem Petersberg bei Bonn eine offizielle Erklärung ab, in der er sagte: »Ich war 1945 der Auffassung, daß die Wehrmacht, insbesondere das deutsche Offizierskorps, identisch mit Hitler und den Exponenten seiner Gewaltherrschaft sei und deshalb auch mit voll verantwortlich für die Auswüchse des Regimes ... Inzwischen habe ich eingesehen, daß meine damalige Beurteilung der Haltung des deutschen Offizierskorps und der Wehrmacht nicht den Tatsachen entspricht, und ich stehe daher nicht an, mich wegen meiner damaligen Auffassung zu entschuldigen. Der deutsche Soldat hat für seine Heimat tapfer und anständig gekämpft.«

Auch humanistische Juden haben zum Teil vehement gegen die Kollektivschuld gekämpft, so der weltberühmte Geiger Yehudi Menuhin oder der englische Schriftsteller und Verleger Victor Gollancz. Letzterer war übrigens 1933 einer der ersten Warner vor den Gefahren des Nationalsozialismus und 1945 einer der ersten Kritiker von Vertreibung und Vertreibungsverbrechen. Und der Theologieprofessor Pinchas Lapide betonte: »Als Opfer der fast 2000jährigen ungerechten Kollektivbeschuldigung am Tode Jesu sollten wir Juden uns jedweder Pauschalanklage enthalten.«

Mit dem Nachlassen der Ost-West-Spannungen kam es – etwa ab 1960 – in Deutschland und auch anderswo zu einer langsamen Veränderung des Meinungsklimas. Die linke Studentenrevolte von 1968 und der »lange Marsch durch die Institutionen« taten ein übriges. Und im Kielwasser des neuen Marxismus schwamm – generalüberholt und mit neuem Wortschatz ausgestattet – die wiedererstandene Kollektivschuldthese. Ebenso wie Rechtsextremismus und Antisemitismus, so leben heute Linksextremismus und Antigermanismus in quasi natürlicher Symbiose. Mehr dazu wird im 9. Kapitel dieses Buchs zu berichten sein.

5.

Die Schuldvorwürfe im einzelnen

Wesentlicher Inhalt der Kollektivschuldthese ist der Vorwurf, »die Deutschen« hätten

a) Hitler gewählt, obwohl sie wußten, was die Wahl bedeutete,

b) sie hätten den Weltkrieg herbeigewünscht und

c) die Judenverfolgung und andere Verbrechen aktiv gefördert oder zumindest gebilligt.

d) Außerdem seien sie blinde Gefolgsleute Hitlers gewesen und hätten es unterlassen, Hitler rechtzeitig zu stürzen.

Das deutsche Volk sei daher als Ganzes zu verurteilen etwa wie eine schuldige Einzelperson im Strafprozeß. In einer Zeit, in der vielfach schon die individuelle Schuld des Straftäters als überholt gilt, wird diese Betrachtungsweise manchem wie ein Fossil aus grauer Vorzeit vorkommen. Trotzdem sollte man es nicht versäumen, den Vorwürfen Punkt für Punkt nachzugehen.

Die Machtergreifung

Der Schuldspruch beginnt mit der Feststellung, »die Deutschen« hätten Hitler gewählt. Dazu ist zu bemerken, daß die Nazipartei bei den letzten freien Wahlen am 6. November 1932 nur 33 Prozent der Stimmen bekam. Die Wahlen vom März 1933, bei denen Hitler über 43 Prozent für sich verbuchen konnte, werden von den meisten Historikern nicht mehr zu den freien Wahlen gezählt, weil damals schon aufgrund der »Verordnung zum Schutz von Volk und Staat« die wichtigsten verfassungsmäßigen Rechte nicht mehr galten; die starke Kommunistische Partei war verboten und Hitler Kanzler einer Rechtskoalition; offiziell herrschte der Ausnahmezustand und inoffiziell der braune Straßenterror; einen Monat vor der Wahl wurden die ersten »wilden« KZs eingerichtet.

Um die Wahlergebnisse zu deuten, muß man den zeitgeschichtlichen Hintergrund sehen, und der war Anfang der 30er Jahre mehr als düster.

Nicht nur die Weltwirtschaftskrise, auch der grimmige Diktatfriede von Versailles, die französische Rheinlandbesetzung und die untragbaren Reparationen hatten das Land ruiniert. Der langjährige Ministerpräsident von Preußen, Otto Braun (SPD), urteilte: »Tatsächlich wurde im Mai 1919 in Versailles die Axt an die Wurzel der Weimarer Republik und die Giftsaat des neuen Nationalismus in den deutschen Boden gelegt. Sie ... brachte die Weimarer Republik zum Erliegen.« Und der erste Bundespräsident, Theodor Heuss, meinte: »Die Geburtsstätte der nationalsozialistischen Bewegung ist nicht München, sondern Versailles.«

Im September 1932 zählte man fünf Millionen Arbeitslose, im Januar 1933 sechs Millionen. Der Lebensstandard des Jahres 1933 war auf den Stand von 1882 zurückgefallen. Blutige Straßenschlachten mit zahlreichen Toten und Verletzten waren an der Tagesordnung. Wenn man bedenkt, daß zum Beispiel die italienischen Kommunisten 1976 in einer Zeit relativer Prosperität und Ruhe 34 Prozent der Stimmen erringen konnten, dann erscheinen die 33 Prozent der Nazistimmen bei der letzten freien Wahl äußerst bescheiden. Es kommt hinzu, daß der Kommunismus den Wählern der Nachkriegszeit schon millionenfache Proben seines blutigen Könnens geliefert hatte, während der Nationalsozialismus als neue Partei für die meisten ein unbeschriebenes Blatt war. Aus dem Wahlergebnis vom November 1932 die Sehnsucht der hungernden Arbeitslosen nicht nach Brot und Arbeit, sondern nach Krieg und Völkermord abzuleiten, ist wohl schlichtweg absurd.

Bliebe noch das Versagen der bürgerlichen Koalitionspartner Hitlers. Daß ihre eigenen Parteien bald verschwanden, zeigt sehr deutlich, daß diese Politiker ebenfalls nicht aus Liebe zur totalitären Staatsform gehandelt hatten; sie waren einem ganz banalen Irrtum aufgesessen – dem gleichen Irrtum wie die seriösen, wohlinformierten westeuropäischen Zeitungen, die am Vorabend der »braunen« Machtergreifung dringend enpfohlen hatten, die NSDAP als relativ stärkste Partei an der Regierung zu beteiligen, und die zum Teil heute dafür plädieren, die italienischen, französischen oder deutschen Kommunisten in die Regierung aufzunehmen.

Auch aus dem Mund ausländischer Politiker war auf das Stichwort »Hitler« Erstaunliches zu hören; so sprach Churchill von ihm 1935 in Worten der Bewunderung »für den Mut, die Beharrlichkeit und die vitale Kraft, die ihn befähigen, allen Mächten und Widerständen, die seinen Weg versperrten, zu trotzen oder sie herauszufordern, sie zu versöhnen oder sie zu überwinden«. Noch 1938 meinte er, die bisherigen Leistungen des »Führers« seien weltgeschichtlich als Wunder anzusprechen; wenn Großbritannien im Krieg unterlegen wäre, hätte er gewünscht, daß es einen Hitler gefunden hätte, damit dieser es zurück zu der ihm gebührenden Stellung unter den Nationen geführt hätte. Der amerikanische Präsident Herbert Hoover, der britische Außenminister Sir John Simon und Avery Brundage, Präsident des Amerikanischen Olympischen Komitees, fanden bis weit in die 30er Jahre hinein respektvolle Worte für die Leistungen des Diktators, und der britische Expremier Lloyd George betrachtete Hitler als den größten lebenden Deutschen, einen deutschen George Washington.

Auch auf dem europäischen Festland war man teilweise sehr optimistisch. Der französische Außenminister Barthou zum Beispiel sah in dem Diktator einen »wahren Friedensfreund«, während sein Landsmann, der Schriftsteller Jules Romains, ihn als »Genie« betrachtete. Ähnlich zahlreich sind die Äußerungen europäischer und amerikanischer Prominenz über Hitlers »Charme, Intelligenz, seine angenehmen Umgangsformen, sein entwaffnendes Lächeln« usw.

Das US-Nachrichtenmagazin »Time« schließlich kürte Hitler zum »Mann des Jahres 1938«. Das eigentlich Erstaunliche ist, daß sich bei demoskopischen Erhebungen unter den vor 1932 geborenen (West-)Deutschen ergab, daß nur 56 Prozent zumindest zeitweise an das Regime geglaubt hatten. Bei einer Umfrage in der ehemaligen DDR dagegen sagten 67 Prozent der Befragten, sie hätten zeitweise an die Überlegenheit des Sozialismus geglaubt (»FAZ« vom 5. März 1998).

Der Krieg

Aber haben nicht die Deutschen 1939 ihre angeborene Kriegslust bewiesen und damit eine 2000jährige Tradition fortgesetzt? Hat nicht der preußische Militarismus zum Krieg gedrängt? – Ein Hitler-Zitat, das der Widerständler Fabian von Schlabrendorff überliefert hat, ist in diesem Zusammenhang recht aufschlußreich:

»Als ich noch nicht Reichskanzler war, habe ich geglaubt, der Generalstab gleiche einem Fleischerhund, den man fest am Halsband halten müsse, weil er sonst jeden anderen Menschen anzufallen drohe. Nachdem ich Reichskanzler wurde, habe ich feststellen müssen, daß der deutsche Generalstab alles andere als ein Fleischerhund ist. Der Generalstab hat mich immer hindern wollen, das zu tun, was ich für nötig hielt. Der Generalstab hat der Aufrüstung, der Rheinlandbesetzung, dem Einmarsch in Österreich, der Besetzung der Tschechei und schließlich dem Krieg gegen Polen widersprochen. Der Generalstab hat mir abgeraten, gegen Frankreich offensiv vorzugehen und gegen Rußland Krieg zu führen.«

Bei einer anderen Gelegenheit sagte Hitler von seinen Generälen: »Die muß man ja in den Krieg hineinprügeln!« – Auch das Volk mußte man in den Krieg hineinprügeln.

Interessante Einblicke in die Stimmung auf der Straße gewähren unter anderem die Berichte des Schweizer Schriftstellers Carl J. Burckhardt, der als Hoher Kommissar des Völkerbunds in Danzig ungewöhnlich gut über die Zeichen der Zeit informiert war. In seinem Brief vom 20. August 1938 schreibt er über die Stimmung in Deutschland:

»Derjenige, der das nicht erlebt hat, kann sich keine Vorstellung machen von dem Entsetzen, ja von der Verzweiflung der Massen, als man wieder anfing, von Krieg zu reden, als beispielsweise die Pferderequisition einsetzte … Das Geflüster von gestern wird heute zum offenen rebellischen Ausspruch. Nie habe ich so deutlich gespürt, daß die Völker für die Verbrechen ihrer Führer nicht verantwortlich sind.«

Am 28. September 1938 beobachtete Hitler, wie der Aufmarsch einer motorisierten Division von der Berliner Bevölkerung teils gleichgültig, teils ablehnend aufgenommen wurde, und sagte spontan zu Goebbels: »Mit einem solchen Volk kann ich keinen Krieg führen.«

Gestapoberichte bestätigen Hitlers Mißfallen nachträglich; im Januar 1939 berichtete die Geheime Staatspolizei:

»Alle Beobachtungen während der Septembertage (Sudetenkrise 1938) stimmen darin überein, daß Millionen von Volksgenossen sich ausländischen Nachrichtenquellen zuwendeten ... In weiten Kreisen des Volkes rückte an die Stelle der rücksichtslosen Vertretung des Rechts und der Ehre der Nation der Wunsch nach Erhaltung des Friedens um jeden Preis.«

Das Institut für Demoskopie in Allensbach hat 1985 einen repräsentativen Querschnitt von Deutschen, die vor 1933 geboren waren, erstellt und diese nach ihrer Stimmung bei Kriegsausbruch befragt. 64 Prozent der Befragten antworteten: »Ich war eher bedrückt.« Nur 15 Prozent waren »eher begeistert«.

Interessant sind auch die geheimen Lageberichte des Sicherheitsdienstes der SS zu diesem Thema. Als zum Beispiel im Oktober 1939 Gerüchte über einen Waffenstillstand aufkamen, notierten die SD-Spitzel:

»In verschiedenen Betrieben führte die Mitteilung dieses Gerüchts zu längeren Arbeitspausen, da die Belegschaften sich über die angeblich neue Lage unterhielten. In Berlin kam es stellenweise auf Straßen und Plätzen zu freudigen Kundgebungen der Menschen, welche die Nachricht für wahr hielten ... Auch in der Berliner Universität wurde am Schluß einer großen Nachmittagsvorlesung das Gerücht als Tatsache bekanntgegeben. Die Mitteilung veranlaßte die Studenten zu Begeisterungskundgebungen ... Erst durch die gestern gegen Mittag durch die Sondermeldung des deutschen Rundfunks erfolgende Widerlegung der Gerüchte wurde deren Verbreitung ein Ende gesetzt. Das Dementi hatte verschiedentlich eine tiefe Niedergeschlagenheit derjenigen, die fest an die Wahrheit der durch das Gerücht verbreiteten Behauptungen geglaubt hatten, zur Folge.«

Es erscheint kaum verständlich, wie die Legende von der deutschen Kriegsbegeisterung entstehen konnte. Waren es die Erinnerungen an die echte Kriegsbegeisterung, die 1914 Berlin ebenso wie Paris und andere europäische Metropolen erfaßt hatte? War es die großdeutsche Wochenschau, die den endlosen Jubel und das Sieg-Heil-Geschrei fanatisierter NS-Parteitage als Stimme des Volkes ausgab? Oder war es schlicht und einfach Propaganda, die von den nicht immer friedlichen Strategien Churchills ablenken sollte? Immerhin hatte der Premierminister schon am 3. Dezember 1940 – als es nur einen deutsch-englischen, aber noch keinen Weltkrieg gab – einen Friedensplan des renommierten Militärhistorikers Lidell Hart mit den Worten abgelehnt: »Mir scheint, daß er eher ins Irrenhaus gehört.«

Die Endlösung

Die Judenmorde während des Zweiten Weltkriegs werden allgemein als das schwerste Verbrechen des Dritten Reiches betrachtet.

Vorab ist zu untersuchen, ob der Antisemitismus tatsächlich so populär war, wie immer wieder (zuletzt von Goldhagen) behauptet wird. – Professor Rothfels, einer der profundesten Sachkenner, schreibt dazu: »Daß Antisemitismus zum Urbestand der nationalsozialistischen Bewegung gehörte – auf der Grundlage einer tendenziösen Rassentheorie, aber auch in Verbindung mit Antikapitalismus oder Antikommunismus –, daß er auf breite Schichten eine starke Anziehungskraft hatte und Gelegenheit zu schlimmsten Exzessen wie auch widerlicher Bereicherung bot, braucht nicht betont zu werden. Aber daß diese Gesinnungen und Handlungsweisen sich mehr oder weniger allgemeiner Zustimmung erfreuten oder bereitwillig hingenommen wurden, trifft keineswegs zu.«

Der amerikanische Historiker Norman G. Finkelstein resümiert: »Was sich für die Zeit bis 1939 nachweisen läßt, ist erstens, daß Hitlers früheste Reden durch und durch antisemitisch waren; daß er aber zweitens von seinen Angriffen auf die Juden abließ, nachdem er seit 1923 öffentlich auftrat, weil er gemerkt hatte, daß er mit antimarxistischer Propaganda besser ankam als mit antisemitischer; daß drittens in Hitlers Reden aus den Jahren unmittelbar vor seinem Wahlerfolg Angriffe auf die Juden nur am Rande vorkamen; und daß Hitler viertens in der Zeit von der Machtergreifung bis zum Beginn des Krieges als sein letztes Ziel öffentlich nicht die Vernichtung, sondern die zwangsweise Emigration der Juden verkündete. ›Selbst im Krieg, als seine Vernichtungsmaschinerie auf vollen Touren lief‹, heißt es bei Max Domarus, ›beschränkte er sich in seinen Reden auf dunkle Andeutungen und Drohungen. Er wußte nur zu genau, daß ein derartiges Vernichtungsprogramm bei der Masse des Volkes und selbst der Mehrzahl seiner Parteigenossen auf Ablehnung gestoßen wäre.‹«

Finkelsteins amerikanische Historikerkollegin Sarah Gordon ergänzt in ihrer Arbeit »Hitler, Germans and the ›Jewish Question‹«: »... und das überraschendste Ergebnis dieser Studie ist in gewisser Weise die Zahl der einfachen Deutschen, die vor dem Hintergrund von Hitlers Polizeistaat tatsächlich etwas für die Juden taten.«

Doch wie war das mit der Endlösung? Erste Massenerschießungen von Juden vollzogen die sogenannten Einsatzgruppen im Hinterland der Ostfront ab Juli 1941 als Repressionsmaßnahmen nach Partisanenaktionen oder als kollektive »Sühne« für vorausgegangene Massenmorde der Sowjets bei ihrem Rückzug.

Nachdem diese Methode Unruhe und Proteste ausgelöst hatte, ging man 1942 wegen der besseren Geheimhaltung zur Methode der großen Zentrallager über, die man heute als Vernichtungslager bezeichnet. Die vielzitierte Wannseekonferenz höherer NS-Führer vom 20. Januar 1942 markierte den Übergang vom hundert- und tausendfachen zum millionenfachen Mord. Ob die

Verbrechen auf einen zentralen Hitlerbefehl zurück-
gingen oder sich aus den antijüdischen Maßnahmen in
Akkumulation ergaben, wird in Historikerkreisen bis
heute noch nicht einhellig beurteilt.

Bis zum Jahr 1941 rivalisierten drei bis vier verschie-
dene Richtungen innerhalb des antisemitischen Lagers,
ohne daß Hitler entscheidend eingriff. Ihre Ziele reichten
von der bloßen politischen Entmachtung der Juden über
die forcierte Auswanderung bis hin zur Enteignung und
Vertreibung und schließlich zur physischen Vernichtung.
Die These, die Mehrheit der Deutschen habe Hitler gewählt, weil sie die Juden ausrotten wollte, ist also in jeder
Beziehung falsch. Die Frage ist höchstens, ob die Mehrheit später von der Endlösung erfuhr und nichts zur Rettung unternahm, obwohl sie etwas hätte tun können.

Es wäre naiv, anzunehmen, in einem großen Staat wie
Deutschland hätte niemand etwas von Judenmorden
gehört. Ebenso naiv freilich wäre der Glaube, in einer
Diktatur mit totaler Informationskontrolle würden die
Spatzen Staatsgeheimnisse nur so von den Dächern pfei-
fen. Selbstverständlich gab es da und dort Gerüchte über
Erschießungen und Verbrechen, aber sie wurden viel-
fach, wie ja auch außerhalb Deutschlands, als übertrieben
oder wenig glaubhaft angesehen. Zur Frage der Mit-
wisserschaft ist unter anderem daran zu erinnern, daß die
Judenvernichtung »geheime Reichssache« war, die höchste Geheimhaltungsstufe, die das Dritte Reich kannte.
Unerwünschte Gesprächigkeit konnte mit sofortigem
Erschießen geahndet werden.

Da alle sechs großen Zentrallager im besetzten Polen
jenseits der deutschen Polizeigrenze standen, war es im
Reich naturgemäß besonders schwer, Informationen über
die Vernichtungsstätten zu erhalten. Der Gleiwitzer
Schriftsteller Horst Bienek vermerkt zum Beispiel: »Ich
muß noch etwas zu Auschwitz sagen, das nur 50 Kilome-

ter von Gleiwitz entfernt lag. Auschwitz war natürlich ein Begriff, wir wußten, daß es ein KZ war. Auschwitz hatte ja zahlreiche Außenlager, darunter auch welche in Gleiwitz und im benachbarten Blechhammer. Man wußte auch, daß dort Häftlinge schlecht behandelt wurden, an Hunger und Typhus starben – aber daß dort planmäßig Juden vergast wurden, das hat wahrhaftig niemand gewußt, man hätte es damals wohl auch nicht geglaubt, wie es der Papst und das Foreign Office ja auch nicht glauben wollten.«

Sarkastisch notiert der Publizist Johannes Gross: »Den Memoiren von Telford Taylor, Brigadegeneral und Hauptankläger bei den amerikanischen Kriegsverbrecherprozessen in Nürnberg, die er als einer der letzten Überlebenden aus jener Justizepoche veröffentlicht hat, ist zu entnehmen, daß er, einer der Intelligentesten und Bestinformierten auf der Anklägerseite, von der Judenvernichtung der Nazis erst im Nürnberger Verfahren Kenntnis erlangt hatte. Das darf natürlich die Deutschen nicht entschuldigen, die eben davon hätten wissen müssen.«

Die Verfolgungsmaschinerie war so konstruiert, daß sie mit einem Minimum an deutschem Personal auskam. Besonders der Eichmann-Prozeß in Jerusalem (1961) hat offengelegt, mit welcher diabolischen Intelligenz die Nazis ihre Helfer aus den Reihen der Opfer zu gewinnen verstanden, angefangen von den Judenräten in verschiedenen Ländern Europas bis hin zu den Hilfspolizisten in den Lagern; in Theresienstadt war sogar der Henker ein Jude. Autoren wie zum Beispiel Hannah Arendt, Gerald Reitlinger und Robert Pendorf haben sich immer wieder darüber wundern müssen, daß »wenige tausend Menschen, von denen die meisten obendrein in Büros saßen«, eine so große Zahl anderer Menschen vernichten konnten. Pendorf vermerkt unter anderem: »Auf dem ganzen Weg in den Tod bekamen die polnischen Juden kaum mehr als eine Handvoll Deutsche zu sehen.«

1943 schreibt Helmut Graf Moltke, ein Märtyrer der deutschen Widerstandsbewegung, an einen britischen Freund: »Ich glaube, wenigstens neun Zehntel der Bevölkerung wissen nicht, daß wir Hunderttausende von Juden getötet haben. Sie glauben immer noch, daß die Juden lediglich ausgeschieden wurden und eine so ziemlich unveränderte Existenz wie zuvor führen, nur eben weiter im Osten ...«

Als im Juni 1942 der »Daily Telegraph« als erste Zeitung meldete, 700.000 Juden seien vergast worden, fühlten sich nicht wenige an den März 1916 erinnert; damals hatte das gleiche Blatt die (frei erfundene) Meldung verbreitet, die Mittelmächte hätten 700.000 Serben vergast. Ebenso wie die wesentlich besser informierten alliierten Geheimdienste und viele jüdische Gemeinden dachten auch diejenigen Deutschen, die solche Gerüchte hörten, die längste Zeit in den Dimensionen früherer Pogrome und lokaler Ausschreitungen.

Die größte Welle organisierter Ausschreitungen der Vorkriegszeit schlug in der »Reichskristallnacht« (Pogromnacht) am 9. November 1938 über den Juden zusammen, als die Nazis jüdisches Eigentum an vielen Orten vernichteten; 36 Juden wurden ermordet. Nicht uninteressant ist hier der Bericht eines SS-Brigadeführers an seinen obersten Chef Himmler: »Einheimische antisemitische Kräfte wurden während der ersten Stunden veranlaßt, mit Pogromen gegen die Juden zu beginnen ..., wenngleich es sich als sehr schwierig erwies, sie dazu zu bringen.«

Das Oberste Parteigericht mußte Göring mitteilen: »Auch die Öffentlichkeit weiß bis auf den letzten Mann, daß politische Aktionen wie die des 9. November von der Partei organisiert und durchgeführt sind, ob dies zugegeben wird oder nicht.«

Auf der gleichen Linie liegt der Bericht des britischen Generalkonsuls in Frankfurt vom 14. Dezember 1938:

»Es scheint mir, daß eine sexuelle Massenperversion die Erklärung für diesen sonst unerklärlichen Ausbruch bieten mag. Ich bin überzeugt, daß, wenn die Regierung Deutschlands von der Wahl des Volkes abhinge, die Machthaber, die für diese Schandtaten verantwortlich sind, von einem Sturm der Entrüstung hinweggefegt worden wären, wenn man sie nicht an die Wand gestellt und erschossen hätte.« Auch der Historiker I. Kershaw betont, daß es im Dritten Reich, wenn überhaupt, wenige Gelegenheiten gab, »bei denen es zu einer solchen Welle des Unmuts« gekommen sei, die »bis tief in die Reihen« der NSDAP selbst reichte.

Man könnte nun weiter berichten über die Versuche von Militärs und Industriemanagern, die polnischen Juden durch Integration in die Industrie vor den Vernichtungslagern zu retten, oder von der untadeligen Haltung hoher Militärs vom Schlage eines Generals von Falkenhausen gegenüber den braunen Häschern im besetzten Westeuropa. Erwähnenswert sind auch die Vorstöße der ordentlichen Gerichte, denen es bis Mitte der 30er Jahre immer wieder gelang, KZ-Kommandanten anzuklagen und abzusetzen, oder die Versuche der Heeresjustiz, gegen Judenmörder in der Truppe einzuschreiten. Am interessantesten ist sicher der Versuch des SS-Richters Dr. Konrad Morgen, das KZ-System in den Jahren 1943 und 1944 von innen her aufzurollen. Seine Bilanz: 800 Fälle von Mord und Korruption bearbeitet, 200 gerichtlich abgeschlossen, mehrere KZ-Kommandanten gestürzt; zum Tode verurteilt und hingerichtet: Hermann Florstedt, Kommandant von Lublin, und Karl Koch (»Bestie Koch«), Kommandant von Buchenwald. Psychologisch geschickt hatte Morgen den obersten SS-Führer Himmler zu einer »Selbstreinigungs«-Aktion überredet und wurde erst gestoppt, als sich der Angriff aufs System nicht mehr verheimlichen ließ.

Alles in allem eine Fülle lobenswerter Versuche, aber kein großer Durchbruch. Man möchte gern wissen, ob es noch andere Mittel und Wege gegeben hätte. »Warum habt ihr nicht rebelliert?« So befragte der Ankläger im Eichmann-Prozeß stereotyp die jüdischen Zeugen, soweit sie nicht Widerstandskämpfer gewesen waren.

Hannah Arendt hat die Frage als nicht zweckdienlich bezeichnet, sie ist naiv, und darum ist die Antwort banal: In einem totalitären System gibt es kaum noch Chancen für eine Rebellion von unten. Der angesehene Religionsphilosoph und Rabbiner Leo Baeck hat es so ausgedrückt: »Als die Frage entstand, ob jüdische Ordonnanzen Juden für die Deportierung aussuchen sollten, habe ich die Ansicht vertreten, daß es besser wäre, wenn sie es tun, da sie wenigstens sanfter mit ihnen umgehen und ihnen eher helfen würden als die Gestapo und ihnen ihr Los leichter machen würden. Es lag kaum in unserer Macht, dem Auftrag wirksam Widerstand zu leisten.«

Man kann sich über den Rabbiner entrüsten. Man kann aber auch beten, nie in die gleiche Lage zu kommen wie er. Der Vollständigkeit halber sei vermerkt, daß Leo Baeck die Gelegenheit hatte, sich durch Flucht zu retten; er floh nicht.

Vor dem gleichen Dilemma wie Baeck standen die deutschen Hitlergegner. Der Reichsbankpräsident und Exminister Hjalmar Schacht sagt mit anderen Worten das gleiche wie Leo Baeck. »Würde ich aus der öffentlichen Tätigkeit ausscheiden und mich wieder ins Privatleben zurückziehen, so hieße das, Hitler das Feld einfach zu überlassen. Unendlich viele sind diesen Weg gegangen, aber sind sie damit auch ihrer Verantwortung ledig geworden?«

Exkurs: Die Konzentrationslager

In seinem Bestseller »Hitlers willige Vollstrecker« schreibt Daniel Jonah Goldhagen, die Konzentrationslager seien das »Wahrzeichen« NS-Deutschlands gewesen, die »neuartige«, »originäre« und »revolutionäre« Institution, »durch die sich Deutschland wesentlich von den anderen europäischen Staaten unterschied«. Der Verfasser weiß offenbar nichts von den polemischen Äußerungen Hitlers, die Idee der Konzentrationslager sei britischen Gehirnen entsprungen. Dieses trübe Kapitel ist im übrigen sogar noch viel komplexer, als es Hitler sah.

Das englische Wort »concentration camp«, das während des Burenkriegs (1899–1902) international Schlagzeilen machte, ist nämlich nur die Übersetzung eines spanischen Wortes; die spanische Kolonialmacht bekämpfte 1896/97 die Aufständischen auf Kuba durch sogenannte »campos de concentración«. Zirka 400.000 Nichtkombattanten wurden zur leichteren Partisanenbekämpfung dort »konzentriert« (»reconcentrado«). Im Burenkrieg hat man zwar nur gut 150.000 Farmersfrauen und -kinder in Lager verschleppt, aber die Sterblichkeit war erschreckend; über 26.000 verloren ihr Leben durch Hunger und Seuchen. Unter den ebenfalls verschleppten schwarzen Hausangestellten gab es zwischen 10.000 und 15.000 weitere Tote.

Ein anderer Ausspruch Hitlers führt zur nächsten Kreuzwegstation: »Wer redet heute noch von der Vernichtung der Armenier?« Während des Ersten Weltkriegs ereignete sich im Türkischen Reich nämlich der erste und vielleicht konsequenteste Völkermord der neueren Geschichte. Das Telegramm des Innenministers Talaat Pascha an die Präfektur Aleppo vom 15. September 1915 spricht für sich: »Es ist bereits mitgeteilt worden, daß die Regierung ... beschlossen hat, alle Armenier, die in der Türkei wohnen, gänzlich auszurotten ... Ohne Rücksicht auf Frauen, Kinder und Kranke, so tragisch die Mittel der Ausrottung auch sein mögen, ist, ohne auf die Gefühle des Gewissen zu hören, ihrem Dasein ein Ende zu machen.« – Die Mittel der Ausrottung waren Pogrome und ... die ersten Vernichtungslager. In einem Schwurgerichtsprozeß in Berlin wegen des späteren Attentats auf Talaat berichtete 1921 der Menschenrechtler und Schriftsteller Johannes Lepsius zunächst vom massenhaften Hungertod in diesen Lagern und fuhr fort: »Sooft sich nämlich die Konzentrationslager durch neue Züge füllten, so daß für die Menschenmengen nicht mehr Raum war, hat man sie truppweise in die Wüste geführt und dort abgeschlachtet. Türken haben erklärt, man sei durch das Beispiel, das die Engländer mit den Buren in Südafrika gegeben hätten, auf den Gedanken der Konzentrationslager gekommen ...«

Am 5. September 1918 wird das schreckliche Wort in eine vierte Sprache übersetzt. An diesem Tag nämlich beschließt der Sowjetische Rat der Volkskommissare (Minister) das Dekret über den Roten Terror; es gebot unter anderem, »die sowjetische Republik gegen Klassenfeinde mittels deren Isolierung in Konzentrationslagern (›konzentrazionnyje lagerja‹) abzusichern«. Das politische Terrorlager als Mittel der Ausschaltung von Oppositionellen und potentiellen Regimegegnern war geboren. Und am 8. Dezember 1921 äußerte ein weitgehend unbekannter Redner namens Adolf Hitler im Nationalen Klub in Berlin die Absicht, nach seiner Machtübernahme Konzentrationslager einzurichten.

Soviel zu Goldhagens These von der Neuartigkeit und Einzigartigkeit der »deutschen« Konzentrationslager. Zum wissenschaftlichen Wert von Goldhagens Erkenntnissen bemerkte ohne Umschweife Raul Hilberg, der Altmeister der Holocaustforschung (in der »SZ« vom 22. April 1999): »Historiker diesseits und jenseits des

Atlantiks waren sich doch einig, daß der Goldhagen einen Blödsinn geschrieben hat.«

1933 wurden bekanntlich die ersten Lager in Deutschland errichtet. Als der erwähnte Londoner Schriftsteller und Verleger Victor Gollancz im gleichen Jahr als erster darüber ein »Braunbuch vom Hitler-Terror« herausbrachte, stieß er in England auf wenig Verständnis. Die »Morning Post« hielt das Buch für eine »blutrünstige Zusammenstellung von ›Greueltaten‹, die angeblich unter der Naziherrschaft begangen worden sind« und schloß mit dem Satz: »Alles, was nicht bis ins letzte durch Nachrichten aus anderen Quellen bestätigt wird, muß selbstverständlich Zweifel erwecken, und der vernünftige Leser wird geneigt sein, seine Sympathien eher Herrn Hitler zuzuwenden als seinen Anklägern.«

1945 erschütterten dann die KZ-Bilder die Öffentlichkeit, und wieder griff Gollancz zur Feder: »Wenn mir der Platz zur Verfügung stünde, so könnte ich mich mit dem empörten Aufschrei über die Buchenwald-›Enthüllungen‹ befassen, die keinerlei Enthüllung für alle die bedeuteten, die unentwegt seit 1933 bemüht gewesen waren, das Gewissen eines denkfaulen und zweiflerischen Publikums aufzurütteln und das Wort für Männer und Frauen zu ergreifen, die, von der Außenwelt abgeschlossen und ohne eigene Stimme, unsagbare Qualen in jenen Lagern der Rechtlosigkeit erduldeten. Jetzt, so sagte man, wüßten wir nun endlich, daß die deutsche Nation als Ganzes schuldig wäre.«

Der Autor fährt fort: »Von 1933 bis 1939 gab es keine ausländischen Zwangsarbeiter, keine Saboteure, keine Kriegsgefangenen – alle Insassen waren also ›arische‹ oder ›nichtarische‹ Deutsche.

Weiter! In diesen Jahren waren die überwältigende Mehrheit der Häftlinge in diesen Konzentrationslagern politische Gegner; die Zahl der Juden in diesen Lagern war vor dem Krieg verhältnismäßig gering – abgesehen von der kurzen Zeit nach dem November 1938 –, und die meisten unter ihnen wurden wegen ihrer politischen Überzeugung und nicht als Juden dort festgehalten.«

Aufgrund der Tatsache, daß die Lager 1933 zur Unterdrückung der eigenen Bevölkerung gebaut wurden, kommt er zu dem Schluß:

»Ich jedenfalls behaupte, diese Lager beweisen durchaus nicht, daß alle Deutschen schlecht sind und das ganze deutsche Volk ›kollektiv schuldig‹ ist; sie beweisen vielmehr das Gegenteil.«

Ähnlich argumentiert der polnische Historiker Andrzej Kaminski in seiner Analyse »Konzentrationslager 1896 bis heute«:

»Der Franzose Louis Maury, ehemaliger Häftling des KZ Neuengamme, warf 1955 den deutschen politischen Mithäftlingen vor, daß sie ›kein Gefühl für nationale Mitverantwortung hatten ... Auf der Ebene der nationalen Gemeinschaft waren sie sich keiner Schuld bewußt‹. Mit anderen Worten, die deutschen Demokraten und Kommunisten sollten sich für die Konzentrationslager verantwortlich fühlen, die von den Nazis eben für sie geschaffen worden waren – elf Jahre bevor Maury nach Neuengamme verschickt wurde.«

Einen weiteren wichtigen Gesichtspunkt haben die Kollektivschuldtheoretiker gar nicht zur Kenntnis genommen: Hitlers ambivalentes Verhältnis zum deutschen Volk. Die ersten, die 1933 nach der Machtübernahme der Braunen in Dachau gefoltert und getötet wurden, waren – wie schon erwähnt – deutsche Nazigegner. Zu den letzten überlieferten Äußerungen Hitlers gehören Aussprüche wie: Das deutsche Volk habe sich als schwächer erwiesen und würde somit aufhören, unter den Völkern der Erde eine Rolle zu spielen. »Was morsch und alt ist und fallen muß, soll man nicht stützen, sondern stoßen.« Die Zukunft gehöre dem stärkeren Volk im Osten.

So wie er keine Skrupel kannte, beim Rückzug aus Rußland eine Strategie der »verbrannten Erde« zu proklamieren, so hatte er auch keine Hemmungen, gleiches in Deutschland anzuordnen. Der sogenannte Nero-Befehl vom 19. März 1945 gebot, daß »alle militärischen Verkehrs-, Nachrichten-, Industrie- und Versorgungsanlagen sowie Sachwerte innerhalb des Reichsgebiets, die sich der Feind für die Fortsetzung seines Kampfes irgendwie sofort oder in absehbarer Zeit nutzbar machen kann«, zu zerstören seien.

Die Zahl der Deutschen, die in Konzentrationslagern interniert waren, schätzt man auf 750.000 bis 1,2 Millionen, davon rund 500.000 bis 600.000 politische Gefangene. Zwischen 100.000 und 150.000 wurden umgebracht, deutsche Juden und Zigeuner nicht inbegriffen. Hinzu kamen zirka 100.000 Opfer der Euthanasie (»lebensunwertes Leben«).

Im Nürnberger Prozeß betonte der amerikanische Hauptankläger Jackson: »Wahrlich die Deutschen – nicht weniger als die Welt draußen – haben mit den Angeklagten eine Rechnung zu begleichen.« Stalin war nicht nur der Peiniger der Esten, Letten, Litauer, Finnen, Polen, Ukrainer, Wolgadeutschen, Krimtataren usw.; er war auch der Peiniger der Russen. Gleiches gilt für die Hitlerdiktatur: Nicht die »arischen« Deutschen waren der Feind der Juden, sondern der Nationalsozialismus war der Feind von beiden.

Der Widerstand

Die linksgerichtete »Aktion Sühnezeichen« schrieb 1958 in einem Aufruf: »Wir haben den Zweiten Weltkrieg begonnen und damit mehr als andere unmeßbares Leid der

Menschheit verschuldet. Deutsche haben in frevlerischem Aufstand gegen Gott Millionen von Juden umgebracht. Wer von den Überlebenden das nicht gewollt hat, hat zu wenig getan, das zu verhindern.«

Was aber konnte man seinerzeit tun, um das Unrechtsregime, die Diktatur zu stürzen? Bekanntlich registrierte die internationale Öffentlichkeit nur ein Attentat, nämlich das vom 20. Juli 1944; es wurde überwiegend als Versuch einer Handvoll von Nazi-Offizieren abgetan, sich im letzten Moment aus einer konkursreifen Firma herauszustehlen. In Wirklichkeit waren es – je nach Zählweise – 42 beziehungsweise 50 Komplotte und Attentatsversuche, und sie begannen lange bevor Hitler im Zenit seiner Laufbahn stand, lange vor dem Krieg. Der Historiker Peter Hoffmann hat in seinem bemerkenswerten Buch »Die Sicherheit des Diktators« alle Fälle analysiert und kommt zu dem wenig sensationellen Fazit, daß die Fehlschläge weniger von den Sicherheitsvorkehrungen als von bizarren Zufällen herrührten. Auch Hitler selbst bekannte schon 1942: »Ich habe mein Leben tausendmal riskiert, und ich verdanke mein Überleben einfach meinem Glück.«

Der emigrierte deutsch-jüdische Historiker Hans Rothfels hat den deutschen Widerstand mit folgenden Worten charakterisiert: »Die deutsche Opposition gegen Hitler war zunächst einmal zahlenmäßig verbreiteter, als vielfach zugestanden worden ist, sie war nicht nur Angelegenheit einer ›Elite‹ klassenmäßig und interessenmäßig begrenzter, in der Vergangenheit lebender, allem ›Modernen‹ abgewandter Art noch, wie die Gegenthese lautet, in Intensität und Wirkungsgrad von der Nähe zum Kommunismus abhängig. Sie war breit gestreut und dabei ausgedehnter, als unter den Bedingungen des Terrors erwartet werden konnte.«

Und der Schweizer Carl J. Burckhart ergänzt: Trotz der widrigen politischen Umstände sei zum Beispiel in

Ostpreußen »kein überreizter Nationalismus ausgebrochen. Der nationalsozialistischen Revolution gegenüber verhielt man sich in weiten Kreisen kritisch. In Ostpreußen habe ich den deutschen ›Widerstand‹ kennengelernt, vertreten durch ernste Menschen ungebrochen vaterländischer Gesinnung, ihr Verhalten blieb untadelhaft bis zu den letzten Konsequenzen, die sie mit dem größten Mut auf sich nahmen.« Hier herrschte das altpreußische Ehrgefühl, das den königlichen Offizier Johann Friedrich Adolf von Marwitz im 18. Jahrhundert die stolze Grabinschrift verfassen ließ: »Wählte Ungnade, wo Gehorsam nicht Ehre brachte.«

Der deutschen Opposition fehlte es nicht an Mut, Weitsicht, Selbstaufopferung oder an Unterstützung von innen. Es fehlten zwei Dinge: Glück und Unterstützung von außen. Seit 1937 bestanden fortlaufend geheime Kontakte mit der Regierung in London. Auf dem Höhepunkt der Sudetenkrise schien 1938 der Umsturz zum Greifen nahe. Theo Kordt, der Abgesandte des deutschen Widerstands, überbrachte am 7. September in der Downing Street 10 die unverblümte Botschaft, man werde Hitler stürzen, wenn London Hitler eine klare Abfuhr erteilen und damit eine diplomatische Niederlage bereiten würde.

Was folgte, ist bekannt. Die verlangte Erklärung wurde nicht abgegeben, Chamberlain flog nach München, Hitler triumphierte, potentielle Bundesgenossen wurden unsicher, und Goerdeler mußte einem amerikanischen Freund schreiben. »... Das deutsche Volk wollte keinen Krieg; die Armee würde alles getan haben, ihn zu vermeiden; ... die Welt war rechtzeitig gewarnt und unterrichtet worden. Wenn man die Warnung beachtet und danach gehandelt hätte, würde Deutschland schon heute frei von seinem Diktator sein und sich gegen Mussolini wenden. In wenigen Wochen könnten wir damit beginnen, einen dauerhaften Weltfrieden zu gestalten, der auf Gerechtigkeit, Vernunft und Anstand beruht.«

Weitere konkrete Pläne und diplomatische Vorstöße der deutschen Widerständler, die auch die Mitarbeit Englands voraussetzten, gab es 1939, 1940, 1942 und 1943. Sie scheiterten am Desinteresse der britischen Regierung.

Unabhängig von diesen spektakulären Bemühungen bestanden von 1937 bis 1944 fast ununterbrochen geheime Kontakte zwischen dem Widerstand und angloamerikanischen Diplomaten.

Ähnliche Erfahrungen wie die Abgesandten des Widerstands in London mußte auch der prominente US-Journalist Louis P. Lochner in Washington machen. Im November 1941, also noch vor Eintritt des Kriegszustands zwischen dem Reich und den Vereinigten Staaten, hatte er Kontakte mit führenden Antinazis. 1942 versuchte er vergeblich, dem amerikanischen Präsidenten eine Botschaft der deutschen Opposition zu überbringen. Später wurde ihm dann obendrein vom Militärzensor bedeutet, Roosevelt als Höchstkommandierender habe »jede Erwähnung eines deutschen Widerstands« verboten. Nicht besser ging es 1943 Commander George Earle, dem amerikanischen Marineattaché in Istanbul, bei seinen Geheimverhandlungen mit führenden Hitlergegnern. Roosevelt zeigte sich desinteressiert und versetzte den Commander auf die entlegene Pazifikinsel Samoa.

Noch bevor auf der Casablanca-Konferenz im Januar 1943 die Formel von der bedingungslosen Kapitulation auftauchte (sie galt auch für den Fall, daß das NS-Regime gestürzt würde!), verwies der später hingerichtete Legationsrat Adam von Trott in einer vertraulichen Denkschrift an die amerikanische Adresse verzweifelt auf die Unfähigkeit der Westmächte, zu verstehen, daß die Deutschen selbst ein unterdrücktes Volk seien, das in einem besetzten Gebiet lebe, und daß »die Opposition die angelsächsischen Länder von bürgerlichen Vorurteilen und pharisäischen Theorien erfüllt sieht«.

In der Folgezeit erschwerten inhumane Deutschlandplanungen der angelsächsischen Mächte die Aktivitäten der Opposition noch zusätzlich und gaben der NS-Propaganda die willkommene Gelegenheit, die deutschen Oppositionellen nicht nur als Staats-, sondern auch als Volksfeinde hinzustellen.

In einer Rede vor dem Unterhaus weigerte sich Churchill am 21. September 1943 ausdrücklich, dem deutschen Volk die gleiche Zusicherung wie dem italienischen zu geben, dem er Erlösung aus »Knechtschaft und Erniedrigung« versprochen hatte.

Wie schwierig die Lage der Widerstandskämpfer und wie wichtig ihre Unterstützung durch die Anglo-Amerikaner war beziehungsweise gewesen wäre, zeigt auch eine Stellungnahme sozialistischer Hitlergegner, die sich 1942 zum Beispiel für das Aufschieben des Attentats aussprachen, bis die Westalliierten auf dem Festland gelandet seien. Der Sturz des Diktators dürfe nicht die Eroberung durch die Sowjetunion und eine kommunistische Überflutung von ganz Europa zur Folge haben.

Der langjährige Bundestagspräsident Eugen Gerstenmaier schrieb in der »Frankfurter Allgemeinen« vom 31. März 1975: »Was wir im deutschen Widerstand während des Krieges nicht wirklich begreifen wollten, haben wir nachträglich vollends gelernt: daß dieser Krieg eben nicht nur gegen Hitler, sondern gegen Deutschland geführt wurde.«

Geheime amerikanische Dokumente, die erst 1987 freigegeben wurden, bestätigen diese Analyse. In einer Studie des »Office of Strategic Services« mit der Überschrift »Das beste Ergebnis des ›Hitlerwunders‹« vom 30. Juli 1944 heißt es wörtlich, das »glückliche Entkommen Hitlers« sei ein Glücksfall auch für die Alliierten gewesen; Deutschland ließe sich jetzt wesentlich leichter bekämpfen. In der Tat wäre es nach dem Sturz der Diktatur der Öffentlichkeit schwerer zu vermitteln gewesen, mit einem demokratischen und friedensuchenden Land so rücksichtslos umzuspringen wie später geschehen.

In seiner Stauffenberg-Biographie schreibt Wolfgang Venohr: »Die neue Reichsregierung hätte aus den himmlischen Heerscharen Gottes gebildet werden können, die Alliierten hätten niemals von ihrem Ziel gelassen, Deutschland ... für immer zu entmachten.« Venohr fährt dann fort:

»Ich sehe das ganz deutlich vor mir: Etwa drei Monate nach der Kapitulation ... wäre es soweit gewesen, daß die Besatzer ihn in ein Internierungslager gesperrt hätten. Der schwerverletzte Stauffenberg wäre, die Kriegsauszeichnungen abgerissen, auf einem Jeep herangefahren, durch eine Doppelreihe grinsender Militärpolizisten mit weißen Schlagstöcken getrieben worden – ›go on, go on!‹ oder ›mak snell, mak snell!‹ hätten sie ihn angekreischt – und hätte dann, nach rüder Filzung seiner paar Habseligkeiten, hinter Stacheldraht gestanden. Anders hätte es gar nicht kommen können ... All das ist ihm, Gott sei Lob und Dank, erspart geblieben. Er mußte nicht mit ansehen, wie sein geliebtes Deutschland besetzt, gedemütigt und zerstückelt ... wurde. Glücklicher, toter Stauffenberg.«

Die Ablehnung des 20. Juli scheint heute auch zum Gemeingut aller Sozialisten zu werden. Über einen einschlägigen Artikel der linksradikalen Berliner »tageszeitung« berichtete die »FAZ« am 20. Juli 1994: »Man müsse endlich unterscheiden lernen, ›wer von Beginn an gegen den NS-Staat kämpfte oder wer nur noch, selbst schuldbeladen und fern von jeder demokratischen Gesinnung, mit dem Attentat seinen eigenen Kopf angesichts der unausweichlich gewordenen Niederlage der deutschen Mordbrenner retten wollte‹. Mit anderen Worten: Die Attentäter waren selber Nazis. Ehre gebührt nur jenen, die immer auf der anderen Seite standen: den Kommunisten. Aus diesem Geschichtsbild hat seinerzeit die DDR ihre antifaschistische Legitimation bezogen.«

Auf das Wofür des Widerstands, nämlich Gerechtigkeit und Freiheit, kommt es nicht mehr an, wenn nur das Wogegen zählt, der »Hitlerfaschismus«. Und so hängen in der »Gedenkstätte Deutscher Widerstand« in Berlin tatsächlich schon Fotos von Ulbricht und Pieck. Während in Deutschland die Widerstandskämpfer in Gefängnissen und Lagern hungerten und froren, stets Folter und Tod vor Augen, saßen diese beiden in Moskau wohlgenährt in gutgeheizten Stuben und leisteten »Widerstand«, indem sie für Stalins Propaganda Auftragsarbeiten ablieferten.

Professor Rothfels resümiert zum Thema Widerstand: »Während alle sonstigen Untergrundbewegungen über Europa hin reichlich materielle wie psychologische Unterstützung erfuhren und sehr konkrete Belohnungen in Reichweite hatten, war die deutsche allein völlig auf ihre eigenen Kraftquellen angewiesen. Diese waren nur an der Oberfläche militärisch, im Prinzip waren sie geistiger und religiöser Art.«

Die Frage »Warum habt ihr den Tyrannen nicht gestürzt?« ist alt und doch immer aktuell. Als Chruschtschow auf dem XX. Parteitag Stalins Verbrechen anprangerte, riefen die Deligierten spontan: »Warum habt ihr Stalin nicht getötet?« Chruschtschow erwiderte: »Was konnten wir tun? Es war eine Terrorherrschaft.«

Zu dem in England verbreiteten Vorwurf mangelnden Widerstands gegen die braune Diktatur schreibt Victor Gollancz: »Dabei kam man gar nicht auf den Gedanken, sich die Frage vorzulegen, was man denn selbst unter ähnlichen Verhältnissen geleistet haben würde; man hielt nicht einen Augenblick inne, um sich innerlich darüber Rechenschaft abzulegen, ob man wohl, sofern der Preis, über den man so glatt dahinschwätzte, Tod oder Folter nicht nur für einen selbst, sondern auch für die eigenen Kinder gewesen wäre – ob man auch dann noch, jenseits aller Zweifel, das hinreichende Maß von Heroismus besessen haben würde, um solche Gefahren auf sich zu nehmen. Man fragte sich nicht einmal, warum man denn Buchenwald, solang noch Friede herrschte, keinerlei Bedeutung beigemessen hatte, obschon das weder Tod noch Folter noch auch nur die Gefahr der Einkerkerung gekostet haben würde, wenn man damals seine Stimme hätte vernehmen lassen, sondern schlimmstenfalls einen Zeitverlust von wenigen Sekunden und den Verbrauch eines belanglosen Bruchteils von Energie. Anstatt auf diese Weise in sich zu gehen, schwelgte man schon lieber im Bewußtsein seiner eigenen Überlegenheit.«

Die Kollektivschuldtheorie hält also in keinem Punkt einer kritischen Analyse stand. Gollancz hat, ähnlich wie der Papst und die katholischen Bischöfe, über sie ein vernichtendes Urteil gefällt: »Sie stützt sich – bestenfalls – auf gänzliche Unkenntnis der psychologischen und wissenschaftlichen Tatsachen und läßt sich in einer halben Stunde unter Zuhilfenahme jedes beliebigen Lehrbuchs der europäischen oder Weltgeschichte richtigstellen. Ihr weitgehender Einfluß ist natürlich der Ansteckung durch das nazistische Rassendogma zuzuschreiben.«

6.

Die zweite und die dritte Schuld

Fehlende Aufarbeitung?

In seinem Buch »Die zweite Schuld« schreibt der bereits erwähnte Fernsehgewaltige Ralph Giordano: »Jede zweite Schuld setzt eine erste voraus – hier: die Schuld der Deutschen unter Hitler. Die zweite Schuld: die Verdrängung und Verleugnung der ersten nach 1945.« Und Margarete Mitscherlich legt noch nach (1987 in ihrer Schrift »Erinnerungsarbeit«): »Auch die heute Zwanzigjährigen, denen die Eltern ihre Abwehr der Vergangenheit weitergegeben haben, leben immer noch im Schatten der Verleugnung und Verdrängung ...«

Professionelle Historiker wie Peter Steinbach sehen es anders, ganz anders. Von einer »in der Menschheitsgeschichte wohl einmaligen radikalen Auseinandersetzung mit der Vergangenheit« ist da die Rede oder von »gigantischen Anstrengungen, die NS-Verbrechen und deren ideologische Grundlagen aufzuarbeiten« – so (in der »SZ« vom 6. Oktober 2000) Sonja Margolina, übrigens eine jüdische Russin. Ebenfalls des deutschen Nationalismus unverdächtig ist der ehemalige polnische Widerständler Andrzej Kaminski, wenn er schreibt: »Und so bleibt die angesichts gewisser forcierter Meinungen einigermaßen überraschende Feststellung, daß Deutschland das einzige Land der Welt ist, das, nachdem es große Konzentrationslager eingerichtet und unterhalten hatte, diesen üblen Teil seiner Vergangenheit zumindest durch umfangreiche Forschung ... sowie durch breite Aufklärung bewältigt hat.«

Daß es nach 1945 eine Vielzahl alliierter Kriegsverbrecherprozesse – vor allem amerikanische, englische, französische, sowjetische – gegen deutsche Täter gegeben hat, ist bekannt; ebenso, daß die westdeutsche Justiz von sich aus gegen über 85.000 Personen ermittelt hat. Die Ermittlungen und die Prozesse dauern noch nach der Jahrtausendwende an.

Jahrzehntelang ist die »Zentrale Stelle zur Aufklärung von NS-Verbrechen« in Ludwigsburg jedem nur denkbaren Verdacht braunen Unrechts nachgegangen, bis die Beamten zum Schluß »arbeitslos« wurden.

Welchen Grad die Auseinandersetzung mit der NS-Vergangenheit in der deutschen Öffentlichkeit schon erreicht hat, konnten interessierte Fernseher unter anderem in der Sendung »Sesam-Straße« des Kinderkanals (»geeignet für Kinder ab drei Jahren«) am 12. April 2000 erleben. Neben Berichten über Känguruhbabys und dergleichen erschien plötzlich ein Spot über Hitler und die KZs mit Schreckensbildern und Texteinblendungen wie »Konzentrationslager/KZ« oder »6 Millionen«.

Schon 1997 gab es in Hamburg eine Tagung »Holocaust – ein Thema für Kindergarten und Grundschule«. Und vorher hatten Judith S. Kestenberg und Vivienne Korland ein Holocaust-Bilderbuch für Kinder ab drei Jahren herausgebracht (»Als Eure Großeltern jung waren«) und die Hamburger Bischöfin Maria Jepsen hatte das Vorwort zu einem ähnlichen »Kinderbuch« geschrieben. – Noch bevor das Kleinkind die Grundregeln des menschlichen Zusammenlebens lernt, wie etwa »Was du nicht willst, daß man dir tu', das füg' auch keinem andern zu«, soll es also Nazigreuel studieren, und bevor es lernt, bis zehn zu zählen, soll es über »6 Millionen« unterrichtet werden. »Kinderverstörung« lautete der Titel einer einschlägigen Untersuchung des Mainzer Soziologen Helmut Schoeck.

Nachgerade bescheiden wirkt dagegen die Forderung des ehemaligen Chefs der Ludwigsburger Zentralstelle zur Aufklärung von NS-Verbrechen, Alfred Streim, das Unterrichtsfach »NS-Vergangenheit« von der Hauptschule bis zur Universität einzuführen. Mancher Ossi wird sich dabei an »gute alte Zeiten« erinnert fühlen, denn in der DDR war zum Beispiel das Fach »Marxismus – Leninismus« für Erstklässler wie für Hochschullehrer gleichermaßen obligatorisch.

Amerikanische Experten wie Peter Lovick oder Norman G. Finkelstein sehen die Beschäftigung mit der Judenverfolgung als neue »Mysterienreligion« mit Hohenpriestern, öffentlichen Ritualen, Gedenk- und Pilgerstätten, authentischen Reliquien und – so fügte Konrad Paul Liessmann im Wiener »Kurier« hinzu – »zum Gaudium der Medien, mit Heuchlern, Ketzern, Häretikern und Leugnern«. – Der Heidelberger Professor Jan Assmann ahnt sogar die Geburt einer neuen Weltreligion (Interview im »Focus« Nr. 16/2001): »Meine These ist durchaus, daß in 1000 Jahren der Holocaust ein absolut zentrales Element der globalen Erinnerung ist. Der Tod Christi hat immerhin 2000 Jahre getragen.« Daß die »deutsche Schuld« am Nationalsozialismus heute schon zur sogenannten Zivilreligion der tonangebenden Kreise der Bundesrepublik geworden ist, bestätigen zahlreiche Autoren.

Die Dimension der Aufarbeitung zeigt sich aber am allerbesten im internationalen Vergleich.

Im Hinblick auf die Kolonialgreuel in Algerien 1954–1962 hat die französische Staatsspitze eine Entschuldigung ebenso abgelehnt wie die gerichtliche Aufarbeitung oder auch nur die Einsetzung eines parlamentarischen Untersuchungsausschusses.

Auch amerikanische Kriegsverbrecher können ruhig schlafen. Bekanntlich hatten US-Einheiten in mehreren Dörfern Vietnams Massenverbrechen begangen, zum Beispiel am 16. März 1968 in der Ortschaft My Lai, wo

347 Zivilisten zusammengetrieben und massakriert wurden; das jüngste Opfer war zwei Jahre alt.

Lediglich ein gewisser Leutnant William Calley wurde als Mörder verurteilt, aber bald darauf – nach lautstarken Protesten – begnadigt und auf freien Fuß gesetzt.

Wie die Dinge in Moskau und Belgrad liegen, kann man sich auch ohne größere Recherchen ausmalen, wenn man das seltene Glück hat, Fernsehinterviews (die freieste Berichterstattung dürfte hier BBC London pflegen) mit russischen oder jugoslawischen Kriegsverbrechern zu sehen. Da zeigen sich lebensfrohe Mörder, gemütliche Folterknechte und lachende Vergewaltiger ohne Reue. Sie haben gut lachen; denn sie müssen nicht befürchten, je zur Verantwortung gezogen zu werden.

In Japan hat es nach Abschluß der Tokioer Kriegsverbrecherprozesse der Sieger mit ihren sieben Todesurteilen (vollstreckt wurde nur das gegen den Kriegspremier Tojo) keine weiteren Strafverfahren gegeben. Das Nanking-Massaker von 1937 (über 155.000 Tote) oder die grausamen Menschenexperimente (zwischen 3000 und 15.000 Opfer) werden wohl ungesühnt bleiben.

Die Ausrottung des armenischen Volks im Türkischen Reich im Jahr 1915 ist schon erwähnt worden. Den Stand der türkischen Vergangenheitsbewältigung beleuchtet am besten die Tatsache, daß nach § 130 des deutschen Strafgesetzbuchs wegen Volksverhetzung strafbar ist, wer den Völkermord an den Juden während des Zweiten Weltkriegs leugnet, während nach § 312 des türkischen Strafgesetzbuchs wegen Volksverhetzung strafbar ist, wer den Völkermord an den Armeniern während des Ersten Weltkriegs nicht leugnet. So wurden schon in den 70er Jahren englische Archäologen oder französische Kunsthistoriker wie der bekannte J. M. Thierry wegen unerwünschter Forschungsarbeit an armenischen Altertümern verhaftet. Auch verurteilte im Oktober 1982 ein türkisches Militärgericht den deutschen Reiseleiter Ralph Braun zu 16 Monaten Gefängnis, weil er anläßlich der Besichtigung einer armenischen Kirche in Ostanatolien vom Völkermord an den Armeniern berichtet hatte. Erst nach mehreren Interventionen konnte er Monate später das berüchtigte Militärgefängnis von Diyarbakir verlassen. – Im November 2000 wurde einem syrisch-orthodoxen Priester aufgrund ähnlicher Äußerungen wegen Volksverhetzung der Prozeß gemacht. Angesichts der massiven Präsenz westlicher Medien, Parlamentarier und Diplomaten während des Verfahrens erfolgte dann im April 2001 ein Freispruch »aus Mangel an Beweisen«.

In spanischen Schulbüchern erscheinen die Eroberer Mittel- und Südamerikas bis heute meist als Vermittler des Christentums und der abendländischen Kultur. In zeitgenössischen Berichten wie dem des Indianerbischofs Bartolomé de Las Casas (»Kurzgefaßter Bericht über die Verwüstung der Westindischen Länder«) lesen wir eine andere, eine schreckliche Geschichte. Heute weiß man zum Beispiel, daß die Bevölkerung Perus innerhalb weniger Jahrzehnte nach Ankunft der Spanier von 10 bis 15 Millionen auf 800.000 zurückging. Vor allem Zwangsarbeit und eingeschleppte Infektionen waren die Ursachen der Katastrophe. Trotzdem wird in Kreisen spanischer Historiker die dunkle Kehrseite der Kolonialgeschichte auch heute noch gern als Legende und Schwarzmalerei (»leyenda negra«) abgetan.

Soviel zum Vorwurf der mangelnden Aufarbeitung der NS-Vergangenheit im internationalen Vergleich.

Die eingebildete Schuld

Nun kann man über die »zweite Schuld« – die vermeintliche Verdrängung der Epoche des Dritten Reichs – immerhin diskutieren, auch wenn es über den Ausgang der

Diskussion keine Zweifel gibt. Nicht einmal diskussionsfähig sind dagegen Schuldbekenntnisse deutscher Politiker, die der Phantasie oder der Ignoranz der Betreffenden entspringen. Jüngstes Beispiel dafür war das am 2. September 2001 auf der Weltkonferenz gegen Rassismus im südafrikanischen Durban gemachte Bekenntnis von Bundesaußenminister Joschka Fischer zur deutschen Mitschuld am Übel der Sklaverei. Nun weiß jeder, der auch nur über rudimentäre Geschichtskenntnisse verfügt, daß die Deutschen weder in ihrer extrem kurzen Kolonialgeschichte noch vorher irgend etwas mit der Sklaverei zu tun hatten, ganz im Gegenstatz zu den alten Kolonialmächten Europas, zu Nord- und Südamerikanern, zu Arabern und Türken und mehreren afrikanischen Stammesfürsten.

Diese eingebildete Schuld muß man wohl konsequenterweise »die dritte Schuld« nennen. Sie ist wesentlich weiter verbreitet, als man annehmen möchte.

Allein zum deutsch-tschechischen Verhältnis kursieren die bizarrsten Irrtümer. Bundespräsident Herzog zum Beispiel sagte am 8. Mai 1995 in Berlin: »Millionen – vor allem Juden, Roma und Sinti, Polen und Russen, Tschechen und Slowaken – waren der größten Vernichtungsaktion zum Opfer gefallen, die menschliche Hirne je ersonnen hatten.« Obwohl das tschechische Volk demnach vernichtet war, zählte es nach dem Krieg um 236.447 Köpfe mehr als vor dem Krieg, und die ebenfalls »vernichteten« Slowaken erhielten den langersehnten eigenen Staat und wurden Verbündete Hitlers.

Wer von dem Historiker Kohl mehr Geschichtskenntnis erwartet hatte als von dem Juristen Herzog, wurde enttäuscht. Der Bundeskanzler bereicherte die Schwadronade Herzogs sogar noch um eine originelle Variante. Aus Anlaß der Unterzeichnung des deutsch-tschechischen Nachbarschaftsvertrags in Prag im Februar 1992 meinte er, die Deutschen wüßten, »daß der Vertreibung das schreckliche Unrecht vorausging, das durch die Besetzung und den Angriffskrieg von deutscher Seite am tschechischen und slowakischen Volk verübt wurde«. Während Herzog also glaubt, die Tschechen seien ausgerottet worden, meint sich Kohl an einen »schrecklichen Angriffskrieg« gegen das tschechische Volk zu erinnern. Ein Kommentar dazu fällt schwer; denn entweder verwechselt er Polen und Tschechen, oder er steht mit der deutschen Sprache auf Kriegsfuß und verwechselt die Begriffe Annexion und Krieg.

Im 16. Jahrhundert hat Papst Julius III. die klassische Frage gestellt: »Weißt du nicht, mein Sohn, mit wie wenig Verstand die Welt regiert wird?«

Auch Bundeskanzler Schröder scheint seinem Amtsvorgänger nachzueifern, was er im Juli 2001 anläßlich der Eröffnung einer Dauerausstellung im Bonner »Haus der Geschichte« andeutete. Schröder sprach davon, daß die jüngere Vergangenheit keine Schlußstriche kenne: »Dies gilt für die unvorstellbaren Verbrechen des Nationalsozialismus, für zwei von Deutschen angezettelte Weltkriege im 20. Jahrhundert.« Die »FAZ« kommentierte: »Der Versailler Vertrag von 1919 läßt grüßen. Mit Artikel 231 wurde die Kriegsschuld eingeführt, um die alliierten Reparationsansprüche an Deutschland völkerrechtlich abzusichern. Die politische These von der Alleinverantwortung Deutschlands am Ersten Weltkrieg ist aber wissenschaftlich unhaltbar.« Seit Ende der 20er Jahre des 20. Jahrhunderts wird sie international nur noch von Außenseitern vertreten. Auch in den Berliner Koalitionsvereinbarungen von 2002 zwischen SPD und PDS ist neben Bedauern wegen des »Siegs des Faschismus über die gespaltene Arbeiterbewegung« auch der Satz zu lesen: »Von der deutschen Hauptstadt gingen zwei Weltkriege aus.«

Bei dieser Gelegenheit fällt dem Verfasser eine Episode ein, die der Publizist Armin Mohler überliefert. Bei einer Umfrage in Westdeutschland lautete die Frage: »Wer war schuld am Deutsch-Ungarischen Krieg von 1893?« Eine erdrückende Mehrheit bekannte sich zur deutschen Schuld; nur wenige antworteten: »Die Ungarn« oder »Weiß nicht«. Das Pikante an der Sache war natürlich, daß dieser Krieg nie stattgefunden hat. Die Moral von der Geschicht' ist, frei nach Reinhard Mey: »Der Mörder ist immer der Deutsche.«

Internationale Beobachter der deutschen Szene kommen aus dem Kopfschütteln nicht mehr heraus. So sieht zum Beispiel Alfred M. de Zayas, US-Historiker und Völkerrechtler, die deutsche Vergangenheitsfixierung ins Pathologische abgleiten: »Wenn mich etwas im heutigen Deutschland stört und beunruhigt, ist es gerade diese Neigung zur übertriebenen Selbstkritik, die für mich bedeutet, daß viele Deutsche den Sinn für Realität, für Geschichte, für Verhältnismäßigkeit verloren haben. Oder schlimmer, daß manche Deutsche anscheinend an einer Megalomanie leiden – sie wollen die größten Verbrecher der Geschichte sein und zugleich die größten Büßer. Dies halte ich für pathologisch.«

7.

Die rassistische Komponente

Elias Canetti, Träger des Literatur-Nobelpreises 1981, ein Kosmopolit, der im Bulgarischen, Hebräischen, Deutschen und Englischen gleichermaßen zu Hause war, notierte Anfang 1945 in seinem Tagebuch: »Hitler hat die Deutschen zu Juden gemacht, in wenigen Jahren, und ›deutsch‹ ist nun ein Wort geworden, genauso schmerzlich wie ›jüdisch‹.«

Sein Gefühl, die Deutschen seien nun die neuen Juden Europas, bestätigte sich schneller und gründlicher als viele geglaubt hatten. In der Tschechoslowakei zum Beispiel wurde 1945 der Judenstern neu erfunden: Alle Deutschen mußten weiße Binden oder Stoffteile mit dem Buchstaben N (für Nemec = Deutscher) tragen. Ab sofort galten administrative Schikanen, die den Judengesetzen des Dritten Reichs nachgebildet waren: Verbot der Benutzung öffentlicher Verkehrsmittel und Einrichtungen, Verbot, den Wohnort weiter als sieben Kilometer zu verlassen, drastisch gekürzte Lebensmittelrationen usw. Das gesamte deutsche Vermögen wurde »slawisiert« – übrigens auch das der deutschen Juden, das erst wenige Jahre vorher »arisiert« worden war. (Zwangs-)Arbeitspflicht galt für die Sudetendeutschen ab 14 beziehungsweise bei Frauen ab 15 Jahren; Verbrechen an Deutschen wurden nicht nur für straffrei, sondern sogar für rechtmäßig erklärt (das einschlägige Gesetz vom 8. Mai 1946 wurde bis heute nicht aufgehoben). Der Status der Deutschen war damit schlechter als der von Tieren; denn wer einen deutschen Menschen tötete, handelte rechtmäßig, wer einen tschechischen Hund tötete, konnte wegen Sachbeschädigung und Tierquälerei vor Gericht kommen.

»Überall im Lande werden jetzt Konzentrationslager für Deutsche eingerichtet. Man schickt die Leute unterschiedslos hinein, während sie auf ihr Visum für Deutschland warten. Sogar deutsche Juden und Nazigegner, die erst kürzlich aus den Konzentrationslagern der SS befreit wurden, sind nicht sicher ...«, mußte Rhona Churchill am 6. August 1945 im Daily Mail berichten.

Aber wen interessierte das? Die tschechischen Nationalisten hatten einfach die Sprüche der Nazis für ihre Ziele adaptiert: »Was der Jude glaubt, ist einerlei, in der Rasse liegt die Schweinerei.«

Der Historiker Michael Wolffsohn, aufgrund seines jüdischen Hintergrunds gegen jeglichen Rassismus sensibilisiert, bemerkt klarsichtig: »... der Antigermanismus (stellt) letztlich, ebenso wie der Antisemitismus, eine politische Abart der Biologie (dar). Dieser politische Biologismus ordnet Menschen aufgrund ihrer geburtsbedingten nationalen und religiösen Herkunft, nicht aufgrund ihrer Eigenschaften oder Verhaltensweisen, den Mächten des Lichts oder den Mächten des Dunkels zu – ein für allemal. Er ist damit radikal gegen die Tradition der Aufklärung gerichtet, die für den Einzelmenschen die Fesseln der Geburt sprengen wollte ...«

»Völkische Wesensschau« nannten die Nationalsozialisten das pseudowissenschaftliche Räsonieren über Wert und Unwert von Völkern und Rassen. Es ist seit Jahren wieder salonfähig geworden, nur unter umgekehrten politischen Vorzeichen. Der zentrale Vorwurf, den man der Kollektivschuldthese in allen ihren Erscheinungsformen machen muß, ist demnach der, daß sie die Phänomene einer Diktatur nicht wissenschaftlich – soziologisch, ökonomisch und historisch – erklären will und kann, sondern das Problem einfach auf die rassische Ebene verlagert.

Der bereits zitierte Ralph Giordano schreibt dazu: »Und sollte man dann zu dem Schluß kommen, daß es diese Schuld der Deutschen unter Hitler gibt, so dürfte außer Frage stehen, daß ein lange vorgeformter Nationalcharakter dabei entscheidende Assistenz geleistet hat.«

Ähnlich die Psychoanalytiker Alexander und Margarete Mitscherlich: »Wir bringen aber unweigerlich unseren historisch gewachsenen Charakter in unseren neuen Staat mit; nicht anders ist es in der DDR, wo sich rigider Untertanengeist in neuer politischer Einkleidung zur Macht gebracht hat.«

Auch Erich Kubys Rhetorik ist nicht frei von einem gewissen rassistischen Mundgeruch; der Literat spricht von einer »Andersartigkeit des deutschen Volkes«, die für die Nachbarn bedrohlich sei.

Der Lorbeer des Antigermanismus aber gebührt zweifellos dem US-Historiker Daniel Jonah Goldhagen und seinem Buch »Hitlers willige Vollstrecker«. Der Autor weiß zum Beispiel, daß die deutsche Neigung, Juden umzubringen, bei »Machtantritt der Nationalsozialisten längst vorhanden« gewesen sei, was er »eliminatorischen Antisemitismus« nennt. Hitler habe nichts anderes getan, als »den bestehenden Antisemitismus freizusetzen und zu aktivieren«. 80 bis 90 Prozent der Deutschen hätten gerne Gelegenheit gehabt, Juden zu quälen und zu ermorden. Über Jahrhunderte hinweg sei das so gewesen. Die deutsche Grausamkeit sei einzigartig – oder könne man sich vorstellen, daß Dänen oder Italiener den Holocaust begangen hätten?

Nüchtern analysierte der amerikanische Hochschullehrer und Experte für Israelfragen, Norman G. Finkelstein: »Wenn man zeigen will, daß die Behandlung der Juden einzigartig war, muß man untersuchen, wie mit anderen Opfern umgegangen wurde. Wenn man behauptet, daß bestimmte Taten nur von Deutschen begangen wurden, muß man sie mit den Taten von Nichtdeutschen vergleichen. Und wenn man schließlich die Auffassung vertritt, daß alle Deutschen in einer ganz bestimmten Weise handelten, muß man das Verhalten der verschiedenen gesellschaftlichen Gruppen in Deutschland untersuchen.«

Finkelstein verweist darauf, daß mit die schlimmsten bekannten Grausamkeiten von lettischen Freiwilligenverbänden (Kommando Arajs) begangen wurden und daß in der besetzten Sowjetunion sowohl die Lager als auch die Polizeikräfte mit einem Minimum an deutschem Personal auskamen; bei letzteren schwankte das Verhältnis von Deutschen zu Nichtdeutschen zwischen 1:10 und 1:50. Mehrere Lager in Weißrußland und in der Ukraine kamen ohne einen einzigen Deutschen aus. Die Zustände dort unterschieden sich nicht von den anderen Lagern.

Auch Grundkenntnisse der Sozialpsychologie hätten Goldhagen helfen können, wenigstens seine gröbsten Fehler zu vermeiden. Zu denken wäre hier vor allem an das klassische Experiment des Amerikaners Stanley Milgram zum Glauben an die »Rechtmäßigkeit der institutionellen Gewalt«, das heute in jedem Psychologielexikon nachzulesen ist. Milgram und einige Jahre später sein Kollege Mantell konnten beweisen, daß man ganz normale Bürger bei entsprechender Versuchsanordnung zu Folterknechten und sogar zu Killern machen kann:

Naive Versuchspersonen wurden jeweils von einer »wissenschaftlichen Autorität« beauftragt, einen »Schüler« in bestimmter Weise zu unterrichten und ihm bei Fehlern einen Elektroschock zu versetzen. Jeder weitere Fehler war mit der nächsthöheren Schockstärke (zwischen 15 und 450 Volt) zu bestrafen. Daß der elektrische Stuhl des »Schülers« nicht angeschlossen war, wußten die »Lehrer« nicht. Erhielten die Versuchspersonen keine Rückmeldung über die Folgen der Bestrafung, so gingen fast alle bis zur lebensbedrohlichen Stufe von 450 Volt. Konnten sie die Schmerzensschreie der »Schüler« hören, so gingen, bei entsprechender Aufforderung durch die »Autorität«, immerhin noch zwei Drittel bis zur maximalen Schockstärke. Obwohl viele »Lehrer« ihre Bestrafungen nur unter »Schwitzen, Zittern, Stottern, Lippenbeißen und Stöhnen« vollzogen, hielten sie bis zum Schluß durch.

Der amerikanische Psychiater Gustave M. Gilbert, der für die Angeklagten von Nürnberg verantwortlich war, hat gesagt: »Nach unseren Erkenntnissen müssen wir annehmen, daß solche Persönlichkeiten nicht nur nicht einzigartig oder wahnsinnig sind, sondern daß sie sich auch in jedem anderen Land der Welt von heute wiederfinden könnten. Wir müssen auch einsehen, daß es solche Persönlichkeiten in diesem Land gibt und daß zweifellos bestimmte Individuen bereit wären, über die Leichen der halben Bevölkerung der Vereinigten Staaten zu steigen, wenn sie damit die Kontrolle über die andere Hälfte in die Hand bekämen.«

Ähnlich Hannah Arendt in ihrer Studie »Eichmann in Jerusalem«: »Das Beunruhigende an der Person Eichmanns war doch gerade, daß er war wie viele und daß diese vielen weder pervers noch sadistisch, sondern schrecklich und erschreckend normal waren und sind.«

Auch Simon Wiesenthal, Leiter des jüdischen Dokumentationszentrums in Wien, glaubt, daß ein Holocaust auch in den USA möglich sei. Es handle sich um kein spezifisch deutsches, sondern um ein menschliches Versagen.

Die Unterscheidung von »Tätervölkern« und »Opfervölkern« ist wissenschaftlich unhaltbar; denn genetisch unterscheiden sich die europäischen Völker nicht nennenswert voneinander, und »alle Nationen haben ihre Räuber und Fanatiker, ihre Zeiten der Barbarei, ihre Anfälle von Tollwut«, wie der französische Aufklärer Jean-François Mormontel 1777 formulierte. Auch Schabotinski, einer der Väter des Zionismus, meinte schon im 19. Jahrhundert: »Geben Sie jedem Volk das Recht, eigene Schurken zu haben.« Vielleicht hatte er geahnt, daß einmal die deutschen Nationalsozialisten – aber auch viele naive Polen, Ukrainer und Balten – in den Juden eine Art Tätervolk sehen würden.

Eine selten gewürdigte Facette rassischer Vorurteile ist im übrigen der gefahrlose Haß, den Gabriel Jackson in seinem Buch »Zivilisation und Barbarei« treffend analysiert. Einst traf er die Juden, da sie früher keine nationale Lobby hatten, heute die Deutschen, wie »Dagens Nyheter« schreibt: »Derjenige, der die Deutschen schlechtmacht, braucht nicht befürchten, daß ihm widersprochen wird. Die Verachtung der Deutschen ist eine Art Rassismus, an der sich viele festklammern, weil jeder andere Rassismus verboten ist.«

Vielleicht wäre hierzu noch der Soziologe Max Horkheimer zu zitieren: »Das negative Vorurteil ist mit dem positiven eins. Daß der Neger wesensmäßig schlechter ist, bedeutet, daß der Weiße wesensmäßig besser ist ... Sein Ich wird dadurch aufgebläht, daß er der richtigen Rasse angehört. An die Stelle eigener Verdienste tritt die Mitgliedschaft in einem Kollektiv.«

In der »Frankfurter Allgemeinen« beobachtete der Amerikaner Robert B. Goldmann: »Antideutschsein ist in weiten jüdischen und in politisch korrekten Kreisen ein Bestandteil der politisch zugelassenen Gesprächsthemen. Wenn man in einer solchen Gesellschaft einen Satz mit ›die Schwarzen‹ oder ›die Lateinamerikaner‹ oder ›die Muslime« beginnt, wird man von den Vorurteilsbekämpfern unterbrochen, weil man sofort der Diskriminierung verdächtig ist. Nur wenn man ›the Germans‹ sagt, kann man den Satz vollenden.«

In der Zeitschrift »Il Messagero« äußerte 1995 der Benetton-Werbechef Oliviero Toscani über das führende deutsche Model: »Claudia Schiffer hat das geschafft, was Hitler nicht gelungen ist. Sie repräsentiert auf dramatische und grausame Weise den arischen Mythos, den das Dritte Reich ohne Erfolg versucht hat, der Welt aufzuzwingen.« Während in der Vergangenheit blond zeitweise als gut und wertvoll galt, soll diese Farbe jetzt offenbar böse und »grausam« sein. Die Haarfarbe wechselt, der Ungeist des Vorurteils bleibt.

Besonders bizarr präsentierte sich der Fall der blonden Nachrichtensprecherin Susan Stahnke. Sie nahm das Angebot an, in der Hollywoodproduktion »The Populist« in einem Dreiminutenauftritt die Rolle von Karin Göring, der ersten Frau des späteren Reichsmarschalls Hermann Göring, zu spielen. Der »Spiegel« kommentierte, nun wolle »Miss Tagesschau« eine »blonde Bestie« darstellen. Und der NDR-Direktor Jürgen Kellermeier erklärte, es sei unvereinbar mit den Aufgaben bei der Tagesschau, eine »Nazideutsche« zu spielen. Daß Frau Stahnke nach allerhand Schikanen beim NDR ausschied, ist in diesem Zusammenhang weniger interessant als die Tatsache, daß Görings erste Frau weder blond noch Bestie noch Nazi noch Deutsche war. Die historische Karin Göring war vielmehr brünett; sie galt als warmherzig und starb 1931, also zwei Jahre vor Hitlers Machtergreifung, und schließlich war sie nicht Deutsche, sondern Schwedin.

Schlaglichtartig beleuchten solche Episoden die politischen Verhältnisse und das intellektuelle Niveau eines Landes. Der Verfasser fühlt sich im Fall Stahnke auch an einen älteren Stimmungsbericht aus Oberammergau zur Zeit der dortigen Passionsspiele erinnert. Ein schlichter Oberammergauer hatte seinen Nachbarn, einen Bäckermeister, in der Rolle des Judas gesehen und erklärte spontan: »Bei dem kauf' ich keine Semmeln mehr!«

Über die enge Verbindung von Kollektivschulddenken und Rassismus ist schon berichtet worden. Daß es den lupenreinen Rassismus vielleicht nie gegeben hat, lehrt die Geschichte:

Nur die wenigsten wissen heute noch, daß im 18. Jahrhundert die Französische Revolution vielfach als Streit von zwei Rassen gesehen wurde: gallisches Bürgertum kontra fränkischen Adel. In seiner berühmten Streitschrift »Was ist der Dritte Stand?« verlangte Sieyès allen Ernstes, man solle die Adeligen als Nachkommen der fränkischen Eroberer nach Deutschland zurückschicken.

Auch Pol Pots Massenmord an seinen eigenen Landsleuten stellte nach Meinung der kambodschanischen Kommunisten nicht nur eine gesellschaftliche, sondern auch eine rassische Erneuerung dar. Die hellhäutige, durch Mischehen mit Nachbarvölkern entartete und durch die Kolonialherren korrumpierte Stadtbevölkerung sollte der urwüchsigen Khmer-Bevölkerung der Dörfer weichen, und der neue Mensch würde eine neue Gesellschaft schaffen.

Über den Völkermord an den Armeniern hat Dr. Johannes Lepsius 1919 geschrieben: »Man darf aber nicht vergessen, daß es Religionsverfolgungen in Reinkultur niemals gegeben hat. Die Christenverfolgungen im Römischen Reich waren durch Gründe der Staatsräson diktiert, die Judenverfolgungen im Mittelalter und im Rußland der Neuzeit durch Habgier verursacht. Die Pogrome, die Mohammed selbst veranstaltete, hatten es ausschließlich auf Beute abgesehen. Die jungtürkische Christenverfolgung, vielleicht die größte aller Zeiten, hatte die gleichen Motive: Staatsräson und Habgier.«

Damit schließt sich der Kreis, und man wird wohl dem oben zitierten Michael Wolffsohn recht geben müssen, wenn er schreibt: »Das Instrument des Antigermanismus ist ebenso wirksam wie das des Antijudaismus, der sich ebenfalls von seinem Objekt verselbständigt hat. Der Antijudaismus hat mit dem realen Juden und dem realen Judentum, wenn überhaupt, nur sehr wenig gemein. Der Antigermanismus zeichnet, verzeichnet und überzeichnet das heutige Deutschland, ebenso wie einst der Jude nur als Fratze dargestellt wurde. Seit Jahrtausenden leben die Juden mit dem Antijudaismus, die Deutschen werden sich, wohl oder übel, an die Allgegenwart des Antigermanismus gewöhnen müssen.«

8.

Schuldkomplex und Moral

Die Lehren der Vergangenheit

Fast täglich liest und hört man in unseren Medien kluge
Betrachtungen über die rechten Lehren aus der »deutschen Vergangenheit«. Wie man eine einfache Sache nur
so kompliziert machen kann! Wenn sich das Herz der
Menschen weitet und alle Verfolgten dieser Welt ein-
schließt, dann haben wir aus der Geschichte gelernt.
Wenn sich dagegen die Herzen verhärten und wir bei
jeder Menschenrechtsverletzung achselzuckend feststellen: »So schlimm wie unter Hitler war es doch nicht«,
dann haben wir nichts dazugelernt. Schon Heinrich Böll
hegte Zweifel an der deutschen Bewältigungsroutine,
als er – angesichts der völkermordähnlichen Vorgänge in
Biafra – ausrief: »Auschwitz muß zum Anlaß der Brü-
derlichkeit und darf nicht als Bremse für Menschlichkeit
mißbraucht werden.«

In der Öffentlichkeit ist zwar viel von Humanität und
Moral die Rede. Aber wie echt sind diese hohen Ideale?
Joschka Fischer, dem ersten Grünen auf einem Minister-
sessel, ist einmal das folgende aufschlußreiche Geständ-
nis entschlüpft; es ist in seinem Buch »Von grüner Kraft
und Herrlichkeit« nachzulesen:

»Der Antiimperialismus der Neuen Linken war niemals Ausdruck einer selbstlosen Empörung über die Ungerechtigkeit in der Welt, sondern war immer von höchst
eigennützigen Motiven her bestimmt. Erlittenes Unrecht, Ausbeutung und Knechtung, ja nicht einmal Völkermord waren für sich allein ein zureichender Grund,
um die westdeutsche Linke für den Kampf eines unter-

drückten, fernen Volkes zu mobilisieren. Wen kümmerte in der Neuen Linken schon Biafra, wen die Ausrottung der südamerikanischen Indianer oder gar der jahrzehntelange Kampf der Kurden im Irak? Wer fragte nach dem Schicksal der nichtrussischen Völker im asiatischen Teil der Sowjetunion, wer nach den Vorgängen in Tibet? Wohl kaum einer. Statt dessen solidarisierte man sich eher mit jenen antiimperialistischen Kämpfen, wo man selbst etwas davon hatte. Und ›Haben‹ hieß hier immer, daß der jeweilige antiimperialistische Kampf in unser linkes Weltbild passen mußte.«

Unter Fischers Gesinnungsfreunden wurde aber nicht nur großzügig ausgeblendet, sondern ebenso großzügig gerechtfertigt.

In dem Periodikum »Kursbuch« wurde im Oktober 1979 in Nr. 57 eine Diskussion führender deutscher Linkssozialisten abgedruckt. Es ging um ihr Eintreten für die kommunistische Machtübernahme in ganz Indochina, obwohl schon seinerzeit die Greueltaten der Vietcong in Südvietnam und die antikommunistischen Bauernaufstände in Nordvietnam durchaus bekannt waren und von den Diskussionsteilnehmern zugegeben wurden. Einer von ihnen – Dietrich Wetzel – meinte: »Aber wenn ich mich richtig erinnere, dann hat – jedenfalls in meinem Kopf, und ich könnte mir vorstellen, bei vielen anderen auch – eine bestimmte Erfahrung da eine Rolle gespielt, eine spezifisch deutsche Erfahrung. In Deutschland ist ja nicht verborgen geblieben, daß zum Beispiel die Rote Armee beim Einmarsch ins Großdeutsche Reich ihrerseits eine ganze Reihe von Greueltaten begangen hat. Deshalb gehörte zu den Anfängen meines politischen Denkens dieser Satz aus dem Alten Testament: ›Wer Wind säet, wird Sturm ernten.‹ Die Faschisten haben angefangen, und die Rote Armee hat, angesichts dieser 20 Millionen Opfer in der Sowjetunion, verständlicherweise auch Rache genommen. Es geht also darum, sich gegen den zu wehren, der derartige Eskalationen verursacht. Das waren für uns in diesem Fall eindeutig die Amerikaner. Und das hat eine Rechtfertigung in Gang gesetzt, die dieses alte Muster benutzt hat.«

Stellvertretend für viele Linke, die sich gegen Amerika engagiert und den Sieg der Kommunisten in Kambodscha begrüßt haben, hat der amerikanische Historiker Michael Vickery konstatiert: »Die Entwicklung der Revolution nach 1975 hat mich wie alle anderen auch überrascht; aber ich fand die erste Welle der Greuelgeschichten in den nächsten Jahren suspekt, und ich glaubte, daß angesichts der schlimmen Taten unseres eigenen Landes in Vietnam alle Amerikaner, die die neue Entwicklung nicht zumindest mit qualifiziertem Optimismus beobachten konnten, besser daran täten, den Mund zu halten.«

An dieser Antwort erstaunt und erschreckt die Mißachtung der von Mord und Hunger bedrohten Khmer. Eine kleine asiatische Nation wird geopfert, um »Trauerarbeit« zur eigenen Gesundung zu leisten, wie Pin Yathay in seinem Buch »Du mußt überleben, mein Sohn!« unverblümt feststellt.

Eine besondere Moral predigte auch Kanzler Kohl 1993 anläßlich der »ethnischen Säuberungen« in Bosnien: Deutschland sei überall da »aus historischen Gründen« zur Zurückhaltung verpflichtet, wo »die Wehrmacht gewütet« habe. Dazu wird ein hoher englischer Diplomat mit der sarkastischen Frage zitiert, wo denn Londen überall »aus historischen Gründen« zur Zurückhaltung verpflichtet sei.

Wie stark verzahnt Schuldkomplexe, Selbsthaß und moralische Desorientierung oft sind, zeigt der Fall Peter Handke. Der in Kärnten geborene Schriftsteller beeindruckte schon früh durch interessante Formulierungen. 1978 äußerte er gegenüber »France-Soir«: »Deutschland läßt mich an einen Kadaver denken, an eine von Erdbeben verwüstete Gegend. Das ist ein Land, das im Abgrund der Geschichte verloren ist. Ich will dort nicht mehr leben.« 18 Jahre später fand er dann endlich sein gelobtes Land: Das kommunistische Großserbien, vor allem das »ethnisch gesäuberte« Serbisch-Bosnien. Hier waren Kadaver und Verwüstung allgegenwärtig – nicht in der dichterischen Phantasie, sondern in der Wirklichkeit. Aber Handke fühlte sich offenbar wohl unter den Akteuren des soeben vollendeten Völkermordes und forderte 1996 gleich in zwei sogenannten Reiseberichten »Gerechtigkeit für Serbien«.

Den wohl primitivsten Mißbrauch des NS-Regimes zur Rechtfertigung kommunistischer Massenverbrechen betreibt der linkslastige Berliner Historiker Wolfgang Wippermann, der unter anderem durch seine Polemik gegen das »Schwarzbuch des Kommunismus« hervorgetreten ist: »Neben dieser direkten gibt es aber auch noch die indirekte Auschwitzlüge. Dies ist die freche und infame Behauptung, daß die ›anderen‹ – die Sowjets, die Roten Khmer, die Ostdeutschen etc. etc. – auch nicht besser gewesen seien, daß Kolyma, Bautzen und andere kommunistische Lager und Gefängnisse mindestens genauso schlimm wie Auschwitz gewesen seien. Diese indirekte ist noch verbreiteter als die direkte Auschwitzlüge, aber genauso gefährlich.«

In schöner Naivität enthüllt Wippermann hier das wahre Motiv seines »antifaschistischen Kampfes«. Im übrigen kommen die Völkermordforscher (also nicht nur Courtois in seinem Schwarzbuch, sondern auch Heinsohn in seinem »Lexikon der Völkermorde« und die Schweizer Rothenhäusler und Sonderegger in ihrem 1999 erschienenen Buch »Erinnerungen an den Roten Holocaust«) übereinstimmend zu dem Ergebnis, daß in der Mordstatistik des 20. Jahrhunderts Stalin und Mao sogar weit vor Hitler rangieren. Erstaunt konstatierten die beiden Schweizer zu den östlichen Verbrechen: »Doch im Gegensatz zu diesen (Exzessen des Nationalsozialismus) findet eine historische, moralische und politische Auseinandersetzung kaum statt.«

Ein Blick in eine beliebige Fernsehzeitung bestätigt diese Analyse: Während praktisch kein Tag vergeht, an dem nicht mindestens einmal vom Nationalsozialismus und von »deutschen Verbrechen« die Rede ist, erfährt man von kommunistischen Verbrechen oder deutschen Opfern höchst selten. Ausnahmen wie das Jahr 2001 bestätigen die Regel. Damals strahlten ARD und ZDF je eine Dokumentation zum Vertreibungsthema aus – allerdings garniert mit verharmlosenden beziehungsweise rechtfertigenden Kommentaren und tendenziöser Geschichtsklitterung.

Nun gibt es zwar die »Sprachregelungen« (Presseanweisungen) nicht mehr, mit denen Hitlers Propagandachef Goebbels die Medien ganz offiziell zu gängeln pflegte. Sie sind auch nicht mehr nötig; denn es funktioniert etwas anderes fast genausogut, ein System, das die Meinungsforscherin Prof. Noelle-Neumann mit dem Chorheulen der Wölfe vergleicht: Ein Leitmedium gibt eine Parole vor, und schon bald stimmt die ideologisch nahestehende Mehrheit in den Chor ein. Zwar existiert eine Minderheit von liberalen Nonkonformisten, aber sie ist zu klein, um den Chor der »politisch Korrekten« (vor 1945 sprach man von Gleichgeschalteten) ernsthaft zu stören. Der Chefredakteur der »Spiegel«-Konkurrenz »Focus«, Helmut Markwort, gestand 1994 in einem Interview: »Wir sind ja kein rechtes Blatt, aber es gehört schon fast eine Berufscourage dazu, kein linkes Blatt zu machen.« Die Hintergründe für die in Westeuropa wohl einmalige Nivellierung der Medienlandschaft werden später noch zu erörtern sein.

Sergej Slutsch, ein russischer Historiker, der sich mit stalinistischen Verbrechen auseinandersetzt, hat Anfang der 90er Jahre in Deutschland in zahlreichen Diskussionen zu hören bekommen: »Wozu legen Sie derartigen Nachdruck auf die Ausmaße der Verbrechen Stalins, die die Untaten Hitlers und seines Regimes verdecken? Begreifen Sie denn nicht, daß Sie damit Wasser auf die Mühlen unserer Rechten gießen?« Manès Sperber hat dazu die passenden Worte gefunden: »... noch weniger scheue ich den ›Beifall auf der falschen Seite‹, denn die Wahrheit ist nicht taktisch und nicht funktionell. Daß auch der Gegner sie ausspricht, entwertet sie in keiner Weise; somit gibt es keine falsche Seite. Wer denkt oder schreibt, als ob die Gegner immer und in allem unrecht haben müßten, verteufelt die Welt und mißhandelt die Wahrheit.« Im übrigen wäre es die Logik eines Idioten, wollte jemand »2 x 2 = 5« sagen, nur weil irgendein Schurke irgendwann einmal »2 x 2 = 4« gesagt hat.

Gedenkstätten

Auch ein Blick auf die bundesdeutsche Denkmalskultur gewährt aufschlußreiche Erkenntnisse über den hierzulande vorherrschenden selektiven Humanismus.

Beispiel: Die roten KZs (»Speziallager«) in der sowjetischen Besatzungszone. Die entsprechende Gedenkstätte in Buchenwald zum Beispiel, wo 1945 bis 1950 im Durchschnitt immerhin 10.000 bis 12.000 potentielle Regimegegner unter dem Deckmantel des »Antifaschismus« interniert waren (bei etwa gleicher Sterberate wie vor 1945), umfaßt nur einen winzigen Bruchteil der Fläche der alten DDR-Gedenkstätte für die Opfer der Zeit vor 1945, ist schwierig zu finden und nur nach längerem Fußmarsch zu erreichen. Ähnlich liegen die Dinge im ehemaligen Lager Sachsenhausen. Das prokommunistische Blatt »konkret« hat 1990 zu dieser Problematik ausgesprochen, was mancher Sonntagsredner oder -schreiber bisher nur denkt: »Welchen Umgang konnten diese Räuber und Mörder von den Überfallenen, ihrer Familien und ihrer Zukunft Beraubten fordern? Man habe sie in deutsche Konzentrationslager gesteckt. Ja, hätte denn die Rote Armee erst neue Gefängnisse bauen sollen, weil Konzentrationslager etwas sind, wo Deutsche andere Leute hineinstecken und nicht umgekehrt? ... Solange als Stalinismus gilt, was die Welt von einer doch überraschend großen Menge Nazis befreit hat, will ich die Auszeichnung (Vorwurf des Stalinismus) in Ehren halten.« Mauerblümchen der hochgezüchteten Berliner Gedenkstättenkultur sind auch das Dokumentationszentrum Berliner Mauer und die Gedenkstätte Berlin-Hohenschönhausen im einstigen Stasi-Untersuchungsgefängnis. Angeblich fehlt es der öffentlichen Hand an Geld.

Weiteres Beispiel: Gedenkstätte für verfolgte Reichstagsmitglieder. Bundestagspräsidentin Rita Süßmuth weihte am 26. Februar 1992 im Reichstagsgebäude einen Ort ein, an dem der zwischen 1933 und 1945 verfolgten Mitglieder des Reichstags gedacht werden soll. Das Gedenken sollte nach ihren Worten allen Abgeordneten gelten, die unterdrückt wurden, also auch denen der KPD, aber dann doch wieder nicht allen; die Abgeordneten der NSDAP, die 1934 im Zusammenhang mit dem sogenannten Röhm-Putsch ermordet wurden, sind ausgeschlossen.

Beispiel: Bombenkrieg. In Dresden wurde eine Tafel aus DDR-Zeiten, die an das große Sterben im Februar 1945 erinnerte, kurz vor dem Besuch der britischen Königin entfernt. – An der kriegsbeschädigten Hamburger Nikolaikirche wurde 1994 ein Transparent angebracht mit dem Text »Do it again, Bomber Harris« – offenkundig von Leuten aus der gleichen linken Szene, die Jahre vorher gegen die amerikanischen Bombardements im Indochinakrieg und eine Zeit danach gegen die Luftangriffe auf Serbien protestierte. – In Dresden riefen Antifa-Initiatoren zum Gedenktag des Bombardements zu »antinationalen und antideutschen« Veranstaltungen auf, zum Beispiel unter dem Motto »Keine Träne für ›Dresden‹.« Die Royal Air Force habe »klare militärische Ziele besessen« (was schon lange kein Historiker mehr behauptet). Man müsse die »deutsche Sichtweise des Kriegs bekämpfen« und einem »Opfermythos« entgegentreten.

Daß Flächenbombardements von Wohnvierteln spätestens seit den Genfer Beschlüssen von 1977 weltweit als Kriegsverbrechen geächtet sind, ist den Freunden des Chefs des britischen Bomberkommandos offenbar verborgen geblieben.

Beispiel: Zentrum gegen Vertreibungen. Kein Jahrhundert hat so viele Vertreibungen gesehen wie das 20., und kein Volk hat so viele Vertriebene zu beklagen gehabt wie das deutsche. Was lag da näher, als in Berlin ein repräsentatives »Zentrum gegen Vertreibungen« einzurichten – damit die »ethnische Säuberung« nicht noch zum Erfolgsmodell für das dritte Jahrtausend wird. Der UN-Hochkommissar für Menschenrechte, Jose Ayala Lasso, hatte 1995 gemahnt: »Wenn die Staaten seit dem Ende des Zweiten Weltkriegs mehr über die Vertreibung der Deutschen nachgedacht hätten, dann wären die heutigen Katastrophen und Vertreibungen, die vor allem als ethnische Säuberungen bezeichnet werden, vielleicht nicht in diesem Umfang vorgekommen.«

Während Kanzler Schröder dem entsprechenden Projekt der Präsidentin des Bundes der Vertriebenen, Erika Steinbach, nach seinen Worten »zurückhaltend gegenübersteht«, verstieg sich der Thüringer Innenminister

Richard Dewes zu der Behauptung, damit würde ein »Ort der Verherrlichung nationalistischen Denkens« (!) entstehen.

Auch Außenminister Fischer fiel zum Thema Vertreibung und Vertreibungsverbrechen nur die Leerformel von der »Aufrechnung« ein. Mit dieser Phrase versuchen linke Ideologen regelmäßig, jede Erörterung östlicher Menschenrechtsverletzungen zu unterbinden; denn dies könnte ja von den allein unseligmachenden Verbrechen der Nationalsozialisten ablenken. Was aber ist von einer Ideologie zu halten, die ohne Unterdrückung der Wahrheit nicht existieren kann? Hat nicht sogar Gorbatschow gefordert, die weißen Flecken in den Geschichtsbüchern zu erforschen? Wie es aussieht, laufen in der Bundesrepublik die Uhren des Fortschritts verkehrt herum.

In alten Sagen ist es ein furchteinflößender Drache, der den märchenhaften Schatz bewacht. Im heutigen Deutschland ist es ein kleiner Papagei, der auf einem großen Leichenberg sitzt und das christliche Begräbnis der Nachkriegsopfer in einer ordentlichen Grabstätte verhindern will, indem er fortwährend »Aufrechnung, Aufrechnung!« krächzt.

Auf der anderen Seite existieren in Deutschland nicht nur Gedenkstätten für die NS-Opfer unter Homosexuellen und Deserteuren. Auch die kommunistischen Spitzenfunktionäre Karl Liebknecht, Rosa Luxemburg und Ernst Thälmann haben ihre Monumente erhalten. Insgesamt gibt es in der BRD annähernd 1000 Holocaust- und ähnliche Gedenkstätten. Während im Berliner Zentrum, nicht weit vom Reichstag, auf einer Fläche von vier Fußballfeldern ein gigantisches »Denkmal für die ermordeten Juden Europas« entsteht, verbreitet sich auch weltweit ein veritabler Kosmos von Gedenkorten für die jüdischen NS-Opfer, der sich von den USA bis Südafrika und Japan erstreckt.

Vor diesem Hintergrund ist es kaum verständlich, daß es für Vertreibung und Vertreibungsverbrechen noch immer keine einzige repräsentative Gedenkstätte gibt. Denn schließlich trägt die Göttin Justitia eine Binde vor den Augen, um zu zeigen, daß die Gerechtigkeit nicht nach Rasse, Religion oder Nation fragt.

Unbefangene Ausländer stehen der bizarren Polit-atmosphäre Deutschlands meist ratlos gegenüber, so zum Beispiel der estnische Staatspräsident Lennart Meri, der zum fünften Jahrestag der Wiedervereinigung am 3.10.1995 in Berlin ausführte: »Für mich als Este ist es kaum nachvollziehbar, warum die Deutschen ihre eigene Geschichte so tabuisieren, daß es enorm schwierig ist, über das Unrecht gegen die Deutschen zu publizieren oder zu diskutieren, ohne dabei schief angesehen zu werden – aber nicht etwa von Esten oder Finnen, sondern von Deutschen selbst!«

Wie erfrischend klingt auch die natürliche Mit-menschlichkeit in der Erklärung von George Bush jun. zum Thema der ethnischen Säuberungen. Aufgrund einer Initiative des »Institute for German-American Relations« in Pittsburgh nahm George W. Bush, seinerzeit noch Gouverneur von Texas und Präsidentschaftskandidat, wie folgt Stellung: »Schon der Begriff ›ethnische Säuberung‹ läuft mir eiskalt den Rücken herunter – es ist eine abstoßende Falschbezeichnung, mit der man einem barbarischen Vorgehen einen unverfänglichen Namen zu geben versucht. Eine moralische Nation darf niemals hinnehmen, daß ein Volk wegen seiner Rasse oder Kultur ausgerottet wird. Es ist erschreckend, daß Menschen auch im zurückliegenden halben Jahrhundert, das eine der hellsten Zeiten der Geschichte hätte sein können, immer noch auf diese furchtbare Praxis verfallen sind.

Einer der schwersten Fälle kultureller Ausrottung

(›cultural extermination‹) traf vor 55 Jahren die Deutschen …

Ethnische Säuberung ist ein Verbrechen gegen die Menschlichkeit, gleichgültig, wer sie an wem verübt.

Ich unterstütze die Aufgabe des Instituts für deutsch-amerikanische Beziehungen, die Öffentlichkeit über die Tragödie der Entwurzelung (›displacement‹) von 15 bis 17 Millionen unschuldigen deutschen Frauen und Kindern aufzuklären. Diese unschuldigen Seelen wurden Opfer der schlimmsten Zeit ethnischer Säuberung in der ganzen Weltgeschichte, der ›ethnischen Säuberung 1944–1950‹.«

Den wichtigsten Gesichtspunkt aber dürfte Richard Goldstone, Hauptankläger der Haager Kriegsverbrechertribunale, angesprochen haben: »Wenn man die Mißachtungen von Menschenrechten ignoriert, wenn man den Opfern weder Rechenschaft noch Anerkennung gibt, bleibt dieses Karzinom in der Gesellschaft und kann später wieder aufbrechen. Dies ist ein Grund für die Gewaltzyklen, die sich über Jahrzehnte wiederholen, wie es jetzt im ehemaligen Jugoslawien und in Ruanda geschieht.«

Wie zum Beweis dieser These meinte der tschechische Ministerpräsident Miloš Zémán im Januar 2002, die Sudetendeutschen hätten 1938 die ČSR verraten, und auf Landesverrat stehe die Todesstrafe. »Wenn sie also vertrieben oder transferiert worden sind, war das milder als die Todesstrafe.« Kurz darauf empfahl er Israel in einem Zeitungsinterview (»Haaretz« vom 18. Feburar 2002), mit den Palästinensern in den besetzten Gebieten ebenso zu verfahren wie die ČSR seinerzeit mit den Deutschen.

Paradoxien des Jahres 2002: während in Den Haag Slobodan Milošević wegen Völkervertreibung und Völkermordes vor Gericht steht, klopft in Brüssel ein Mann an die Pforten der Europäischen Union, der der gleichen Moral huldigt wie der Serbenführer. – Während Menschenrechtsorganisationen, tschechische Intellektuelle, die EG-Außenminister und Politiker verschiedener Länder gegen Zémáns verbalen Amoklauf protestieren, reist ausgerechnet der deutsche Außenminister Fischer zwei Tage nach Erscheinen des Interviews nach Prag und betont, daß das gute deutsch-tschechische Verhältnis ungetrübt sei. Im Wilden Westen pflegte man zu sagen: »Kiss the Indian and he will kick you, kick the Indian and he will kiss you.«

Befreiung und Zwangsarbeit

Ähnlich aufschlußreich wie die Vertreibungsdebatte ist diejenige zum Stichwort »Befreiung«. Seit Richard von Weizsäcker in seiner bekannten Bundestagsrede vom 8. Mai 1985 das Kriegsende am 8. Mai 1945 als Tag der Befreiung gefeiert hat, erreichten die deutschen Querelen bei diesem Jahrestag immer neue Höhepunkte. Das Bedenkliche an Weizsäckers Sicht war natürlich, daß der Bundespräsident einen überaus komplexen Vorgang in unzulässiger Weise auf einen einzigen Teilaspekt reduzierte.

Selbstverständlich gab es Völker in Europa, die die ungetrübte Freude der Befreiung genießen konnten. Aber wie lagen die Dinge in Osteuropa, jenseits des Eisernen Vorhangs? Sollte man dort Stalin als Freiheitshelden feiern?

Noch komplizierter lagen die Dinge in Deutschland. Natürlich war das Kriegsende für die Insassen der Konzentrationslager, für die politischen Häftlinge in den Gefängnissen und für die vielen Regimekritiker eine Erlösung. Auf der anderen Seite der Bilanz standen die »ethnische Säuberung« in den Vertreibungsgebieten (rund 30 Prozent des deutschen Siedlungsgebiets), die Spaltung von Restdeutschland und die neue Diktatur in der sowjetischen Besatzungszone. Dann waren da noch die Zwangsarbeit von Millionen deutscher Kriegsgefangener und Zivilisten, die Millionen Vergewaltigungen durch die Rote Armee, die neuen Konzentrationslager in der sowjetischen Besatzungszone und die Hungerpolitik der Westalliierten in ihren Zonen, vgl. Kapitel 3. Insgesamt sollte man nicht vergessen, daß die sogenannte Befreiung – bezogen auf die Deutschen – mindestens so viele Menschenleben gekostet hat wie die Jahre der Diktatur und des Krieges zusammengenommen.

Präziser und auch ehrlicher als von Weizsäcker hatte der erste deutsche Bundespräsident Theodor Heuss den 8. Mai 1945 umschrieben: »Dieser 8. Mai ist die tragischste und fragwürdigste Paradoxie für jeden von uns. Warum denn? Weil wir erlöst und vernichtet in einem gewesen sind.«

Gleichwohl verbreitete sich in den Medien ein Zungenschlag, der an die alten DDR-Zeiten erinnerte, als der 8. Mai noch Staatsfeiertag war. – Den Vogel abgeschossen hat vielleicht der Filmproduzent Artur Brauner, der 1995 in mehreren Zeitungen Anzeigen schaltete, in denen er sein Schicksal als NS-Verfolgter schilderte, dann aber auf die Vertreibung einging und schrieb: »... eine kausale Folge, die bei jedem humanen und politisch integer denkenden Menschen auf Verständnis stößt.« Abgesehen von der grobschlächtigen Form der Kollektivschuldthese erschreckt hier die Tatsache, daß in großen Blättern »Verständnis« für den Völkermord in den Vertreibungsgebieten als Zeichen »humanen Denkens« propagiert werden darf.

Als die Befreiungseuphorie und die Verunglimpfung Andersdenkender 1995 ihre bisherige Hochwassermarke erreichten, mußte Eckhard Fuhr in der »Frankfurter Allgemeinen« ernüchtert vermerken: »Jetzt hat Deutschland wieder einen geschichtspolitischen Streit, dessen intellektuelles Niveau kaum noch zu unterbieten ist.«

Betont sachlich fielen dagegen die Stellungnahmen der katholischen Kirche aus. Bischof Lehmann, der Vorsitzende der deutschen Bischofskonferenz, hielt es für verständlich, daß der 8. Mai »zwiespältig in Erinnerung bleibt«. Dem Kölner Erzbischof Meisner platzte schließlich doch der Kardinalskragen: »Wie will eine Politikerin einer Frau aus Ostpreußen, die dreißigmal vergewaltigt worden ist, einreden, sie habe das Kriegsende als große Befreiung zu zelebrieren?«

Gelegentlich stellte sich aber auch unfreiwillige Komik ein, zum Beispiel bei einer Sendung von 1985 über die französische Besatzungszone (im TV-Gemeinschaftsprogramm der Nordkette): Die Saarländer seien es schon gewohnt, »vom Westen befreit zu werden, im 17. Jahrhundert von Ludwig XIV., im 18./19. von Napoleon und im 20. von der Dritten Republik.«

Johann Gottlieb Fichte hätte angesichts solcher Geistesverwirrung wohl keine anderen Worte gefunden als zur Zeit Napoleons: »Besiegt sind wir; ob wir nun zugleich auch verachtet sein wollen, ob wir zu allen anderen Verlusten auch noch die Ehre verlieren wollen, das wird noch immer von uns abhängen.«

Als weiterer Prüfstein für Herz und Verstand der deutschen Politiker und Publizisten erwies sich später die Debatte um die Entschädigung der Zwangsarbeiter. Daß Zwangsarbeit völkerrechtswidrig ist, daß NS-Größen in den Nürnberger Kriegsverbrecherprozessen deswegen zum Tode verurteilt wurden, ja daß Zwangsarbeit einen Rückfall in die Sklavenhaltergesellschaft bedeutet, ist offenkundig. Und daß alle Menschen vor dem Gesetz gleich sind, wohl auch.

Seltsamerweise war von den Leiden der deutschen Zwangsarbeiter der Nachkriegszeit so gut wie nie die Rede. Bundeskanzler Schröder sah in ihrer Erörterung einfach eine »falsche Geschichtsauffassung«, ebenso wie Rüdiger Overmans vom Militärgeschichtlichen Forschungsamt der Bundeswehr, Lehrbeauftragter an der Uni Freiburg: »Unabhängig von der juristischen Frage war auf politischer Ebene klar, die deutschen Kriegsgefangenen als Reparations-Zwangsarbeiter einzusetzen, insbesondere in der Sowjetunion und in Frankreich. Aber der Deutsche muß sich fragen, ob es dazu gekommen wäre, wenn Deutschland nicht den Krieg begonnen hätte.«

Was soll man zu solcher Doppelmoral sagen? Heinrich Heine hat in seinen »Englischen Fragmenten« Passendes dazu geschrieben: »Ach! Ich will nicht wie Ham die Decke aufheben von der Scham des Vaterlandes, aber es ist entsetzlich, wie man's bei uns verstanden hat, die Sklaverei sogar geschwätzig zu machen, und wie deutsche Philosophen und Historiker ihr Gehirn abmartern, um jeden Despotismus, und sei er noch so albern und tölpelhaft, als vernünftig oder als rechtsgültig zu verteidigen.«

Wiedervereinigung

Einen interessanten Blick hinter die Kulissen unserer politischen Bühne bot die Debatte um die deutsche Wiedervereinigung, die besonders stark von Kollektivschuldargumenten überlagert war. So rief der Rhetorikprofessor Walter Jens 1984: »Keine Wiedervereinigung! Schuld!« Und Günter Grass 1990 (!): »Gegen ein Selbstbestimmungsrecht, das anderen Völkern zusteht, spricht Auschwitz.«

Auch der seinerzeitige CDU-Generalsekretär Geisler forderte auf dem Parteitag von 1988 die Streichung der Wiedervereinigung aus dem Parteiprogramm. Nur wenige Monate vor dem Fall der Berliner Mauer nannte der spätere Bundeskanzler Schröder das Streben nach Wiedervereinigung »reaktionär und hochgradig gefährlich«, und für den SPD-Diplomaten Egon Bahr war es schlicht »politische Unweltverschmutzung«. Nur Willy Brandt hielt trotz gelegentlichem Schwanken (»Lebenslüge der Zweiten Republik«) an seinem Traum von der Einheit fest und wurde von der SPD-Mehrheit als der »Alte mit dem nationalen Tick« belächelt. Die Grünen schließlich plädierten geschlossen für die deutsche Teilung.

Welche phantastischen Formen die Wiedervereinigungsängste der Linken angenommen hatten, zeigt exemplarisch die Polemik des bereits mehrfach zitierten Ralph Giordano: »Giulio Andreotti hat es als Italiens Außenminister ein für allemal ausgesprochen. Was wäre sein Land denn auch gegen das Machtgebilde eines wiedervereinigten Deutschlands? – Ein Embryo! Und Großbritannien? – Ein Liliputaner! Frankreich? – Ein Zwerg! Mithalten könnten nur die Supermächte USA und Sowjetunion mit diesem Energieklotz im Herzen Europas, der abermals neue Konflikte wirtschaftlicher und politischer Art produzieren müßte, unweigerlich alles verkomplizierend und gefährlich.«

Als das Volk dann Ende 1989 in der DDR unruhig wurde, wurde es in der linken Szene der BRD nicht weniger unruhig, und die Parole vom drohenden Vierten Reich wurde ausgegeben. Der scharfzüngige Publizist Henryk M. Broder bemerkte dazu: »Je länger das Dritte Reich zurückliegt, desto mehr Planstellen wirft es ab. Die deutsche Linke hat vor der Vereinigung eigentlich gar keinen Existenzgrund gehabt. Einzig der imaginierte Antifaschismus verschaffte ihr eine Legitimation. Das Vierte Reich war eine Lustphantasie, sozusagen eine

Wichsvorlage der antifaschistischen, um ihre Daseinsberechtigung gebrachten Linken, die sich selbst beweisen mußte, wie wichtig sie ist.«

Viele Linke lehnten das Selbstbestimmungsrecht rundweg ab und sprachen – wie der Historiker Rudolf Walther im »Wörterbuch des Gutmenschen II« – schlicht von einer Schlachthausparole. Der neomarxistische Vordenker Jürgen Habermas leugnet das Selbstbestimmungsrecht ebenfalls und gesteht den kleinen Völkern nur die gleichen Bürgerrechte zu wie dem jeweiligen Mehrheitsvolk (»FAZ« vom 21. Juli 2000).

Was bedeutet das in der Praxis? Der Gegensatz von Selbstbestimmung kann doch nur Fremdbestimmung und Kolonialismus sein; Kolonialismus in der alten Form der europäischen Überseekolonien oder in der modernen: Protektorat Böhmen und Mähren, baltische Sowjetrepubliken, autonome Provinz Tibet etc. Abgesehen davon, daß jede Mißachtung des Volkswillens letztlich undemokratisch ist, kann ein Edelkolonialismus à la Habermas langfristig nicht funktionieren. Denn wenn sich ein Elefant und eine Maus ins gleiche Bett legen, kann der Elefant noch so gutmütig sein; früher oder später wird er die Maus erdrücken. Die Bürgerrechte allein bieten den fünf Millionen Tibetern keinen Schutz gegen eine Milliarde Chinesen.

Vom Aussterben bedrohte Tierarten zu schützen ist Mode geworden – eine sehr vernünftige Mode übrigens. Verdienen bedrohte Menschenarten aber keinen Schutz? Sind die Tibeter mit ihrer einzigartigen Kultur weniger schützenswert als mongolische Wildesel oder Mississippialligatoren? Der Schriftsteller Botho Strauß hat dazu treffend angemerkt: »Wir warnen etwas zu selbstgefällig vor den nationalistischen Strömungen in den osteuropäischen und zentralasiatischen Neustaaten. Daß jemand in Tadschikistan es als politischen Auftrag begreift, seine

Sprache zu erhalten, wie wir unsere Gewässer, das verstehen wir nicht mehr.«

Per saldo ist festzustellen, daß die Ablehnung des deutschen Selbstbestimmungsrechts tendenziell zur Ablehnung des Selbstbestimmungsrechts überhaupt führt. Daß oft verstärkende Tendenzen hinzukommen, wie zum Beispiel ideologische Sympathien für die Kolonialherren in Moskau, Peking oder Belgrad, steht auf einem anderen Blatt.

Einmalige und nicht einmalige Verbrechen

Zu Beginn dieses Kapitels ist Heinrich Böll zitiert worden mit seiner dunklen Ahnung, daß die NS-Verbrechen einmal zur Bremse für Mitmenschlichkeit mißbraucht werden könnten. Ähnliche Befürchtungen treiben auch andere Autoren um, zum Beispiel Armin Mohler: »Der schwarze Glanz Hitlers überstrahlt alle Bösewichte von heute und macht sie fast zu Biedermännern. Von diesem ›General-Alibi Hitler‹ profitieren heute nicht nur rote Diktatoren (man wagt das Wort ›Diktator‹ für die Herren des Gulag kaum mehr anzuwenden), sondern auch jeder sonstige Gewaltherrscher dieser Erde – sofern er nicht das Pech hat, aus nomenklatorischen oder anderen Gründen auf Hitler rückführbar zu sein.«

Eine zentrale Rolle spielt dabei das Schlagwort von der Einmaligkeit beziehungsweise Einzigartigkeit der Untaten des sogenannten Dritten Reichs. Aufgrund seines geographischen, nationalen und zeitlichen Handlungsrahmens ist naturgemäß jedes politische Großverbrechen einmalig. In der deutschen Geschichte einmalig waren wohl tatsächlich die Judenmorde ab 1942; denn sie stellten – wie Hannah Arendt analysiert – einen Bruch mit allen deutschen Geistestraditionen dar. Aber waren diese Verbrechen auch weltweit einmalig? Waren sie einzigartig in dem Sinn, daß es in der Menschheitsgeschichte, also seitdem ein Homo sapiens existiert (ob seit 1,5 oder 2,5 Millionen Jahren, kann hier dahingestellt bleiben), kein vergleichbares Verbrechen gegeben hat? Wenn es nun seit über einer Million Jahren nichts ähnliches gegeben hat, so besteht auch keine allzu große Wahrscheinlichkeit, daß sich solches innerhalb der nächsten Jahrmillion wiederholt. Welchen Sinn haben aber dann die endlosen Erinnerungsrituale? Einzigartigkeit und permanente Gedenkübungen bilden einen logischen Widerspruch – und einen moralischen dazu: Die Opfer von »nicht einzigartigen« Verbrechen werden damit zu Opfern zweiter Klasse, zu Menschen, denen wir nur eingeschränkte Mitmenschlichkeit schulden. Schlimmer noch, die Welt wird blind für die Gefahren der Zukunft: »Wer die Verbrechen unter den Nationalsozialisten ›relativiert‹, wer ihre ›Einzigartigkeit‹ bestreitet, der, so hört man, verharmlost sie. Genau das Gegenteil ist der Fall. Der ›Relativierer‹ verharmlost gar nichts, er spricht vielmehr die furchtbare Wahrheit aus, daß wir *alle,* alle ohne Ausnahme, im größten Stile zum Morde fähig sind. Verharmloser ist hingegen jener, der auf die ›Einzigartigkeit‹ der deutschen Verbrechen pocht. Er will nämlich an der Lüge festhalten, daß der Mensch im Grunde gut sei. Nur der Deutsche ist eben schlecht.« (Günter Maschke)

Doch auch innerhalb der NS-Opfer scheint eine gewisse Hierarchie der Mitmenschlichkeit zu bestehen, an der nicht gerüttelt werden darf. Als zum Beispiel die »Gesellschaft für bedrohte Völker« den Band »In Auschwitz vergast, bis heute verfolgt« herausbrachte und damit auf die fortdauernde Diskriminierung der Sinti und Roma aufmerksam machte, witterten Autoren wie Gilad Margalit gleich eine braune Verschwörung: »Die Beschäftigung mit der Zigeunerverfolgung trug instrumentalen Charakter und bezweckte zumindest teilweise eine Relativierung der Schoah, auch wenn dies nicht von allen Involvierten wahrgenommen wurde.« Nachzulesen in dem Buch »Die Nachkriegsdeutschen und ›ihre Zigeuner‹«.

Noch ein praktisches Beispiel: Vom armenischen Völkermord der Jahre 1915/16 ist in deutschen Schulbüchern herzlich wenig zu lesen. Auch eine Initiative von Menschenrechtsorganisationen und Parlamentariern mit dem Ziel der offiziellen Anerkennung der Armeniermorde als Genozid durch den Bundestag – wie in Frankreich, Rußland, Schweden oder im Vatikan schon geschehen – wurde von Bundestagspräsident Thierse blockiert. Dabei ist der Armeniermord von 1915 keineswegs die einzige türkische »Säuberung« des 20. Jahrhunderts: Während des Türkisch-Griechischen Kriegs um die griechischen Siedlungsgebiete an der kleinasiatischen Westküste (ab 1919) wurden 400.000 Griechen ermordet; fast 1,5 Millionen flohen oder wurden nach dem Abkommen von Lausanne zwangsumgesiedelt. 1974 überfiel die türkische Armee Zypern, das 3000 Jahre lang eine griechische Insel war. 40 Prozent des Inselterritoriums wurde de facto annektiert und ethnisch gesäubert.

In Europa kaum beachtet, vollzieht sich seit Jahren in Kurdistan ein schleichender kultureller Völkermord. Nach dem Bericht der türkischen parlamentarischen Kommission von 1997 wurden bisher 3428 Dörfer und Weiler zerstört und ihre Bewohner nach Westen vertrieben, wo in der Diaspora die alte Kultur schnell verlorengeht.

Auf die gleichen Ungereimtheiten wie in der BRD trifft man interessanterweise in Israel: keine oder allenfalls beiläufige Erwähnung der Armeniermorde in den Schulbüchern; staatliche Interventionen bei Berührung des Themas im Fernsehen oder auf Menschenrechtskongressen usw. Die Motive sind verschieden. Während die Regierung um die israelisch-türkische Zusammenarbeit bangt – die Türkei ist das einzige islamische Land, mit dem man gute Beziehungen unterhält –, fürchten nationalistische Kreise, die Erwähnung anderer Völkermorde könne von der Einzigartigkeit der Judenmorde ablenken und so Israels Sonderstellung und »moralisches Kapital« (so Edward Alexander) schmälern.

Scharf beobachtet Siegfried Kohlhammer in der Zeitschrift »Merkur« (Juli 2001): »Moralisches Kapital ist eben nicht nur ein Reichtum, der passiv vom Besitzer genossen wird, es arbeitet, kann in die politischen Auseinandersetzungen und Interessenkämpfe investiert werden, führt nicht nur zu einem Gewinn an Ansehen (Anerkennung), sondern stellt auch einen Legitimationsgewinn dar, der die Durchsetzung und Akzeptanz der eigenen Politik fördert. Dabei gilt die Formel: Je mehr eine Gruppe Opfer ist, desto weniger kann sie Täter sein. Zugleich gilt es, Konkurrenten um die knappen Güter Aufmerksamkeit, Mitleid, Nachsicht und Hilfeleistung abzuwehren. Die Anerkennung der Einzigartigkeit des Opfers ist dabei von Vorteil.«

Mit der »Holocaust-Besitzgier« wetteifert der »Holocaust-Neid«, wie der US-Historiker Peter Novick feststellt und am Beispiel der Afroamerikaner erläutert. Als der US-Kongreß den jüdischen Verfolgten eine staatlich finanzierte Gedenkstätte in Washington genehmigte, den Nachkommen der Negersklaven ähnliches aber verweigerte, schimpften radikale Schwarzensprecher wie Louis Farrakhan: »Schiebt uns nicht eure sechs Millionen in die Schuhe; denn wir haben 100 Millionen verloren.«

Als zur Zeit des Bosnienkonflikts der bosnische Botschafter in einer CNN-Sendung von Völkermord sprach, genierte sich der Kolumnist Richard Cohen nicht, in der »Washington Post« zu schreiben, Bosnien mit dem Holocaust zu vergleichen sei so, »als würde man einen Verkehrspolizisten als Nazi beschimpfen, wenn er einen

Strafzettel ausstellt«. Zutreffend konstatierte demgegenüber Henry Siegman, Direktor des American Jewish Congress: »Nicht in Bosnien zu handeln bedeutet, daß wir nichts aus dem Holocaust gelernt haben.«

Als in dem Kleinstaat Ruanda 1994 fast 800.000 Tutsi (Watussi) ermordet wurden, weigerten sich die meisten Mitglieder des UN-Sicherheitsrats, dies als echten Genozid anzuerkennen. – Die Reihe der Beispiele ließe sich fortsetzen.

Zusammenfassend betont der genannte Holocaustforscher Novick: »Den Holocaust zum Maßstab von Unterdrückung und Grausamkeit zu erklären, hat jedoch gerade die gegenteilige Wirkung, indem Verbrechen eines geringeren Ausmaßes trivialisiert werden. Diese Wirkung ist nicht nur im Prinzip, sondern in der Praxis zu beobachten.«

Eine schillernde Persönlichkeit, die offenbar zwei Seelen in ihrer Brust vereinigt, ist der publizistisch allgegenwärtige Schriftsteller Élie Wiesel. Als zum Beispiel in Tel Aviv eine internationale Konferenz zum Thema Völkermord anberaumt wurde, versuchte er, diese Pläne zu hintertreiben, weil die akademischen Veranstalter auch Sitzungen zum Fall Armenien eingeplant hatten.

Seltsamerweise wurde gerade er nach Deutschland eingeladen, um am 27. Januar 2000 im Bundestag über Völkermord und Moral zu sprechen. Wie Szenenkenner erwartet hatten, folgte eine nationalistische, keine humanistische Rede. Wiesel warnte davor, von den NS-Tätern als Nazis zu sprechen, und fuhr fort: »Für uns, die Opfer, war es Deutschland. Zyklon B war deutsch, die Gaskammern waren deutsch, der Tod war ein Meister aus Deutschland.« Offenbar hatte sich in Berlin niemand die Mühe gemacht, rechtzeitig in den Büchern des Festredners zu blättern. Es wäre dabei unschwer festzustellen gewesen, daß Wiesels Triebfeder zu keiner Zeit die reine

Humanität war. In seinem Buch »Legends of Our Time«, 1968 bei Holt, Rinehart and Winston in den USA und Kanada gleichzeitig erschienen, liest man im 12. Kapitel (»Appointment with Hate«) Sätze wie diesen: »Jeder Jude sollte irgendwo in seinem Herzen eine Zone des Hasses – gesunden, männlichen Hasses – für das reservieren, was der Deutsche verkörpert und was im Deutschen fortbesteht.«

Simon Wiesenthal, Gründer und Leiter des Jüdischen Dokumentationszentrums in Wien, sieht die Dinge anders. Während Wiesel seine ehemaligen Verfolger primär als Deutsche begreift, betont Wiesenthal: »Ich habe immer gesagt: die deutsche Sprache hat uns nicht gemordet. Viele großen Werke der Literatur und des Zionismus waren ja in deutscher Sprache. Ich habe immer vermieden zu sagen ›die Deutschen‹. Aus dem einfachen Grund, weil ich nicht mag, wenn man sagt ›die Juden‹.«

Zu den Menschenrechtsverletzungen in den besetzten arabischen Gebieten pflegt Wiesel jede Stellungnahme zu vermeiden, was seinen Schriftstellerkollegen Uri Avnery zu der Frage veranlaßte: »Lieber Élie Wiesel, sind Sie nicht ein erstaunlich stiller Jude, wenn es etwa um die Tragödie der Palästinenser geht?«

Auch die israelische Invasion des Libanon (Juni 1982) wollte Wiesel nicht allzu eng sehen: »Wir sind ein 4000 Jahre altes Volk, und das, was wir heute tun, ist ein Reflex einer Geschichte von 4000 Jahren. Episoden sind Episoden.« Die großen Massaker der »christlichen« Milizen, die 1982 mit israelischer Duldung in den besetzten Teilen des Libanon stattfanden (Sabra und Shatila), kommentierte Wiesel: »Ich unterstütze Israel – Punkt. Ich identifiziere mich mit Israel – Punkt. Ich greife Israel nie an, ich kritisiere es nie, wenn ich nicht dort bin.« Erstaunliche Worte aus dem Mund eines Ehrengasts des deutschen Parlaments und Trägers des Friedensnobelpreises!

Zu den deutsch-iraelischen Beziehungen berichtet der Diplomat Jörg von Uthmann aus eigener Anschauung: »Wenn die israelische Presse auf die Beziehungen zur Bundesrepublik zu sprechen kommt (und das geschieht häufig), dann fällt unweigerlich das Stichwort ›special relationship‹ … ›Denn‹, so schrieb die deutschsprachige Tageszeitung ›Jedioth Chadashoth‹ am 19. April 1973, ›wir glauben, daß das, was wir als Sonderbehandlung Israels durch die Deutschen – eine berechtigte Forderung für noch mindestens einige Jahrzehnte – betrachten, auch die Tatsache einzuschließen hat, daß Deutschland unser Freund und der Araber Feind sein muß.‹«

Wohl ähnlich gemeint war ein Satz in der Rede von Bundespräsident Weizsäcker vom 8. Mai 1985: »Wer über die Verhältnisse im Nahen Osten urteilt, der möge an das Schicksal denken, das Deutsche den jüdischen Mitmenschen bereiteten …« Nicht etwa die »Ehrfurcht vor allem, was ein menschliches Antlitz trägt« (Werner Bergengruen) soll demnach künftig Richtschnur unseres Handels sein, sondern ein modifiziertes »right or wrong, my country«, ein Satz, mit dem aggressive Nationalismen immer wieder versucht haben, das Gewissen ihrer Völker zu narkotisieren. Soll man wirklich den Judenhaß einfach gegen den Araberhaß eintauschen?

Ausblick

Die zum Ritual erstarrte »Trauerarbeit« hat, zumindest in der Bundesrepublik, offenbar nichts zum Besseren verändert – außer bei den Trauerarbeitern selbst. »Ich kenne Leute, die außer Trauerarbeit noch nie einen Handschlag getan haben. Aber davon können sie gut leben«, spottet der Publizist Johannes Gross.

Zusammenfassend ist festzustellen:

- Massenverbrechen werden in der Öffentlichkeit entweder hochgespielt oder vertuscht, je nach politischem Nutzen.
- Wo das Totschweigen nicht weiterhilft, versucht man, die Verbrechen durch Kollektivschuld oder ähnliche Argumentationsketten zu rechtfertigen. Auf diese Weise entstehen Erfolgsmodelle für künftige Massenverbrechen.
- Es fällt auf, daß oft ein und dieselbe Person bei ähnlichen Tatbeständen äußerste Betroffenheit oder äußerste Gleichgültigkeit an den Tag legt – je nach idelogischer Voreingenommenheit; die Kritiker sprechen hier von »selektivem Humanismus«. Die Thematik reicht von der Zwangsarbeit über ethnische Säuberungen bis hin zu verschiedensten Verbrechen gegen die Menschlichkeit.
- Auch das Selbstbestimmungsrecht der Völker wird vielfach in Frage gestellt, weil es Grundlage des deutschen Wiedervereinigungsstrebens war.
- Die Verbrechen des Nationalsozialismus bezeichnet man gern als »einzigartig« und »beispiellos« und fördert damit die Gleichgültigkeit gegenüber allen anderen Verfolgten dieser Welt.

Die deutschen Verhältnisse erinnern an ein Wort von Albert Einstein: »Die elementare Reaktion gegen Ungerechtigkeit und für Gerechtigkeit ist abhanden gekommen, jene Reaktion, die auf die Dauer des Menschen einzigen Schutz gegen einen Rückfall in die Barbarei gewährleistet. Denn ich bin überzeugt, der leidenschaftliche Wille zur Gerechtigkeit und zur Wahrheit hat mehr zur Verbesserung der menschlichen Lebensbedingungen beigetragen als die berechnende politische Schlauheit, die auf die Dauer nur allgemeines Mißtrauen erzeugt.«

In seinem Bistumsblatt vom 5. Februar 1995 hat auch der Fuldaer Erzbischof Johannes Dyba die rechten Lehren aus der jüngsten Vergangenheit angemahnt: »Wenn immer wir solch unseliger Geschichtstatsachen gedenken, sollten wir uns nicht damit begnügen, unseren Vorfahren an die Brust zu schlagen, sondern unsere eigene Zeit und unser eigenes Tun im Licht dieser Ereignisse und Erfahrungen bedenken. Nicht für das, was vor 500 Jahren in Amerika oder vor 50 Jahren in Auschwitz geschah, werden wir einmal zur Rechenschaft gezogen, sondern für das, was wir heute an Unrecht zulassen ... Man hat manchmal den Eindruck, daß unser Schuldbewußtsein um so undeutlicher wird, je näher die Schuld an unsere Generation heranreicht.«

9.

Schuldkomplex und Demokratie

Alles wegen Hitler

Die Folgen von Schuldkomplexen und Selbsthaß sind regelmäßig »affektive Denkhemmungen«, wie der Frankfurter Psychologieprofessor Fritz Süllwold in der »Politischen Meinung« vom Januar 1998 diagnostiziert. Diese bewirkten eine »drastische Reduktion des Aufmerksamkeits- und Auffassungsumfangs und dementsprechend erhebliche Einbußen bei der Informationsaufnahme und Informationsintegration ... Obwohl es sich bei affektiven Denkhemmungen nicht um primäre, sondern um situative Intelligenzschwächen handelt, können sie bei entsprechender Verbreitung wie kollektive Verblödungen erscheinen.«

Solche Phänomene sind dem Publizisten Günter Maschke in der Bundesrepublik auf Schritt und Tritt aufgefallen; er schreibt: »Die BRD kann die Ausländerfrage nicht lösen – wegen Hitler! Sie kann die Frage der inneren Sicherheit nicht lösen – wegen Hitler! Sie kann ihre Armee nicht zu einer kriegsfähigen Truppe formen – wegen Hitler! Sie kann keine wirklich effizienten Notstandsgesetze verabschieden – wegen Hitler! Sie fürchtet den Vorwurf des Antiamerikanismus – wegen Hitler! Und den des Antikommunismus – wegen Hitler! Sie kann die Kriminalität nicht eindämmen – wegen Hitler! Sie versagt sich die Rechte, die jeder Nation zustehen – wegen Hitler! Wie lange noch die Regierung Hitler?«

Eine sarkastische Antwort könnte lauten: »Bis zum Jahr 2933.« Denn vielleicht erweist sich das Dritte Reich doch noch als tausendjährig: zwölf Jahre Diktatur, 988 Jahre Bewältigung.

Der Hitler-Komplex zieht aber noch viel weitere Kreise, als Maschke feststellt. In Nordrhein-Westfalen zum Beispiel schrieb die Grünenabgeordnete Brigitte Schumann, immerhin kulturpolitische Sprecherin ihrer Landtagsfraktion, bei der Diskussion um die Gesamtschule vorwurfsvoll, 50 Jahre nach der Befreiung von Auschwitz setze sich die CDU schon wieder für Begabtenförderung ein.

Sogar die Gleichstellung von Schwulen- und Lesbenpartnerschaften mit Familien wollte die Bundesjustizministerin als Wiedergutmachung für die Verfolgung der Homosexuellen im Dritten Reich verstanden wissen.

Daß die Wiedervereinigung Deutschlands für viele tabu war (natürlich wegen Hitler), wurde schon erwähnt. Nach Meinung des Grünen-MdB Martin Briefs durfte auch Berlin nicht wieder Hauptstadt werden; denn es war »als Hauptstadt des dutzendjährigen Dritten deutschen Reiches die Hauptstadt des unmenschlichsten politischen Terrorsystems der gesamten Menschheitsgeschichte«. In Rußland kam bisher noch niemand auf die Idee, mit ähnlichen Begründungen Moskau als Hauptstadt aufzugeben.

Und wer beherrscht sogar die Fußballstadien? Erraten! Ein Länderspiel Deutschland/England, das für den 20. April 1994 angesetzt war, wurde wieder abgesagt. Man befürchtete Irritationen wegen des Führergeburtstags.

Auch in der Wissenschaft scheint Hitler weiterzuregieren. Seinetwegen darf man Embryonen zwar abtreiben, sprich töten – das ist fortschrittlich und damit auch irgendwie antifaschistisch –, aber man soll nicht an embryonalen Stammzellen forschen. Das wäre faschistisch; denn es »könnte der Selektion Tür und Tor öffnen«. – Das Ausland blickt verständnislos nach Deutschland: »Ich glaube, Bundeskanzler Schröder tut gut daran, sich nach vorne zu bewegen und die Geschichte, die mehr als

50 Jahre zurückliegt, Geschichte sein zu lassen«, meinte der Präsident des Nationalen Ethikrats von Frankreich, Didier Sicard, in einem Gespräch mit der »Frankfurter Allgemeinen«.

Selbst die radioaktiven Wolken aus Tschernobyl muß Deutschland klaglos hinnehmen, wie Moskau im Mai 1986 verlauten ließ. Aus den bekannten historischen Gründen, versteht sich.

Der polnische Schriftsteller Andrzej Szczypiorski, ein ehemaliger Widerstandskämpfer, kommentierte den permanenten Auschwitz-Abusus wie folgt: »Es führt zu nichts, ständig über Auschwitz zu reden. Das hat häufig eine Alibifunktion. Auch in Polen. Ein polnischer Fabrikarbeiter, der schlechte Schrauben macht, kann seine Schlamperei nicht mit Auschwitz und dem Zweiten Weltkrieg rechtfertigen.«

Der Publizist Johannes Gross notiert: »Adorno hat hinterlassen, daß nach Auschwitz kein Gedicht geschrieben werden könne. Die Wahrheit ist die, daß Adorno auch vor Auschwitz kein Gedicht schreiben konnte.«

Kritisch vermerkte auch Johannes Dyba, Erzbischof von Fulda, in seinem Hirtenwort vom 5. Februar 1995: »Es ist gesagt worden, ›nach Auschwitz‹ könne man nicht mehr an Gott glauben, ja nicht mehr beten. Ich würde eher umgekehrt reagieren: Auschwitz hat uns gezeigt, wohin die Menschen gelangen, wenn sie Gott und seine Gebote verachten und ihren eigenen Willen zum absoluten Gesetz erheben ... Der Gottesverachtung folgt die Menschenverachtung. Das ist die ewige Lektion, die Auschwitz uns lehrt.«

Besonders schlau argumentierte der Ostberliner Dramatiker Heiner Müller nach dem Fall der Mauer: Freie Wahlen hätten zu Hitler und damit zu Auschwitz geführt.

Aber nicht nur freie Wahlen stehen unter Faschismusverdacht, auch die historische Wahrheit. In der »Zeit« hat einmal Golo Mann zur Debatte über die Ursache des Reichstagsbrands vom 27. Februar 1933 festgestellt, daß es aus pädagogischen Gründen gut für die Deutschen sei, wenn der Brand mit den Nazis in Verbindung gebracht werde, wenn es auch möglicherweise anders gewesen sei. Noch origineller formulierte der Historiker Walther Hofer: »Wenn nämlich bewiesen werden könnte, daß die Nationalsozialisten zu Unrecht verdächtigt würden, den Reichstagsbrand inszeniert zu haben, so könnte versucht werden, den gleichen ›Beweis‹ auch für die anderen Verbrechen ... zu erbringen.«

Bekanntlich sprachen seinerzeit die Nazis von einer kommunistischen und Kommunisten von einer nationalsozialistischen Verschwörung. Beide Seiten dürften im Unrecht gewesen sein. Die Mehrheit der Historiker tendiert heute zu der Annahme, daß der Anarchokommunist van der Lubbe als Einzeltäter gehandelt hat.

Am 12. Mai 1993 berichtete der russische Fernsehregisseur Sinelnikow in Freiburg anläßlich seiner Deutschlandreise über seine Gespräche mit Richard von Weizsäcker, Marion Gräfin Dönhoff und Egon Bahr. Man sprach unter anderem über die Vorgeschichte des Deutsch-Russischen Kriegs, über Stalins Vorbereitungen für einen Erstschlag und die Präventivkriegthese des russischen Autors Suworow. Man habe ihm – Sinelnikow – zu verstehen gegeben: Selbst wenn Suworow recht hätte und Hitler Stalin nur um Wochen zuvorgekommen wäre, dies nicht gesagt werden dürfe, weil damit Hitler ja entlastet würde. – Umgekehrt kann dies auch bedeuten: Stalin muß um jeden Preis entlastet werden – selbst um den Preis der historischen Wahrheit. Wie im Mittelalter scheint die »fromme Lüge« ad maiorem Dei gloriam in Deutschland plötzlich wieder legitim.

Wenn man mit Karl R. Popper (»Die offene Gesellschaft und ihre Feinde«) die Tabu-Dichte als Indikator für den Grad der Offenheit einer Gesellschaft verwendet, dann dürfte die Bundesrepublik in puncto Liberalismus im westlichen Europa das Schlußlicht bilden. Die Standardisierung des Ausdrucks aufgrund von »political correctness« erinnert mittlerweile an selige DDR-Zeiten. Auch damals bemühte man sich um politische Korrektheit, um sich nicht als Abweichler oder Klassenfeind verdächtig zu machen. Wenn beispielsweise der Staatsratsvorsitzende formuliert hatte: »... die unverbrüchliche Freundschaft mit den friedliebenden Völkern der Sowjetunion«, dann durfte der Genosse Bezirkssekretär diese Phrase gefahrlos benutzen, und was der Bezirkssekretär sagte, mußte auch in einer Rede des Ortsvorsitzenden als linientreu gelten. Durch ihre vorgestanzten Floskeln und ihre gebetsmühlenhaften Wiederholungen wirkten die öffentlichen Reden seltsam hölzern und linkisch; Spaßvögel sprachen vom »Hühnerdeutsch« der roten Funktionäre.

Ganz ähnliche Symptome sieht Martin Walser in seinem bekannten »Spiegel«-Essay »Über freie und unfreie Rede« (Nr. 45/1995) heute im Westen Deutschlands: »Standardisierung des politischen Ausdrucks, Political-correctness-Prüfungen, Tabuzüchtung« etc. etc. – Auch die Meinungsforscherin Noelle-Neumann kam am Rand der Adenauerpreis-Feier 2000 zu ähnlichen Erkenntnissen: Der geistige Konformismus und die Strategien der Ausgrenzung, der Thementabuisierung und das Verhindern von Diskussionen hätten ein Ausmaß erreicht, das sozial desintegrativ wirke und gefährlich sei.

Der britische Bestsellerautor Frederick Forsyth bestätigt in einem »Focus«-Interview (Nr. 16/2002): »Von der Geburt bis zur Universität hört kein Deutscher ein positives Wort über sein Heimatland. Er hört nur von den Sünden, von den schrecklichen zwölf Jahren des Hitlerismus. Die übrige Geschichte fällt unter den Tisch. Ich sehe keine Wiedergeburt des Faschismus, keine Wiedergeburt des Militarismus in Deutschland ... Ich fürchte die deutsche politische Korrektheit mehr als einen neuen Hitler.«

Jeder Demokrat müßte angesichts dieser gefährlichen Schlagseite unseres öffentlichen Lebens eigentlich an Thomas Mann denken: »Ich lehne mich instinktiv nach links, wenn das Boot nach rechts zu kentern droht und umgekehrt.«

Womit man bei der deutschen Parteienlandschaft angekommen wäre. Friedhelm Farthmann, Ex-Fraktionschef der SPD in Nordrhein-Westfalen, glaubte 1997: »Bei dieser Frage müssen wir wohl berücksichtigen, daß das Dritte Reich auch nach 50 Jahren seine Spuren hinterlassen hat ... Und deshalb kann uns eine ausgesprochene Rechtspartei im politischen Spektrum gegenüber dem Ausland, was unser internationales Ansehen betrifft, nur schaden.«

Nun gehört aber das Wechselspiel zwischen rechts und links zur Demokratie ebenso wie das zwischen Regierung und Opposition; auch der unvergessene SPD-Vorsitzende Kurt Schumacher betonte stets die Notwendigkeit einer Rechtspartei für die politische Statik eines Landes. Daß im Bundestag heute drei betont linke Parteien sitzen, aber keine entsprechende rechte, muß Zweifel an der Funktionsfähigkeit unserer Demokratie heraufbeschwören und erklärt vielleicht auch die rückläufige Wahlbeteiligung.

In einem seiner letzten Interviews hat es Konrad Adenauer als seinen größten innenpolitischen Fehler bezeichnet, die konservative »Deutsche Partei« in die CDU integriert zu haben. Vielleicht wird es einmal auch Kohl als Fehler begreifen, die bundesweite Ausdehnung der in der rechten Mitte angesiedelten bayerischen CSU (Kreuther Beschlüsse) verhindert zu haben.

Aufgrund dieser Konstellation konnte Jürgen Habermas mit Befriedigung eine »Linksverschiebung des politischen Spektrums« beobachten. Die Indizien sind unübersehbar: Die SPD entwickelte sich nach Einschätzung ihres seinerzeitigen bayerischen Landesvorsitzenden Hans-Jochen Vogel von einer sozialdemokratischen Arbeiterpartei zu einer »marxistischen Akademikerpartei«.

Auch bei der FDP zeigt eine Analyse des Allensbacher Instituts für Demoskopie vom November 1994, daß die Parteiführung viel weiter links steht als ihre Wähler.

Selbst die Union driftet langsam, aber sicher nach links. Populäre Konservative wie Lummer, Windelen, Hennig, Todenhöfer, Hupka, Czaja oder Dregger wurden verdrängt; der seinerzeitige sächsische Ministerpräsident Biedenkopf warnte vor einer Sozialdemokratisierung der CDU, und der Stuttgarter Unionspolitiker Mayer-Vorfelder konstatierte: »Je höher man in den Gremien der Partei kommt, um so progressiver werden die Ansichten.« Könnte das damit zusammenhängen, daß zur Zeit 70 Prozent der führenden Politiker reine Berufspolitiker sind und unter Umständen glauben, auf das Wohlwollen der linken Medienmehrheit angewiesen zu sein?

Möglicherweise sollte man hier an den französischen Staatsdenker Tocqueville (1805–1859) erinnern, der betont hat: »Zweifellos ist es für das Wohl der Nationen wichtig, daß die Regierenden Tugenden und Talente besitzen. Aber vielleicht noch wichtiger ist, daß die Regierenden keine im Gegensatz zu den Regierten stehenden Interessen haben.«

Vom Antitotalitarismus zum Antifaschismus

Die Linksdrift der Bundesrepublik vollzog sich mit geologischer Langsamkeit. An der Wiege des Bonner Staates stand zunächst die Gemeinsamkeit aller Demokraten, die Konrad Adenauer in seinen Memoiren so beschreibt: »Der nationalsozialistische Staat hat uns die Augen dafür geöffnet, welche Macht ein diktatorisch regierter Staat besaß. Ich hatte die Greueltaten des Nationalsozialismus, die Folgen einer Diktatur kennengelernt ... Vom Osten her drohte die atheistische, kommunistische Diktatur. Wir sahen am Beispiel der Sowjetunion, daß eine Linksdiktatur mindestens so gefährlich war wie eine Rechtsdiktatur.« – Auch die anderen Bonner Gründerväter wie der Freidemokrat Dehler oder der Sozialdemokrat Schumacher sahen in den Kommunisten nur »rotlackierte Nazis«.

Und Hand in Hand mit der Ablehnung totalitärer Diktaturen ging die Ablehnung der menschenfeindlichen Kollektivschuldidee. In den 50er Jahren versuchte man zum Beispiel noch, antideutsche Filme und Publikationen zu verhindern.

Das Abflauen des kalten Kriegs nach dem XX. Parteitag der KPdSU (1956) und der dort eingeleiteten Entstalinisierung änderte allmählich die politische Großwetterlage. Einen gewissen Markstein bildeten in der Bundesrepublik die Kölner Synagogenschmierereien in der Nacht vom 24. auf den 25. Dezember 1959. Die Aufgeregtheit der deutschen Offiziellen provozierte noch größere Aufgeregtheit im Ausland. Das deutsche Fernsehen strahlte die 15-teilige Serie »Das Dritte Reich« aus, William L. Shirer landete mit »Aufstieg und Fall des Dritten Reiches« einen Bestseller, und der spektakuläre Prozeß gegen Adolf Eichmann in Jerusalem 1961 tat ein übriges. Außerdem registrierte man seinerzeit auffallend viele Droh- und Schmähbriefe an deutsche Juden.

Von letzteren weiß man seit 1993 aus den ausgewerteten Stasi-Akten, daß sie – abgesehen von einigen Nachahmungstätern – mehrheitlich von Agenten des Ostberliner Staatssicherheitsdienstes verfaßt wurden. Auch die Synagogenschmierereien entpuppten sich später als gelungener Coup der Abteilung Desinformation des Moskauer

KGB. Ein übergelaufener tschechischer Geheimdienstoffizier namens Ladislaw Bittmann brachte interessante Details ans Licht und berichtete unter anderem: »In seinem politischen Ränkespiel brauchte Moskau neue Beweise für den wachsenden Faschismus in der BRD, um mit Hilfe dieses Gespensts Westdeutschlands europäische und überseeische Verbündete einzuschüchtern.« – Diese Enthüllungen wurden so beiläufig zur Kenntnis genommen, daß sie die gewaltige Wirkung der Desinformationskampagne in keiner Weise ausgleichen konnten.

Den großen Durchbruch schaffte die deutsche Linke aber erst 1968 im Gefolge der »antiautoritären« Studentenrevolte, die in Paris begonnen hatte und bald international wurde. Während man sich in anderen Ländern, zum Beispiel in den USA, mehr für Drogen, Sex und Rockmusik interessierte und allenfalls einen Protestsong gegen den Vietnamkrieg intonierte, berauschten sich die deutschen Achtundsechziger vorwiegend mit Marx, Lenin und Mao. Obwohl in China gerade die sogenannte Kulturrevolution tobte und unzählige Menschenleben und unersetzliche Kulturgüter vernichtete (in Tibet zum Beispiel wurden über 90 Prozent aller Klöster und Tempel zerstört), gehörte seinerzeit das berühmte »Rote Buch«, die »Worte des Vorsitzenden Mao Tse-tung«, in die Hand jedes progressiven Menschen.

Der linke Philosoph Herbert Marcuse, einer der sogenannten »vier Väter der Studentenbewegung«, forderte in seinem klassischen Essay »Repressive Toleranz« Duldung von Bewegungen von links; den »Konservativen und Rechten« dagegen müsse die Toleranz entzogen werden.

Voltaire hatte noch bekannt: »Ich mißbillige jedes Wort, was Sie sagen, aber bis zu meinem Tode werde ich dafür kämpfen, daß Sie es sagen dürfen.« Diese Toleranz, vielleicht die schönste Blume im Garten der Aufklärung, wurde jetzt im ideologischen Delirium achtlos zertreten, das Rad der politischen Kultur um Jahrhunderte zurückgedreht.

Der Journalist und Publizist Rainer Zitelmann resümiert: »Man interessierte sich … für die ›faschistoiden‹ Strukturen, Tendenzen, Denkweisen usw., die man überall in der demokratischen Bundesrepublik zu entdecken glaubte und nur dort nicht suchte, wo man am ehesten hätte fündig werden können: bei sich selbst … 1968 bildete sich eine Argumentationstypologie heraus, die bis heute bestimmend ist, ja, die die intellektuelle und politische Debatte zunehmend dominiert: Wer nicht links ist, ist Nazi, ist Faschist.«

Als »Faschismuskeule« charakterisiert der Bonner Politikwissenschaftler Helmut Knütter treffend dieses schlichte Argumentationsmuster.

Zur Mentalität der »Achtundsechziger« ergänzt der Nestor des deutschen Nachkriegsjournalismus Sebastian Haffner: »Wenn ich mir die linken Studenten und jungen Literaten ansehe, die sich heute so massenhaft und bereitwillig über die Sünden ihrer Väter entrüsten (ohne eine Ahnung von den Konflikten und Versuchungen, in die auch anständige Leute damals geraten konnten), dann fühle ich mich unwillkürlich an meine eigenen Altersgenossen erinnert, die jungen Leute von vor 30 Jahren, die damals, voll ähnlich leicht erregter Entrüstung, scharenweise in die SA gingen. Dieselben unkritischen jungen Gesichter, dieselbe naive Unbescheidenheit und Überheblichkeit, dieselbe Bereitschaft, sich als Weltenrichter aufzuspielen; vor allem dieselbe etwas subalterne Unfähigkeit, das Böse auch dann zu bemerken, wenn es sich auf der eigenen Seite und in der eigenen Sache einschleicht … Das Schreckliche an dem Linksdrall der gegenwärtigen politischen Mode, genau wie an dem Rechtsdrall, der eine Generation zuvor herrschte, ist, daß er mit gänzlich unbewußter Automatik funktioniert, ohne daß die Leute auch nur merken, daß sie eigentlich alles ungeprüft voraussetzen, wie inkonsequent sie oft sind und wie sehr sie gewohnheitsmäßig mit zweierlei Maß messen.«

Der nächste große Schritt der deutschen Linken zur Erringung der kulturellen Hegemonie war die Kampagne gegen Ausländerfeindlichkeit aus Anlaß der Krawalle im sächsischen Hoyerswerda im September 1991 und der späteren Anschläge von Mölln und Solingen. Es gab spektakuläre Lichterketten und Aktionsgemeinschaften in einer Breite, die man seit der Friedens- und Antiatombewegung nicht mehr gesehen hatte; Kirchen und Gewerkschaften, Sozialdemokraten und Kommunisten, gewaltbereite Linksautonome und Pazifisten marschierten nun plötzlich gemeinsam.

Fast so wie 1933 der Reichstagsbrand für die Nationalsozialisten, war 1991/92 der Brand in einem Asylbewerberheim für die Linke willkommener Anlaß zum »energischen Durchgreifen« gegen Andersdenkende. Eine Lynchstimmung kam auf, die diejenige in Amerika zur Zeit von Senator McCarthys Kommunistenjagd bei weitem übertraf.

Die nächste Kampagne im Jahr 2000 beruhte zwar zu einem großen Teil auf falschem Verdacht wie bei den Düsseldorfer S-Bahn- und Synagogenanschlägen oder dem vermeintlichen Mord an dem kleinen Joseph im sächsischen Sebnitz, aber das spielte nun keine Rolle mehr. Während bei jedem Kriminalfall der Täter bis zur Rechtskraft des Urteils nur ein »mutmaßlicher Täter« ist, reichte jetzt ein vager Verdacht, um linken Journalisten den Schaum vor den Mund zu treiben. So schrieb die »Süddeutsche Zeitung« (25./26. November 2000): »Es kommt einem die Wut hoch, nackte Wut. Da schnappt sich eine Gruppe rechter Jugendlicher im Schwimmbad ... einen kleinen Jungen, flößt ihm ein Betäubungsmittel ein, quält ihn mit Elektroschocks, drückt ihn unter Wasser, tritt auf dem Kind herum, bis es tot ist. Weil es dunkelhaarig und schwarzäugig ist ...« Die Mutter, deren kranker Phantasie die Geschichte zu verdanken war, wurde zum Medienstar: Talk-Shows, Empfang beim Bundeskanzler, Lichterketten usw. – bis sich herausstellte, daß die bezahlten »Zeugen« nicht die Wahrheit gesagt hatten.

Lautete 1992 der Schlachtruf noch »gegen Ausländerhaß und rechtsextreme Gewalt«, so wurde man bei der nächsten Kampagne im Jahr 2000 schon deutlicher. Es ging jetzt nur noch »gegen rechts«, also nicht etwa gegen jede Gewalt oder gegen jeden Extremismus – dann hätte man ja einige gute Freunde vom linken Spektrum einbeziehen müssen. Nein, jetzt kämpfte man nicht mehr für Demokratie und Rechtsstaat, sondern im Grunde dagegen; die ganze politische Rechte, auch die demokratische, war gemeint.

Und so warnte der FDP-Ehrenvorsitzende Graf Lambsdorff: »Wir sind dahin gekommen, daß zwischen rechts, rechtsextrem und rechtsradikal gar nicht mehr unterschieden wird. Natürlich darf es rechte Politiker und Parteien geben. Es ist die Aufgabe politischer Führung, besonnen zu reagieren und Hysterie nicht noch zu schüren.«

Der Historiker Michael Wolffsohn ergänzt: »Besonders CDU und CSU müssen auf der Hut sein, daß sie sich im Kampf gegen rechts nicht selbst einen Kinnhaken verpassen.« Die Bestätigung dieser Warnung folgte auf dem Fuße. Bei einer Wahlkampfveranstaltung auf dem Berliner Alexanderplatz wurden 2001 die Unionsspitzen Merkel und Stoiber mit Eiern ... und »Nazis raus«-Rufen begrüßt.

Bundeswirtschaftsminister Müller rief die Betriebe zur Kündigung rechtsradikaler Mitarbeiter auf: »Nicht einmal der begründete Verdacht darf toleriert werden.«

Der Bochumer Polizeidirektor Horst Tiemann belehrte seine Beamten in einer internen Dienstanweisung, kahlköpfige Männer, die sich »in der Öffentlichkeit zu mehreren zusammenfinden«, stellten »generell ein Gefährdungspotential dar« und dürften jederzeit überprüft und in Gewahrsam genommen werden. Wer sich nicht in die Nähe von politisch Radikalen gestellt wissen wolle, müsse sich in Einstellung, Verhalten und Aussehen unterscheiden.« Der »Focus« (Nr. 36/2000) kommentierte: »Träfen sich Fußballstar Carsten Jancker, Tennis-Ass André Agassi und Sachsens Ex-Innenminister Heinz Eggert in Bochum – die örtliche Polizei würde schon mit den Handschellen rasseln.« – Um sich das Ausmaß des Linksrucks der Bundesrepublik seit 1968 zu vergegenwärtigen, stelle man sich einen ähnlichen Frisurerlaß zu einer Zeit vor, als lange Haare in Mode und die seinerzeit ausschließlich linksextremen Gewalttäter meist langhaarig waren.

Die Kündigung von Bankkonten von vermeintlich rechtsgerichteten Kunden betrieben vor allem die Hamburger Sparkasse, die Deutsche Bank und die Postbank, während PDS und DKP, der verfassungsfeindliche Verein »Rote Hilfe«, die gewaltbejahende linke »tageszeitung/taz« und die PDS-Postille »Neues Deutschland« geschätzte Kunden bleiben. Diese Aktion erinnerte erschreckend an die Kündigung jüdischer Bankkonten, die 1935 durch ein Rundschreiben der NSDAP ausgelöst worden war.

Fehlgeschlagen ist allerdings der Versuch, Postboten zu Verfassungsrichtern zu machen. Verwaltungsgerichte haben entschieden, daß auch Briefe unliebsamer Parteien und Organisationen zuzustellen sind; die Post dürfe nicht in politische Auseinandersetzungen eingreifen.

Mit einem wahren Finale furioso endete das Jahr 2000. Die Einkaufsgemeinschaft »Ecotel Communication AG« verkündete ein »Weihnachtsgeschäft gegen rechts«. Die Vereinigung »Jeunes Restaurateurs d'Europe« veranstaltete eine Gala »Kochen gegen rechte Gewalt«, und der »Freie Verband deutscher Zahnärzte« rief auf zum »Zahnziehen gegen rechts.«

Die altehrwürdige Einrichtung des »Rock gegen rechts« kam wieder zu Ehren. Den Vogel abgeschossen hat vermutlich die erwähnte »tageszeitung/taz« mit der Schlagzeile »Ohrabbeißen gegen rechts«. In Berlin hatte jemand einen NPD-Wahlkämpfer überfallen und ihm ein Stück Ohr abgebissen. Das Blatt applaudierte dem Angreifer: »Dabei hätte er doch einen Orden verdient. Antifas, beißt zu!«

Wohin der Trip »Gegen rechts« geht, zeigt deutlich eine Äußerung des Generalstaatsanwalts von Brandenburg, Erardo Rautenberg, im Tagesspiegel: »Ich meine, daß wir eine Solidarität gegen diese menschenverachtende rechte Gewalt brauchen, die nicht nur den sogenannten Durchschnittsbürger einbezieht, sondern von stramm Konservativen bis zum autonomen Spektrum (!) reicht.« Der Teufel der rechten Gewalt soll also mit dem Beelzebub der linken Gewalt ausgetrieben werden. Historische Parallelen wie der Einsatz der SA als Hilfspolizei anno 1933 drängen sich auf.

Verfassungsschutz

Mancher brave Bürger sagt sich jetzt vielleicht: Zum Glück haben wir einen Verfassungsschutz; der wird unsere demokratischen Freiheiten schon schützen. Ein Blick in den Verfassungsschutzbericht gibt hier Aufschluß. Im 2000er Bericht des Bundesinnenministers fällt schon bei flüchtiger Lektüre auf:

– Die Rechtsextremisten müssen viel stärker sein als die Linksextremisten; denn ihnen sind 91 Seiten gewidmet, ihren linken Kollegen nur 57.

- Die Rechten sind krimineller; sie haben nämlich 15.951 Straftaten begangen gegenüber 3173 linken Delikten.
- Musikalisch sind offenbar nur Rechtsextreme; denn hier gibt es drei Kapitel über Skinheadmusik, ihren Vertrieb und über ihre Faszines. Stolz wird berichtet, wie viele Konzerte verboten oder aufgelöst wurden. In der Rubrik »Linksextremismus« fehlen die entsprechenden Kapitel.
- Auf der rechten Seite gibt es ein Kapitel »Revisionismus« (unkorrekte Geschichtsdarstellung), links nicht.
- Rechts wird unter »Intellektualisierungsbemühungen des Rechtsextremismus« die »undeutlicher gewordene Abgrenzung« zwischen demokratischen Konservativen und extremen Rechten beklagt, links nicht; offenbar hält man dort vornehme Distanz.

Die genannten Zahlen und Fakten sind zwar nicht falsch, aber sehr, sehr irreführend. Der Bericht selbst räumt auf Seite 122 ein: »Die nachfolgende Übersicht gibt das tatsächliche Ausmaß linksextremistischer Gewalt nicht wieder; ein Vergleich mit den Straftaten im Bereich des Rechtsextremismus ist wegen der oftmals ungleichen Ausprägung der Gewalt – linksextremistische Straßenmilitanz, rechtsextremistische Angriffe vielfach auf Einzelpersonen – nur bedingt möglich. Auch existieren für den Bereich des Linksextremismus keine ebenso weitgehenden Strafvorschriften wie gegen die sogenannten Propagandadelikte mit rechtsextremistischem Bezug.«

Als Propagandadelikte gelten »Schmier-, Plakat- und Flugblattaktionen sowie Zeigen des Hitlergrußes«. Sie machen 65,4 Prozent aller »rechtsextremistischen Straftaten« aus. Auch die Volksverhetzung nach § 130 des Strafgesetzbuchs ist hier zu erwähnen; wer Verbrechen des Nationalsozialismus leugnet, billigt oder beschönigt, macht sich strafbar. Diese Delikte machen noch einmal über ein Viertel der rechten Delikte aus. – Da haben es die Verfassungsfeinde von links doch wesentlich leichter. Sie können ungestört Propaganda machen, Stalins und Maos Millionenmorde gutheißen oder die Wände mit ihren Parolen beschmieren: »Die zahlreichen Schmieraktionen mit geringen Sachschäden sind in der Übersicht nicht enthalten, da hierüber keine verläßlichen Angaben zu erlangen sind.« Wunderbarerweise kann man über Schmierereien dann plötzlich doch wieder »verläßliche Angaben erlangen«, wenn es sich um rechtsradikale handelt – vielleicht aufgrund der ungleich kleineren Zahl dieser Schmierereien.

Die PDS ist »aufgrund ihres ambivalenten Charakters« im VS-Bericht gesondert ausgewiesen; mit ihren 88.600 Mitgliedern umfaßt die linksextreme Szene zusammen 135.600 Mitglieder gegenüber 50.900 Rechtsextremen. Bei letzteren werden die Republikaner nicht gesondert ausgewiesen, obwohl diese CSU-Abspaltung jedenfalls bei ihrer Gründung durchaus verfassungskonform war.

Zur angeblich mangelnden Abgrenzung des bürgerlichen Lagers von der Rechten schreibt Prof. Eckhard Jesse am 7. April 1997 in der »Frankfurter Allgemeinen«: »Wenn der Bericht rechts im intellektuellen Milieu von einer bedenklichen Erosion der Abgrenzung zwischen Demokraten und Extremisten spricht, vermißt der kritische Leser ein Wort über das linke Umfeld, wo die Erosion – im Gegensatz zu rechts – längst fortgeschritten ist.« Rot-Grün redet nicht nur mit den Kommunisten, sondern regiert auch in einzelnen Bundesländern direkt oder indirekt mit ihnen.

Eine andere Merkwürdigkeit liegt darin, daß seit 33 Jahren keine linksradikale deutsche Organisation verboten wurde, dagegen eine Vielzahl von rechten.

Bei den Gewalttaten sollte man noch wissen, und der Verfassungsschutz deutet es ja auch an, daß Straßenmilitanz, das heißt gewalttätige Massendemonstrationen, hierzulande ein Privileg der Linken ist. Dieses Privileg wird auch eifersüchtig gehütet; keine rechte Versammlung oder Demo ohne linke Gegendemonstration. Auch die Polizei scheint mitzuspielen. Während die Gedenkmärsche zum Todestag des unter recht mysteriösen Umständen verstorbenen stellvertretenden Parteivorsitzenden der NSDAP, Rudolf Heß, in der Regel verboten werden, kann die Linke zum Todestag der kommunistischen Märtyrer Rosa Luxemburg und Karl Liebknecht regelmäßig 20.000 bis 80.000 Demonstranten mobilisieren und ungehindert überdimensionale Porträts von Stalin und Lenin durch die Stadt tragen. Daß die Linke die Straße beherrscht, zeigt ferner die Statistik des Landfriedensbruchs (59 Fälle zur Rechten, aber 321 Fälle zur Linken) oder der Gewalttaten gegen politische Gegner (53 rechts, 827 links). Auch wird bei Schlägereien mit Ausländern im Verfassungsschutzbericht grundsätzlich ein rechtsextremistischer Hintergrund vermutet, obwohl hier in Wirklichkeit – wie im Einwanderungskapitel noch auszuführen – nur jeder vierte oder gar achte Täter der rechtsradikalen Szene angehört.

In der Statistik des Bundesinnenministers zählt außerdem eine gewalttätige Demonstration der vereinigten Linken als nur eine Straftat, Landfriedensbruch, auch wenn dabei – wie in Berlin öfters geschehen – 100 Polizisten verletzt, zahllose Fensterscheiben zertrümmert und Läden geplündert wurden. Rein statistisch wiegt dieser linke Massenexzess dann genausoviel wie ein Hakenkreuz auf der Bahnhofstoilette – eine Straftat.

Vom Verfassungsschutz nicht mehr beobachtet wird in einer Reihe von Bundesländern die PDS und zum Teil auch ihre gewaltbejahende »Kommunistische Plattform«.

In Potsdam kontrolliert sogar die PDS-Landtagsabgeordnete und ehemalige Stasimitarbeiterin Kerstin Kaiser-Nicht seit 2001 als Mitglied der Parlamentarischen Kontrollkommission den Verfassungsschutz, und die SED-Juristin Rosemarie Will (Spitzname »Rote Rosi«), erst 1994 der SPD beigetreten, wurde schon 1996 Verfassungsrichterin in Brandenburg. Die Damen tun also im Grunde nur das, was sie immer schon getan haben. – Und in vielen Medien werden Kapitalismus, Faschismus und Antikommunismus (letzterer meist mit schmückenden Adjektiven wie dumpf, primitiv, hirnlos, pervers) mehr und mehr gleichgesetzt.

Lothar Pieche, Alterspräsident der ersten frei gewählten DDR-Volkskammer, mußte schmerzlich erkennen: »Wenn ich erlebe, wie durch die Herrschenden alles Nationale unterdrückt, wie mit Verboten reagiert wird, dann spüre ich, daß es mir wieder so gehen könnte wie in der kommunistischen Zeit. Zum Beispiel, wenn ich mich heute für nationale Interessen einsetze und deswegen vom BND oder vom Verfassungsschutz einvernommen werde, daß ich dort vielleicht Offiziere der Stasi wiedertreffe. Ich wollte die Freiheit, meine Meinung sagen zu dürfen, und das wird heute schon wieder unterdrückt.«

Die linke Gewalt und ihre Sympathisanten

Gefahr für die bürgerlichen Freiheiten droht aber nicht nur von einer medial geschürten Massenhysterie und von einäugigen Verfassungsschutz- und Verwaltungsbehörden. Eine dritte Front haben vor vielen Jahren linksextreme Schlägertrupps eröffnet, die sich selbst autonome Antifaschisten (oder nur »Autonome« oder nur »Antifas«) nennen, aber meist vernetzt sind, und zwar mit der SED (zur Zeit der Anti-Springer-Kampagne, vgl. »FAZ« vom 22. März 2001) und später mit der PDS, vernetzt aber auch untereinander, so daß sie zum Beispiel 1993 bei der Bundestagsdebatte über die Asylrechtsreform die ganze Bonner Innenstadt abriegeln konnten; zum Teil mußten Abgeordnete mit dem Boot zum Bundestag kommen. Auch international schließt man sich kurz im Kampf gegen Globalisierung und »Kapitalismus«. Tagungen des Internationalen Währungsfonds, Welthandelskonferenzen und dergleichen sind willkommene Übungsplätze für linke Gewaltspiele. Seattle (1999), Prag und Nizza (je 2000), Göteborg, Davos und Genua (je 2001): Zerstörungswut und Brutalität mit steigender Tendenz. In der Bundesrepublik selbst beweisen Vorkommnisse wie die »Chaostage« in Hannover oder die regelmäßige Massenrandale am Ersten Mai in Berlin und zahlreiche ähnliche Anlässe im wahrsten Sinn des Wortes die Schlagkraft der Linksextremisten.

In den Medien ist nicht selten von Chaoten oder Anarchisten die Rede, aber das angestrebte Ziel ist letztlich nicht Anarchie, sondern Sozialismus, und schon das Äußere der berüchtigten »Schwarzen Blocks« (Motorradhelm, schwarze Lederjacke, Maske) erinnert weit eher an eine wohlorganisierte Bürgerkriegstruppe nach Art der SA als an ziellos randalierende Rowdys und Hooligans. Von Linksextremisten spricht kaum einer. Ein Umstand, der zu denken geben sollte.

Zahlreiche sozialdemokratische Funktionsträger marschieren an jedem Ersten Mai zusammen mit Kommunisten und Vertretern diverser gewaltbejahender Gruppierungen von links, zum Beispiel der frühere Innenminister von Baden-Württemberg, Frieder Birzle (SPD). Als der sogenannte Radikalenerlaß mehrheitlich Linksextremisten im öffentlichen Dienst betraf, war er Vorreiter beim Bemühen, diese Regelung abzuschaffen. Als Innenminister verkündete er später, man müsse mit Republikanern im Staatsdienst »Gespräche über ihre

Verfassungstreue führen«; Kommunisten dagegen sollten nicht vorgeladen werden.

Birzles Einseitigkeit wird schnell verständlich, wenn man weiß, wer seinerzeit allein im Südwesten der kommunistischen Tarnorganisation »Vereinigung der Verfolgten des Naziregimes – Bund der Antifaschisten« (VVN–BdA) angehörte: die Ministerin für Familie, Frauen und Weiterbildung, Unger-Soyka, der Staatssekretär im Sozialministerium, Weinmann, der stellvertretende SPD-Landesvorsitzende und DGB-Landeschef Pommerenke und die SPD-Landtagsabgeordneten Weyrosta und Weingärtner.

Wie man nach der Wende erfuhr, flossen der VVN jährlich 2,3 Millionen Mark an Fördergeldern aus Ostberlin zu. Der Vorstand bestand zu rund zwei Dritteln aus DKP-Mitgliedern und konnte sich aus Anlaß des 40-jährigen Bestehens der Vereinigung rühmen, in seiner »Bündnispolitik einen Durchbruch erzielt« zu haben; gemeint war die wachsende Zusammenarbeit mit demokratischen Sozialisten, aber auch mit gewaltbereiten Autonomen. Darüber hinaus gab es punktuelle Kontakte mit dem Umfeld der Roten Armee Fraktion. Während sich die Linksextremen freuen konnten, durch »nützliche Idioten« in anderen Parteien hoffähig zu werden, sah Minister Birzle die Entwicklung ganz anders: In der VVN seien nicht nur Kommunisten, sondern auch »zahlreiche Bürger, die etwas gegen den zunehmenden Rechtsextremismus unternehmen wollten«.

Der »Spiegel« (Nr. 5/2000) untersuchte einmal die Lebensläufe der grünen Spitzen, insbesondere ihre kommunistische Vergangenheit; denn nach der Beobachtung von Otto Schily – ursprünglich grüner Terroristenanwalt, später SPD-Innenminister – wirkten manche Gründungsversammlungen der Grünen »wie ein DKP-Parteitag«. Während Schily, der sich früher als »liberalen

Kommunisten« betrachtete, ein gewisser demokratischer Reifungsprozeß nicht abzusprechen ist, läßt sich das bei seinem grünen Ministerkollegen Joschka (eigentlich Joseph-Martin) Fischer nur mit Einschränkungen sagen. Weniger seine Vorstrafen und seine früheren Aktivitäten bei linksextremen Schlägertrupps und einige ungeklärte Fragen in seiner Biographie geben zu denken als vielmehr seine Sicht der damaligen Gewalttaten als »Freiheitsrevolte«, seine Agitation gegen die Wiedervereinigung und die Berufung von Joscha (eigentlich Hans-Gerhart) Schmierer in seinen Planungsstab. Dieser ehemalige Sekretär des Zentralkomitees im Kommunistischen Bund Westdeutschland (KBW) schickte noch 1980 Grußbotschaften an Pol Pot, lange nachdem die Massenmorde des blutrünstigen Diktators im Westen bekanntgeworden waren.

Zu nennen wäre noch Bundestagsvizepräsidentin Antje Vollmer (KPD/AO), Umweltminister Trittin (Kommunistischer Bund/KB), Staatssekretärin im Entwicklungsministerium Uschi Eid (Kommunistische Hochschulgruppe) etc. Die grüne Ministerin Renate Künast unterschrieb kurz vor ihrer Ernennung einen Sympathisantenaufruf zur sofortigen Freilassung von Mitgliedern der »Revolutionären Zellen« (sie saßen wegen Pistolen- und Sprengstoffanschlägen ein). Christian Ströbele, vorbestraft wegen Unterstützung einer kriminellen Vereinigung, pflegte als Terroristenanwalt die Angeklagten mit »Genosse« anzureden und sammelte auch Geld zur Bewaffnung roter Untergrundkämpfer in El Salvador. Über ein Gespräch mit ihm notierte ein DDR-Offizier anno 1974: »Meinung ist, daß jede bürgerliche Regierung, auch die in der Bundesrepublik, nur durch eine Revolution beseitigt werden kann. Dabei sei jedes Mittel recht, auch Terrorhandlungen ...«

Aber Kanzler Schröder hat mit solchen Koalitionspartnern – modisch ausgedrückt – kein Problem, ebensowenig wie mit seiner Gesundheitsministerin Ulla Schmidt vom Kommunistischen Bund Westdeutschland (KBW), heute SPD.

Auf Landesebene existieren die bekannten rot-roten Koalitionen, die zum Teil schon deswegen nicht schwerfallen, weil die Spitzenkandidaten beider Seiten Duzfreunde sind wie in Berlin. Auch auf Bundesebene ist eine Volksfrontregierung nicht mehr ganz unwahrscheinlich. Offenkundig setzt man auf die Faktoren Zeit und Gewöhnung. Jedenfalls dinierte Gerhard Schröder schon mit dem Ex-PDS-Chef Lothar Bisky, und beim Essen mit Gregor Gysi betonte man die familiäre Atmosphäre sogar durch Zuziehung der Ehefrauen.

Obwohl die PDS von der SED das Gros der Mitglieder, den Kernbestand der Ideologie und ein beträchtliches Vermögen geerbt hat, braucht sie heute um ihre Gesellschaftsfähigkeit nicht mehr zu kämpfen.

Die Bundeszentrale für Politische Bildung jedenfalls fördert das PDS-nahe Bildungswerk »Rosa-Luxemburg-Stiftung« aus öffentlichen Mitteln (zwölf Millionen im Jahr 2001). Die »Frankfurter Allgemeine« druckt Anzeigen der PDS im vielgelesenen Leserbriefteil ab (17. Januar 2001) und läßt die Verfasser des neuen PDS-Parteiprogramms ausführlich zu Wort kommen (28. August 2001). Der NRW-Landesvorsitzende der Liberalen, Möllemann, schreibt im ehemaligen SED-Zentralorgan »Neues Deutschland« als Gastautor Kolumnen – im Wechsel mit Gregor Gysi. Im Fernsehen ist Gregor Gysi der Superstar; »das rote Medienwunder« titelte der »Focus« (Nr. 15/1999). In der SAT.1-Runde »Talk im Turm« war der Altkommunist der häufigste Gast. Auch Lea Rosh alias Edith Rohs, bekannt als Trauerarbeiterin der Nation, präsentierte ihn in der Reihe »Mannsbilder« mit geradezu erotischer Sympathie, und selbst der Jugendfunk mußte auf Gysi nicht verzichten.

Antifaschistischer Alltag

Der Kollektivschuldkomplex hat also in Deutschland nicht mehr Demokratie, sondern mehr Antifaschismus erzeugt. Wie eine antifaschistische Gesellschaft in der Praxis funktioniert, hat die alte DDR vorgemacht. Wie eine antifaschistische Gesellschaft im Alltag der neuen Bundesrepublik funktioniert, zeigen stellvertretend für viele andere die Fälle der Göttinger Autonomen und der Wochenzeitung »Junge Freiheit«.

Freie Medien, die nicht verständnisvoll genug über kommunistische Diktaturen berichten und vor 1990 obendrein noch mit der Wiedervereinigung liebäugelten, galten der extremen Linken seit jeher als unerträgliche Provokation. Da die von der DDR initiierte und von Gewaltexzessen begleitete Kampagne gegen das Verlagshaus Axel Springer nicht den erwünschten Erfolg gebracht hatte, sah man sich später nach leichterer Beute um und verfiel auf die rechtsliberale Wochenzeitung »Junge Freiheit«. Nachdem sich diese aus bescheidenen Anfängen als Studentenblatt zu einer angesehenen Institution entwickelt hatte, bestand für die Feinde der Pressefreiheit Handlungsbedarf.

Die Antifa-Szene hatte eine ausgeklügelte Strategie entwickelt, um dem Blatt den Garaus zu machen: Psychoterror gegen Grossisten, Kioske, Anzeigenkunden, Druckereien, Redakteure und Interviewpartner gehörten zum Generalstabsplan. Um die Aktionen zu kaschieren, setzte man auch noch die »National Zeitung« und die »Deutsche Wochen-Zeitung« des rechtslastigen Verlegers Dr. Gerhard Frey mit auf eine Art Boykottliste. Den Handel forderte man auf, auf »Umsätze mit faschistischer Presse zu verzichten«, da diese für Pogrome in Rostock, Hoyerswerda etc. verantwortlich sei. Der Nazi-Verdacht war psychologisch geschickt gewählt, verläuft doch hier die Reaktion meist wie beim Verdacht der Hexerei im 17. Jahrhundert: Allein das Wort löst solche Panik aus, daß kaum einer den Wahrheitsgehalt des Vorwurfs nachprüft. Graf Spee, der große Kämpfer gegen den Hexenwahn, berichtet in seinem Buch »Cautio criminalis«, er habe Richtern mehrfach die Frage gestellt, wie ein Unschuldiger, der zufällig in ihre Hände gerate, sich verteidigen und retten könne, und sie hätten ihm erwidert, daß sie sich diese Frage bisher noch nicht überlegt hätten.

Am 5. Oktober 1994, gegen 23 Uhr, stürmen dann zwei Maskierte die zur »FAZ«-Gruppe gehörende Union-Druckerei in Weimar. Mit vorgehaltener Pistole bedroht einer von ihnen die sechs anwesenden Beschäftigten. Inzwischen raubt der andere sämtliche vorhandenen Versandunterlagen (Adreßaufkleber usw.) der »JF« und anderes Material.

30. Oktober 1994: gewalttätige Demonstration vor dem Redaktionsgebäude unter Beteiligung von PDS, Trotzkistischer Arbeiterpartei und anderen Fortschrittsfreunden.

4. Dezember 1994: Brandanschlag auf die Weimarer Druckerei, Sachschaden zirka 2,5 Millionen Mark.

Während die Berliner »tageszeitung« über den Terror gegen die »JF« unter der hämischen Schlagzeile berichtet: »Brandsätze gegen Brandstifter«, kommentiert die »Frankfurter Allgemeine«: »Die antifaschistischen Brandstifter können frohlocken. Gewalt führt zum Ziel. Die Union-Druckerei in Weimar hat den Druckvertrag mit der rechtskonservativen Wochenzeitung ›Junge Freiheit‹ fristlos gekündigt. Den Mitarbeitern sei die Gefährdung ... nicht zuzumuten, argumentierte die Geschäftsführung. Bisher hat sich in der deutschen Öffentlichkeit die Empörung über diesen unglaublichen Vorgang in Grenzen gehalten – gelinde gesagt. Die Täter haben mit dumpfer Konsequenz ja auch nur in die Tat umgesetzt, was von den Hütern unserer Demokratie unentwegt gefordert wird: ›rechtem Gedankengut‹ keine Chance zu lassen. Die ›Stichwortgeber‹, versteht sich, wollten so nicht verstanden werden.«

Am 13. März 1995, nur ein Vierteljahr nach dem Brandanschlag, wirft der Spiegel einen neuen Brandsatz. Eine Satire der »Jungen Freiheit«, in der Ideenwelt und Sprache der Antisemiten verspottet wurden, stellte man im »Spiegel« so dar, als seien die Phrasen der Verspotteten (»Der Jude ist's, der die unheildräuenden Fäden in der Hand hält ...«) möglicherweise die Meinung der »JF«-Redaktion. Der Deutsche Presserat mußte dem Hamburger Magazin seine Mißbilligung aussprechen.

Wenn der rote Terror nicht weiterhilft, dann hilft nur noch ... der Verfassungsschutz. Der Verfassungsschutz als Hilfstruppe des Terrorismus? Man glaubt zu träumen. Tatsächlich ließ am 13. März 1995 der nordrhein-westfälische Innenminister Schnoor als erster und bislang einziger Landesminister verkünden, die »JF« werde von seinem Verfassungsschutz mit nachrichtendienstlichen Mitteln (zum Beispiel durch V-Leute) beobachtet. Daß der Sitz der Zeitung sich nicht in NRW befand, störte im Ministerium offenbar niemanden. Aufgrund einer einstweiligen Verfügung mußte Schnoor kurz darauf zurückstecken und feststellen, daß er weder gegen Redaktion noch Autoren noch einzelne Leser solche Mittel einsetze und das Blatt nur allgemein beobachten lassen wolle. Der Rückzieher reichte der »Jungen Freiheit« aber nicht; sie klagte weiter.

Die Begründungen des Innenministeriums waren alles andere als überzeugend: Die Zeitung agitiere gegen gewählte Politiker. – Ist es nicht die klassische Aufgabe von Opposition und kritischer Presse, genau das zu tun?

Sie plädiere für ein Präsidialsystem. – Haben denn nicht gerade die ältesten Demokratien wie die USA und Frankreich Präsidialsysteme?

Ausländern würden die Freiheits- und Gleichheitsrechte abgesprochen. – Aber sind nicht die Rechte und Pflichten im Staat durch Gesetze klar geregelt – Staatsangehörigkeitsrecht, Sozialrecht, Wahlgesetze und Grundgesetz? Und diesen Gesetzen, nicht nur der »Jungen Freiheit«, ist nun einmal zu entnehmen, daß bei uns zum Beispiel ein amerikanischer Tourist kein Wahlrecht hat und eine Milliarde Chinesen kein Grundrecht auf Einwanderung.

Schließlich habe das Blatt über die »Coca-Cola-Kultur« gespottet. Beim Barte des Propheten, wenn das kein Verfassungsbruch ist!

Spricht hier jemand von Zensur? Gretchen zu Mephisto: »Das ist des Landes nicht der Brauch.« Mephisto: »Brauch oder nicht, es gibt sich auch.«

Vom vorerst letzten Anschlag auf die »Junge Freiheit« berichtet eine Pressenotiz (»Focus« Nr. 4/2001): »Als ›Angriff auf die Pressefreiheit‹ wertet der Journalistenverband Berlin (JVB) das Verhalten der Postbank gegenüber der Wochenzeitung ›Junge Freiheit‹ (›JF‹). Die Bank hat dem rechten Blatt nach 15 Jahren zum April das Konto gekündigt. ›Wir möchten mit extremen Organisationen keine Kundenbeziehungen‹, begründete Postbank-Sprecher Joachim Strunk. Die ›Junge Freiheit‹ sei ›kein Untergrundblatt‹, hält JVB-Vorsitzender Alexander Kulpok dagegen. Ob ein Blatt ›mehr nach links oder rechts‹ tendiere, dürfe kein Kündigungsgrund sein. Kulpok, Chef des ARD-Videotextes: ›Eine Bank kann kein Medienunternehmen in den Ruin treiben, nur weil ihr dessen politische Richtung nicht paßt.‹«

Kurz darauf wurde die Kündigung zurückgenommen. Ephraim Kishon, immerhin der erfolgreichste jüdische Schriftsteller der Gegenwart, tröstete die jungen Journalisten: »Sie sind ›rechtsgerichtet‹, weil Sie nicht ›linksgerichtet‹ sind. Ihr niveauvolles Blatt ist nicht radikal, es ist nicht einmal, was man ›rechts‹ nennt, sonst hätte ich Ihnen kein Interview gegeben.«

Während also die rechte Hälfte des politischen Spektrums unter generellem Faschismusverdacht steht, genießt die linke Hälfte bis hinein ins totalitäre und kriminelle Milieu weitgehende Narrenfreiheit, was sich recht gut studieren läßt am Beispiel der Göttinger »Autonomen Antifa (M)« (M steht für Mittwochsplenum). »Antifaschistische Demos« sind zwar mittlerweile an der Tagesordnung, doch es gibt manchem zu denken, wenn eine rund 800 Köpfe zählende Bürgerkriegsarmee uniformiert, maskiert und bewaffnet durch Göttingen zieht, ohne Sanktionen befürchten zu müssen. Diese Autonomen mit ihrer Speerspitze, dem sogenannten »Schwarzen Block«, lassen ihre Demonstrationen nämlich grundsätzlich nicht genehmigen; denn das hieße ja, die »Büttel des Imperialismus« zu fragen. Die Polizei wird aufgefordert, sich nicht blicken zu lassen. Zuwiderhandlungen könnten dazu führen, daß »die ganze Stadt zum Konfrontationsfeld« werde. Als der Schwarze Block 1994 zirka 20 Polizisten erblickte, die zum Schutz des Justizgebäudes abgestellt waren, ging ein Hagel von Steinen, Flaschen, Böllern und Leuchtraketen auf sie nieder; acht Beamte wurden verletzt. »Kampf dem Staatsterrorismus! Schlagt zurück!« stand auf einem der mitgeführten Transparente.

Auch Besetzungen öffentlicher Gebäude, Überfälle auf mißliebige Personen und Organisationen und Straßenblockaden gehörten beziehungsweise gehören zum Standardprogramm der Göttinger Autonomen. Ebenso sind die Sympathien für die Rote Armee Fraktion (RAF) unverkennbar. 1993 wurde ein Plakat an Tausende von Wänden geklebt: Rechts im Bild ist das von der RAF gesprengte Gefängnis von Weiterstadt zu sehen, links eine Marschkolonne des Schwarzen Blocks, und darüber steht: »Gemeinsam gehört uns die Zukunft.« Die Sympathien beruhen auf Gegenseitigkeit; zum Beispiel wurde ein Brief der RAF-Terroristin Gisela Dutzi entdeckt, in dem sie sich geradezu schwärmerisch über die Bedeutung der Göttinger Autonomen für die RAF äußerte. Auf einer Veranstaltung im April 1994 ließen sich die Göttinger Autonomen von früheren RAF-Kadern wie Günter Sonnenberg und ihren Unterstützern über deren Erfahrungen im »bewaffneten Kampf« berichten. – In einer »Dokumentation« der Antifa vom März 1993 heißt es unter anderem: »Niemals würde sich die Autonome Antifa (M) auf eine Politik der ›Gewaltfreiheit‹ einlassen, denn das käme einem politischen Selbstmord gleich.«

Wer sich auf die Dauer zusammenschließt, um politische Vorstellungen auch durch Straftaten zu verwirklichen, macht sich allerdings der Bildung einer kriminellen Vereinigung schuldig (§ 129 des Strafgesetzbuchs). In fast vierjähriger Arbeit sammelten das niedersächsische Landeskriminalamt und der zuständige Generalstaatsanwalt in Celle Beweise für die zahlreichen Delikte der Autonomen Antifa (M), darunter Landfriedensbruch, schwere Körperverletzung, Nötigung, Brandstiftung, Werbung für eine terroristische Vereinigung, ferner Verstöße gegen das Versammlungsgesetz und das Uniform-, Vermummungs- und Bewaffnungsverbot. Die Anklage wegen Bildung einer kriminellen Vereinigung war unvermeidlich.

Nach Hausdurchsuchungen bei den mutmaßlichen Straftätern gab es mehrere Protestdemonstrationen, an denen unter anderem der spätere grüne Umweltminister Trittin und die SPD-Abgeordnete Hulle Hartwig teilnahmen; nach Hartwigs Meinung leisteten die Autonomen Vorbildliches bei der Bekämpfung des Faschismus. Auch Niedersachsens Innenminister Glogowski äußerte »Unverständnis« für die Ermittlungen der Staatsanwaltschaft. – Wie der Zufall so spielt: Im gleichen Jahr hatte der Minister ein Verbot der »Wiking-Jugend« durchgesetzt. Eine Gefahr für den demokratischen Rechtsstaat sah er darin, daß sich zirka 150 unbedarfte Knaben in Lederhosen regelmäßig in einem Heidedorf trafen und am Sonnwendfeuer altgermanisches Brauchtum pflegten – unbewaffnet, wohlgemerkt.

1996 gab es dann einen als »Göttinger Resolution« bezeichneten Aufruf, der von über 1000 Sympathisanten unterschrieben war und die »sofortige und bedingungslose Einstellung des Verfahrens gegen die Autonome Antifa (M)« forderte. Fast die gesamte PDS-Prominenz von Lothar Bisky bis hin zu Krenz und Modrow hatte unterschrieben, daneben DKP-Funktionäre, sechs grüne Bundestagsabgeordnete, aber auch zahlreiche Gewerkschafter, einzelne SPD-Mitglieder und der Allgemeine Studentenausschuß (AStA) von drei Hochschulen.

Am eifrigsten engagierte sich der grüne Spitzenmann Trittin – aus gutem Grund; denn die Göttinger Grünen hatten der Antifa (M) ihr Parteibüro für deren berühmtberüchtigten Mittwochstreffen zur Verfügung gestellt, und Trittin hatte diese schlagfertigen Genossen mehrfach besucht und erst im Juni 1996 vor ihnen einen Vortrag über deutsche Innenpolitik gehalten.

Trittins Biographie erklärt einiges: mit 15 Jahren Beteiligung an Straßenkrawallen in Bremen. 1979 als Mitglied des Kommunistischen Bundes (KB) Einzug in den Göttinger AStA, 1980 Mitgründer der Grünenpartei. – Als der Generalbundesanwalt Siegfried Buback von Linksextremisten ermordet wird und der sogenannte Mescalero-Nachruf »klammheimliche Freude« darüber signalisiert, verweigert Trittin eine Distanzierung sogar noch, als er im Januar 2001 zufällig dem Sohn des Ermordeten begegnet: »Rückwirkend betrachtet, haben wir damals versucht, auf eine vielleicht zu trotzköpfige Art die Meinungsfreiheit zu verteidigen.«

So tolerant er gegenüber Linksextremisten ist, so intolerant ist er gegenüber Demokraten: Bei der FDP sieht er eine »KZ-Wächter-Mentalität«, bei der Bundeswehr die Tradition des Massakers von Lidice und beim CDU-Generalsekretär Laurenz Meyer die »Mentalität eines Skinheads und nicht nur das Aussehen«. – »Bei Trittin, dem verspäteten ›Achtundsechziger‹, wird man den Eindruck nicht los, er habe nur seine Strategie geändert, nicht seine Überzeugungen«, schrieb Stefan Dietrich in der »Frankfurter Allgemeinen« vom 24. Februar 1999.

Zusammen mit anderen Landtagsabgeordneten der SPD und der Grünen versuchte Trittin, Druck auf die Justiz auszuüben, um eine »Kriminalisierung der antifaschistischen Arbeit« zu verhindern. Das Strafverfahren gegen 17 hinreichend Verdächtige ging bis zum Bundesgerichtshof, wieder zurück an das Landgericht Lüneburg und endete mit einer Farce: Die Angeklagten mußten nur je 3000 Mark an eine KZ-Gedenkstätte zahlen und erklären, daß sie das Versammlungsgesetz zur Kenntnis genommen hätten und künftig beachten würden. Einer der Straftäter erklärte zufrieden: »Das Kalkül, uns politisch zu isolieren, ist nicht aufgegangen. Von den Grünen, aus den Gewerkschaften, bis weit aus dem bürgerlichen Spektrum kam Unterstützung.«

Überleben und Gesellschaftsfähigkeit des Kommunismus, autoritäre Tendenzen der »politischen Korrektheit«, der Mißbrauch des Verfassungsschutzes, Gewalt gegen Andersdenkende und antifaschistische Medienhysterie lassen eine Entwicklung erahnen, die letztlich in einer Art »DDR light« enden muß, in der Rekonstruktion eines zusammengebrochenen Gebäudes mit anderen Bauelementen, in einer Diktatur ohne Diktator.

»Die Sklaverei läßt sich bedeutend steigern, wenn man ihr den Anschein der Freiheit gewährt.« (Ernst Jünger)

10.

Kultur

Eine Mutter(sprache) wird schlecht behandelt

Vor längerer Zeit erschien in der »Kommune« (Heft 10/1988) ein Artikel der in Deutschland lebenden Italienerin Marcella Heine. Unter der Überschrift »Deutschland, Deutschland unter alles ... Über die Nöte einer Italienerin mit der (Nicht-)Identität der linken Deutschen«. Dort waren Sätze zu lesen wie die folgenden:

»Sagt mir ein deutscher Freund: ›Ich liebe die Italiener und die italienische Sprache‹, dann freue ich mich von Herzen. Sage ich einem (linken) Deutschen – und gerade ihm möchte ich es sagen: ›Ich liebe die Deutschen und die deutsche Sprache‹, so schaut er mich groß an und zeigt peinliche Berührtheit.«

Die Richtigkeit dieser temperamentvollen Beschreibung bestätigt sich dem aufmerksamen Beobachter heute auf allen möglichen Gebieten. Beginnen wir bei der Kulturarbeit im Ausland!

Als neun Idealisten am 8. August 1951 in der Wohnung eines Münchner Verlegers ein »Goethe-Institut zur Fortbildung ausländischer Deutschlehrer e. V.« gründeten, war nur schwer vorherzusehen, zu welcher Bedeutung und Größe sich der bescheidene Verein schon innerhalb des nächsten Jahrzehnts entwickeln würde. »Der deutsche Film der 20er Jahre oder eine Bauhaus-Ausstellung erwiesen sich als kulturelle Auslandsereignisse ersten Ranges. Polizisten mußten den Andrang regeln«, schrieb der frühere Generalsekretär des Instituts, Werner Ross, in einem Rückblick. Diese Aktivitäten wirkten wiederum auf das Sprachprogramm zurück und lösten eine unerwartete Renaissance internationaler Deutsch-studien aus.

Die Trendwende kam erst, als die 68er Generation die Goethe-Häuser als ideologische Spielwiese entdeckte. Ausstellungen des umstrittenen sozialistischen Plakat-malers Staeck oder Tribunale gegen Regierungen von Drittländern verunsicherten die Freunde Deutschlands und seiner Sprache. Nachfolger des Institutspräsidenten Klaus von Bismarck wurde am 4. April 1989 der links-gerichtete Journalist Hans Heigert (ARD-Magazin »Re-port«; »Süddeutsche Zeitung«), der aus seiner Sympathie für die Spaltung Deutschlands nie einen Hehl gemacht hatte. Zufall oder nicht: Seit Heigerts Amtsübernahme sank die Teilnahme an Deutschkursen im US-Hoch-schulbereich binnen fünf Jahren um 28 Prozent.

In der »Frankfurter Allgemeinen« vom 16. Februar 1996 berichtete ein typischer amerikanischer Deutsch-student namens Mark Lilla über seine Erfahrungen mit dem Goethe-Institut unter der Überschrift »Goethes Mülldeponie/Von einem, der auszog, Deutsch zu lernen«:

»Das erste Wort, das ich gelernt habe, war ›Mülldepo-nie‹ … Es ist ein alter Witz unter Studenten, im Goethe-Institut sei die Gefahr gering, daß man Goethe liest. Aber leider ist dies kein Witz. Aus den vom Institut konzipier-ten Büchern und aus deren Materialien zu schließen, gibt es unter den Mitarbeitern des Instituts eine starke Aller-gie gegen alles, was für sie nach der alten Welt der deut-schen Bildung riecht. In der Bibliothek finden sich zwar die Klassiker in wunderschönen Ausgaben, im Klassen-zimmer hingegen müssen die Studenten ihre Aufmerk-samkeit ausschließlich auf die Gegenwart richten und sich für Diskussionen über Umweltkrisen, Baumsterben, Rechtsradikalismus und Militarismus rüsten …

Nach jeder Erfahrung mit dem Goethe-Institut stellte ich mir die naive Frage: Weshalb gleicht das Institut mehr einer Sonntagsschule für deutsche Bürgerpflichten als einem gastfreundlichen, sich den Schönheiten der deutschen Sprache widmenden Kulturzentrum? Warum ist die Atmosphäre in französischen Kulturzentren, die ich gut kenne, so fröhlich, die in den deutschen so grau und öde? Franzosen sind stolz, Menschen überall in der Welt mit Molière bekannt machen zu können. Warum schämen sich meine deutschen Lehrer Goethes? ...

Es ist kein Zufall, sondern ein Zeichen der Zeit, daß das zweite deutsche Wort, das ich im Goethe-Institut lernte, ›Recycling‹ war.«

Was die Ideologen nicht totkriegen, das schafft die öffentliche Hand. Irenäus Eibl-Eibelsfeld merkt an: »Zur Zeit spart man in Deutschland und Österreich gerade am kulturellen Sektor – der Wissenschaft und Kunst – und damit am Hirn der größeren Gemeinschaft, wenn ich es so verbildlichen darf. Deutschland, das hier einst eine Spitzenstellung einnahm, ist in der Europäischen Union, gemessen am Prozentsatz des Bruttosozialprodukts, der für Forschung ausgegeben wird, auf den viertletzten Platz abgerutscht! ... Geradezu erschreckend ist die Schließung vieler Goethe-Institute.«

Der Rückgang der Deutschschüler in Ost- und Nordeuropa ist dramatisch. Erst 2001 hat die größte finnische Zeitung die deutsche Sprachpolitik als kurzsichtig charakterisiert.

Unübersehbar ist auch der Niedergang der Sprachkultur im deutschen Alltag. Übertrieben? Hören wir der Modeschöpferin Jil Sander zu: »Der problembewußte Mensch von heute kann diese Sachen, diese refined Qualitäten mit spirit eben auch appreciaten.« Oder: »Man muß Sinn haben für das effortless, das magic meines Stils.« Der »Guardian« bemerkte dazu mit britischer Zurückhaltung: »Sanders Sprache ist weniger elegant als ihre Kleider.«

Rolf Breuer, der Vorstandssprecher der Deutschen Bank AG, kommentierte die Fusion mit Bankers Trust wie folgt: »Wenn der eine relationshiporientiert ist und der andere businessorientiert gewesen wäre, hätte es einen clash of cultures gegeben.« – Die Filialen der Deutschen Bank wurden zwischenzeitlich in »Moneyshops« umbenannt.

Ein erheiterndes persönliches Erlebnis ist in diesem Zusammenhang noch der Erwähnung wert: Kurz nach Fertigstellung dieses Manuskripts rief der Steuerberater des Verfassers an und wollte wissen, was der Buchungstext SUB-FRONTLOADING auf einem der vorgelegten Kontoauszüge bedeute. Baldiger Rückruf wurde versprochen; denn im Regal stand ja das neueste Englischlexikon »PONS-Collins Großwörterbuch für Experten und Universitäten«, das sich seiner über 300.000 Stichwörter und Wendungen rühmt. Leider war der gesuchte Begriff nicht unter den 300.000. Nächste Idee: Ein alter englischer Freund des Verfassers ist Journalist und Autor mehrerer Bücher, und der würde schon Bescheid wissen. Leider konnte er nur sagen, daß ein »frontloader« ein Frontlader ist, und er hatte das Wort im übrigen noch nie gehört. Nun ist der Freund schon über 60, hat aber eine Tochter, auch eine Journalistin. Die müßte eigentlich Bescheid wissen; denn wahrscheinlich verstehen nur junge, dynamische Menschen die Sprache der neuen Zeit. Zweiter Anruf, zweite Fehlanzeige! Weder in Deutschland noch in England kennt jemand den geheimnisvollen Begriff.

Jetzt blieb nur noch eine Anfrage bei der Bank selbst. Des Rätsels Lösung lautete: Wenn jemand im Jahr 2001 von seinem Konto Bargeld in Mark abhebt, lautet der Buchungstext wie immer »Auszahlung«, wenn man dagegen Euro abhebt (um in der ersten Januarwoche 2002 Wechselgeld in der Geschäftskasse zu haben), so ist das »Sub-Frontloading«.

Welche Indolenz! Erst werden Tausende Bankange-
stellte mühsam im neuen Bankenchinesisch unterrichtet,
und dann müssen sie viele Stunden damit vergeuden, die
Rückfragen der ratlosen Kunden zu beantworten. Und
alles nur, damit die Direktion mit ihrem Englisch renom-
mieren kann – mit einem Englisch, das es in Wirklichkeit
gar nicht gibt.

Auch die Bestattungsunternehmer wollen offenbar
mithalten und nennen sich seit 2001 »Funeralmaster«.
Die McDonald's-Kette preist ihr Frühstück folgendermaßen: »McMorning, Ham & Eggs: gerührt, not ge-
schüttelt, please«, und setzt erläuternd hinzu: »This but-
ter makes, that die Weizenbrötchen is not alone.«

»Schimpansensprache« lautet der Kommentar von
Prof. Walter Krämer, dem Vorsitzenden des Vereins
Deutsche Sprache, zu diesem infantilen Geplapper.

Richtig ungemütlich aber wurden die Sprachschützer
erst, als Post und Bahn anfingen, ihre Kunden englisch
anzureden. Die Zugauskunft hieß plötzlich »Service-
point«, ein Ortsgespräch »City Call« und ein Auslands-
gespräch »Global Call«. Einhellig protestierten der
Verein Deutsche Sprache (VDS) und das Mannheimer
Institut für Deutsche Sprache (IDS), und die Telekom
bequemte sich tatsächlich, den englischen Phrasen deutsche Erklärungen beizufügen – keine besondere Gnade,
wenn man bedenkt, daß in der alten Bundesrepublik
über 50 Prozent der Bevölkerung und in der Ex-DDR
75 Prozent keinerlei Englischkenntnisse haben.

Auch andere Sprachbewußte protestieren, nennen das
sprachliche Kauderwelsch Engleutsch, Denglisch, Dumm-
deutsch oder Pidgindeutsch und fordern ein Sprach-
schutzgesetz nach französischem Vorbild. Seit 1994 ist in
unserem Nachbarland der Gebrauch von Anglizismen in
amtlichen Verlautbarungen und Korrespondenzen bei
Strafe verboten. Sprachgesetze gibt es übrigens auch in

Polen und Finnland, Terminologiekommissionen in Spanien, Island und anderen Ländern.

Nun läßt sich aber nicht bestreiten, daß die explosive Ausbreitung von Computer und Internet gewisse Fachausdrücke aus dem Vorreiterland Amerika fast zwangsläufig nach sich zieht. Nicht zu leugnen ist auch, daß manche Fremdwörter sich gut eingebürgert und als nützlich erwiesen haben, zum Beispiel Interview, Hobby, Test, Job, Chip usw. Denen will natürlich niemand an den Kragen. Auch die globale Bedeutung des Englischen sollte nicht verkannt werden; denn mit ihm hat sich zum ersten Mal in der Geschichte eine weltweit verstandene Sprache herausgebildet, und das ist für die Menschheit ein gewaltiger Fortschritt, den bisher die wenigsten in seiner Tragweite voll erfaßt haben. Bis dato gab es nur da und dort eine schichtspezifische »lingua franca«, zum Beispiel – als Gelehrtensprache – Latein im Abendland oder – als überregionale Verkehrssprache – Französisch im 18. und 19. Jahrhundert in Europa, Suaheli in Ostafrika, Mandarin im Chinesischen Reich usw.

So erfreulich es ist, daß nun zum ersten Mal alle Menschen auf dem Globus die Chance haben, sich miteinander zu verständigen, so unverantwortlich wäre es, den sprachlichen und kulturellen Reichtum dieser Welt deswegen zu zerstören und in einen Archipel von barbarischen Pidgin-English-Dialekten aufzulösen. – Hier drängt sich einem ein alter Kalauer auf: Ein Gast findet zwei lange rote Haare in der bestellten Hummersuppe und sagt darauf zum Kellner: Ich liebe Hummersuppe, und ich liebe rotes Haar. Aber jedes für sich.

Wenn ein Schüler am Nachmittag mit einem neuen englischen Wort Eindruck machen will, das er am Vormittag gelernt hat, so ist das normales pubertäres Verhalten. Wenn ein junger Dichter auf gleiche Weise imponieren will – dann bitte. Bezeichnend schreibt Martin

Mosebach: »Als ich meinen ersten Roman schrieb, hielt ich es für selbstverständlich, ihn mit allen möglichen entlegenen klangvollen Fremdwörtern aufzuputzen, die beim Sprechen so reizvoll wirkten und ihre reiche Atmosphäre in den Textzusammenhang mitbringen sollten. Ich erinnere mich, daß ich etwa in den Ausdruck ›halkyonische Tage‹ so verliebt war, daß ich ihn unbedingt in meinem Buch unterbringen wollte, wie ein Filmproduzent, der seine Freundin in einen Film hineinzwängt.«

Der amerikanische Dichter und Philosoph Ralph Waldo Emerson hat einmal eine schlichte Wahrheit ausgesprochen: »Es ist ein Beweis der Bildung, die größten Dinge auf die einfachste Art zu sagen.«

Die intellektuelle Hochstapelei ist peinlich; schlimmer sind die Bildungsbarrieren, die durch immer neue überflüssige Anglizismen aufgebaut werden. Das schlimmste aber ist die Kulturzerstörung; denn »Sprachen sind bei weitem das wichtigste Vehikel kultureller Entfaltung und zugleich das wichtigste Element nationaler – übrigens auch persönlicher – Identität« (Helmut Schmidt). Der Altbundeskanzler fährt fort: »Ein Gemeinwesen, das seine Sprache aufgibt, gibt auch seine Seele auf. Es hört auf, ein Gemeinwesen zu sein.«

Ganz ähnlich sieht Jermey Rifkin die Dinge: »Die Strafe für den Holocaust bestand darin, daß die Deutschen sich kollektiv entschlossen, die Idee einer deutschen Kultur zu meiden. Es ist vermutlich nicht unfair zu sagen, daß die ›neuen Deutschen‹ in der Illusion leben, sie seien ein Volk mit einer ökonomischen Zukunft, aber ohne eine kulturelle Vergangenheit.«

Der Germanist Benno von Wiese hat in seiner Autobiographie »Ich erzähle mein Leben« berichtet, wie »mehr und mehr zeitgeistig angekränkelte Germanisten zu Journalisten wurden, um sich an den Kämpfen gegen ihr Fach zu beteiligen«. Das Studium der deutschen Sprache und Kultur als solches wurde von vielen unter »Faschismusverdacht« gestellt. Germanistik sei eine »betont nationale Identitätswissenschaft« und habe seit ihren Anfängen unter den Gebrüdern Grimm »Kurs auf Auschwitz« genommen. Selbst Erforscher Hauffscher Kunstmärchen sähen sich als »Wegbereiter der Katastrophen der Hitlerzeit« diffamiert.

Recht aufschlußreich ist zum Beispiel auch das Buch des Hamburger Redakteurs Fritz J. Raddatz: »Es war schon immer der Wurm drin«: Das Nibelungenlied ist rassistisch (Kämpfe mit dem Hunnen), Grimmelshausen ist faschistisch (Schilderung des Schwedentrunkes und anderer Abscheulichkeiten), Lessings »Nathan« ist antisemitisch (genau das Gegenteil ist der Fall!) und Goethes Gedicht »Es schlug mein Herz geschwind zu Pferde« nimmt einen Sturm der Reiter- SA vorweg.

»Die Deutschen glauben nicht mehr, daß Deutsch eine der großen Sprachen der Welt ist«, bescheinigte uns vor längerer Zeit schon die »Londoner Times«. »Auch ihre Sprache scheint nach 1945 eine Niederlage erlitten zu haben.«

Überhaupt sieht man den Niedergang der deutschen Sprachkultur im Ausland offenbar viel klarer als im Land selbst. Auf der Jahrestagung 2002 des Mannheimer Instituts für Deutsche Sprache, die sich dem Thema »Deutsch von außen« widmete, verschaffte sich die Auslandsgermanistik vernehmlich Gehör. Die »Frankfurter Allgemeine« berichtete: »Man wünscht sich von Deutschen und Österreichern einschließlich ihrer Repräsentanten aus Politik und Wirtschaft als Rückendeckung eine stärkere, auch nach außen vermittelte Wertschätzung der eigenen Sprache. Wenn Germanistikabsolventen in Polen erfahren müssen, daß große deutsche Firmen auf Deutschkenntnisse keinen Wert legen, wenn Engländer ihre perfekten Sprachkenntnisse in Deutschland nicht anwenden können, weil ihnen hartnäckig in schlechtem Englisch geantwortet wird, seien Zweifel am Sinn des Sprachenlernens nicht mehr abzuweisen.

Das gilt auch im östlichen Mitteleuropa, wo Deutsch als Unterrichtsfach noch weit verbreitet ist. Csába Földes berichtete, daß die Anglizismen im Deutschen für den Unterricht in Ungarn echte Probleme aufwerfen, da es kaum noch aktuelle Texte gibt, die ohne solche Einsprengsel auskommen. Sie bereiten den Schülern, für die Deutsch bislang noch oft die erste Fremdsprache ist, beträchtliche Schwierigkeiten – und auch den Lehrern, die vielfach nur wenig Englisch können. Sprachideologische Gegensätze kommen hinzu: In Ländern wie Ungarn, Tschechien oder der Slowakei, die, historisch bedingt, ihre Muttersprachen als Symbole nationaler Identität pflegen und oft puristischen Idealen anhängen, irritiert es Deutschlerner, wenn sie beständig auf »meeting points«, »workshops« oder »events« stoßen. Was in Deutschland oder Österreich als Zeichen polyglotter Modernität gilt, wirkt hier als Anbiederei und Selbstdemontage. Daß, wie Földes im Gespräch berichtete, deutsche Ministerien den Germanistikinstituten erbetene Informationsunterlagen auf englisch zusenden, rundet das Bild ab.«

Wenn zum Beispiel ein deutscher Staatssekretär eine deutsche Buchmesse in Paris mit einer englischen Rede eröffnet, trägt dies natürlich nicht gerade dazu bei, das Interesse für deutsche Sprachstudien zu wecken.

Der »Rheinische Merkur« berichtete am 31. Oktober 1997: »Viele osteuropäische Wissenschaftler mit Deutschkenntnissen sind inzwischen gezwungen, auf Kongressen in der Bundesrepublik den Kopfhörer aufzusetzen, um der Simultanübersetzung zu lauschen. Die Konferenzsprache ist Englisch. Nicht selten quälen sich deutschsprachige Wissenschaftler auf deutschem Boden vor deutschem Publikum auf englisch. Es ist wohl eine Art Bildungsdünkel die Ursache für die Beliebtheit des Englischen in deutschen Breiten.

... Viele Ausländer empfinden gerade die hektische Orientierung am angloamerikanischen Vorbild als unsouverän und provinziell.«

Sänger, Schriftsteller und Co.

Zu Anfang der 60er Jahre konstatierte ein nicht unbekannter österreichischer Kabarettist gegenüber dem Verfasser, in den Medien der Bundesrepublik Deutschland werde Kleinkunst weniger nach Qualität als nach ideologischer Ausrichtung beurteilt nach dem Motto: Gut ist, was links ist. Ungläubiges Staunen über soviel Pessimismus verwandelte sich im Laufe der Jahre in Respekt für diese nüchterne Analyse. Der schwedische Premierminister Olof Palme hat es auf einer Tagung der britischen Labour Party einmal ganz offen ausgesprochen: »Der Marxismus macht es möglich, die Kultur nicht nur als Produkt der Gesellschaft, sondern als Waffe für den Klassenkampf anzusehen, als ein Mittel zur Veränderung der Gesellschaft.«

Und Jahrzehnte später konnte man in Peter Sichrovskys Schrift »Der Antifa-Komplex« die Details nachlesen: »Nach dem Krieg erlebte die politische Kunst – solange sie von links gegen rechts gerichtet war – einen Höhepunkt. Nicht mehr die Qualität zählte, sondern die Botschaft und der politische Inhalt. Künstler galten als kritisch, wenn sie sich mit der nationalsozialistischen Geschichte beschäftigten, den Alltagsfaschismus aufarbeiteten und in ihren Werken festhielten. Eine politisch konservative Kunst durfte es nicht mehr geben. Antikommunistische Inhalte galten als reaktionär, gegen den Fortschritt gerichtet, und jede Kritik an politisch linken Ideen und den kommunistischen Staaten galt als Relativieren der Auschwitz-Schuld.

Der Kampf gegen den Neofaschismus erlebte vor allem dort einen kulturellen Höhepunkt, wo die Kultur von der Subvention durch den Staat lebte. Die Auseinandersetzung mit den Kritikern dieser durch den Staat finanzierten Schuld-und-Sühne-Kultur wurde zum Kreuzzug gegen den Kulturfaschismus erhoben.

Das Ergebnis war eine dumpfe, derbe, kulturlose Mißinterpretation des künstlerischen Wertes der kritischen Kunst.

... In der Hoffnung, daß das schlechte Gewissen den beamteten Geldverteiler zwingt, ein Ansuchen nicht abzulehnen, beschäftigt sich ein Großteil der eingereichten künstlerischen Projekte in Deutschland und Österreich mit dem Zweiten Weltkrieg, dem Holocaust und dem Neofaschismus.«

Produkte derartiger Machart hat der Regisseur Werner Herzog vor Augen, wenn er in einem »Focus«-Interview seufzt: »Diese Holocaustfilme kommen mir schon bei den Ohren heraus.«

Und wie sieht es in der populären Musikszene aus? Zum besseren Verständnis einige Fallstudien:

Der Schlagersänger Gunter Gabriel war im Rundfunk wohl gelitten, solange er mit sonorer Stimme seine Lieder vom einsamen Lastwagenfahrer oder vom unzufriedenen Arbeiter (»Hey Boss, ich brauch' mehr Geld«) sang. Nachdenklicher wurde Gabriel, als er eines Tages in seiner geteilten Heimatstadt Berlin spazierenging und ihm Wandschmierereien wie »Deutschland, verrecke« oder »Deutschland ist tot« auffielen. Er ließ sich darauf von dem bekannten Liedertexter Michael Kunze das Lied »Deutschland ist ...«, eine Art Deutschlandlied des kleinen Mannes, dichten. Der bescheidene Text begann:

Deutschland ist
die Elbe bei Cuxhaven,
das grüne Gras im Allgäu
der Timmendorfer Strand,
der rote Fels von Helgoland.«
Usw.

Mit dem Titel auf der B-Seite einer Single hatte er überraschenden Erfolg beim Publikum ... nicht aber bei den Mediengewaltigen. Plötzlich erklärten Musikredakteure, wie zum Beispiel Achim Hedgen vom SWF III: »Gunter Gabriel wird bei uns prinzipiell nicht gespielt. Das liegt unter unserem Niveau.«

Wolfgang Hahn von NDR II: »Als ich das zum ersten Mal hörte, hat mich ein unangenehmes Gefühl beschlichen. Ich werde das Lied nicht spielen.« Welches Gefühl ihn warum beschlich, sagte er nicht.

Henning Vosskamp vom SFB war da offener: »Ich halte das Lied für einseitig rechts orientiert. Da könnte Nazi-Jubel aufkommen.«

Medienkenner wie Dieter Thomas Heck schüttelten den Kopf: »Mein Gott! Zu Deutschland darf sich jemand wie Gunter Gabriel im Rundfunk nicht bekennen. Aber wenn einer wie der Künstler Joseph Beuys ein Lied gegen Ronald Reagan singt, dann wird das gesendet.«

Auch ein intellektueller Sänger wie Reinhard Mey mußte ähnliche Erfahrungen machen. Solange er geistreich-unpolitische Lieder schrieb, verlief seine Karriere ungebrochen. Als er aber in zwei, drei Stücken Gedankenfreiheit forderte und in seiner »Annabelle« gar die sozialistische Phraseologie verspottete, schlug ihm der konzentrierte Haß der Medienbarone entgegen. Meys schneller Rückzug aus dem politischen Minenfeld war für ihn wohl eine Frage des beruflichen Überlebens. Heute singt er Lieder wie »Alles, was ich habe, ist meine Küchenschabe«. Das darf er.

Die Karriere des jungen Geesthachter Musiktalents Gerd Knesel begann vielversprechend. Als Nichtzigeuner in der »Swing Gypsy Rose« mitspielen zu dürfen, wurde allgemein als Auszeichnung angesehen. Er erhielt schließlich sogar einen Vertrag mit der Plattenfirma RCA. Kurz vorher hatte Knesel aber begonnen, auch politische Lieder wie »Ein Brief aus dem Gulag« zu schreiben, und es waren Gerüchte im Umlauf, er wolle mit Franz Josef Strauß in den Wahlkampf ziehen. Das ging eindeutig zu weit. Der »Stern« löste mit einem längeren, kommentierenden Artikel gegen den »rechtslastigen Sänger« (Nr. 49/1979: »Ich sing' eben für die Staatstreuen«) eine Kampagne aus; öffentlich-rechtliche Fernsehsender wie SWF und NDR folgten. Knesels linke Kollegen Hans Scheibner und Klaus Hoffmann drohten mit der Kündigung ihrer Verträge, wenn RCA sich nicht von dem »faschistoiden« Mann trenne. Die Plattenfirma zeigte sich erpreßbar, und fortan mußte Knesel im Selbstverlag produzieren.

Immerhin wurde ihm 1986 vom Medien-Informationsdienst »rundy« der »Liederpfennig« verliehen. In seiner Laudatio bemerkte »rundy«-Herausgeber Reginald Rudorf: »Gerd Knesel ist der bekannteste Unbekannte unter den deutschen Liedermachern. Jeder in den Medien kennt Knesel. Aber – fast – jeder macht einen Bogen um ihn, Knesel ist aussätzig, weil er etwas tut, was man in der bundesdeutschen Liedermacher-Connection nur bei Strafe der Isolationsfolter tun darf: Knesel singt nämlich nicht links ... Ein Knesel-Lied wie ›Wenn die Roten grünen‹ oder ein Song mit dem Thema ›Afghanistan‹, das für Liedermacher tabu zu sein hat, weil ja in

Afghanistan (wohlgemerkt 1986) nicht die böse US-Army Volkeswille unterdrückt, sondern die nette Rote Armee das Volk schützt, solche Lieder gehören nicht auf die Lippen eines anständigen Deutschen.«

Für Schriftsteller gelten in Deutschland keine anderen Gesetze als für Liedermacher und Sänger. Botho Strauß beispielsweise war bis zu seinem weithin bekannten »Spiegel«-Essay »Anschwellender Bocksgesang« vom 8. Februar 1993 der meistgespielte zeitgenössische deutsche Bühnenautor. 400 Inszenierungen in 30 Ländern – eine erstaunliche Erfolgsgeschichte in einer Zeit, in der deutsche Sprache und Literatur international kein sonderlich hohes Ansehen genießen. In einem vertraulichen Brief an die Redaktion der Zeitschrift »Theater heute« erläuterte Strauß seine nonkonformistische Geisteshaltung: »Sie werden es vielleicht in den letzten Jahren meinen Büchern oder Aufsätzen angemerkt haben, daß das, was man reaktionäres Denken nennt, für mich fruchtbar und anregend war, gleich ob es von Cioran oder Gomez Dávila kam, von Jünger oder Ceronetti. Vielleicht liegt dem nur Entdeckerfreude, übereifriger Nachholbedarf infolge hartnäckiger Tabus zugrunde, vielleicht verdankt es sich auch ganz einfach einem biographischen Stadium, das man früher reifes Mannesalter nannte und das heute leider mit Macht verleugnet werden muß. Ich erhebe Anspruch darauf, den Bildungswandel einer freien Person zu durchleben, und wenn dies zum Rechten hinführt, so erhebe ich wiederum Anspruch darauf, daß auch dem Rechten intellektuelle Gerechtigkeit widerfahre ...«

Als schließlich der »Anschwellende Bocksgesang« noch in dem Ullstein-Sammelband »Die selbstbewußte Nation« erschien, war die Wut der autoritären Linken schier grenzenlos. Pathetisch verkündete man im Dezemberheft 1994 von »Theater heute« den »Abschied von Botho

Strauß« und ließ in der Folge weitere Gleichgesinnte zu Wort kommen, zum Beispiel den KP-nahen Franz Xaver Kroetz gleich dreimal. Der Filmregisseur Erwin Leiser widerlegte den Vorwurf, der politischen Rechten würde keine Gerechtigkeit zugebilligt, mit dem überraschenden Argument, der kritisierte Sammelband sei nicht verboten (!) worden. Und Volker Ludwig sah Strauß in einem »braungesprenkelten Kackhaufen sitzen«.

Während Botho Strauß heute nur noch wenig aufgeführt wird, zählen kommunistische Autoren aus der zweiten Reihe wie der Österreicher Peter Turrini (»Ich habe schon immer ein Faible für eine schöne Ideologie gehabt«) zu den Aufsteigern. Sein Heimatland versteht Turrini als »ideologische Mißgeburt«, aber auch als rassische: »Das Land ist ein europäisches Gemisch mit stark slawischem Einschlag. Diese Promenadenmischung gibt sich als deutscher Schäferhund aus.«

Wie Botho Strauß heute, so war auch Ernst Jünger bis zu seinem Tod im Ausland anerkannt und bei den sozialistischen Kulturschaffenden im eigenen Land verpönt. Wer über 100 Jahre alt wird wie Jünger, hat in seiner Persönlichkeitsentwicklung alle möglichen ideologischen Phasen durchlebt. Entscheidend ist, daß sich der Dichter nach 1933 von den Sirenengesängen Hitlers nicht beeindrucken ließ. Der Diktator schickte ihm ein Exemplar von »Mein Kampf« mit freundlicher Widmung, wollte ihm die Leitung der Preußischen Dichterakademie übertragen und bot ihm schließlich den Präsidentenposten der Reichsschrifttumskammer an. Jünger blieb unbestechlich – ebenso wie nach 1945, als er Kollektivschuldthesen und Befreiungseuphorie ablehnte.

Geradezu prophetisch mutet ein Dossier über die deutsche Kulturszene an, das Carl Zuckmayer im Exil 1943 für den amerikanischen Geheimdienst anfertigte. Dort heißt es, er halte Ernst Jünger »... für den weitaus begabtesten und bedeutendsten der in Deutschland verbliebenen Autoren. Ich glaube, daß sowohl seine wie seines jüngeren Bruders Opposition gegen das Naziregime echt ist ... E. und F. W. Jünger mögen in einem gegen die Nazis gewandten Nachkriegsdeutschland noch isolierter sein als jetzt und werden vermutlich von der Mehrheit der Linkskreise als ›reaktionär‹ abgetan und abgelehnt werden. In Wirklichkeit sind sie weniger reaktionär als viele der ›Progressiven‹, die nichts dazugelernt haben«.

Die Ahnungen des emigrierten Dichters sollten sich bald bestätigen.

Die Fernsehberichte zum 100. Geburtstag Jüngers zum Beispiel boten, sieht man von »Kennzeichen D« ab, durchwegs Polemik und peinliche Fehler. In der »FAZ« vom 29. März 1995 berichtete Michael Rupprecht: »Dem eifrigen Zapper eröffnet die Berichterstattung zu Ernst Jüngers Hundertstem dieser Tage spannende Einblicke. So präsentierte das ZDF-Magazin ›Frontal‹ einen Brief Roland Freislers über Jünger, von dem schon 1993 nachgewiesen wurde, daß er gefälscht ist. Ein Blick ins Zeitungsarchiv hätte darüber schnell Auskunft gegeben ... Man mag heute über Jünger denken, was man will: Die aktuelle Berichterstattung über ihn ist nur in einem Milieu umfassender Desinformation möglich.«

In der »Süddeutschen Zeitung« (Nr. 73/1995) verstieg sich Michael Winter zu folgenden Sätzen: »Die Naturvölker hatten einen wirksamen Schutz gegen das Böse. Vom bösen Geist durfte nicht gesprochen werden. Sein Name war tabu. Diese Chance haben wir bereits verpaßt. Wir hätten E. J. verschweigen müssen. Keine Zeile, kein Wort über E. J. ...«

Meilenweit entfernt von der verschwitzten Polemik deutscher Kleingeister, wie von einem anderen Stern wirkte die Laudatio von François Mitterrand bei Jüngers

Jahrhundertgeburtstag. In der klassischen Tradition französischer Rhetorik begann der Präsident: »Dies ist ein freier Mensch. Verwickelt bis zur Gefahr für sein Leben in den Irrsinn des Jahrhunderts, hält er Distanz zu dessen Leidenschaften. Niemand kann sich seines Blicks oder seines Namens bemächtigen, es sei denn jener Schmetterling in Pakistan, der nun ›Trachidura Jungeri‹ heißt und der sein Stolz ist. Denn dieser Rebell jagt Sandlaufkäfern nach; dieser Soldat schreibt Romane. Dieser Philosoph besitzt eine Lust aufs Leben, die die Zeit nicht zu ermüden vermag. Wenige Werke sind mannigfacher, wenige Geister beweglicher ...«

Zur Situation des deutschen Films hat ein anderer großer Franzose, nämlich Claude Chabrol, kurz und bündig festgestellt, das Kino hierzulande sei tot. In einem Gespräch mit der Deutschen Presse-Agentur fuhr der Altmeister des französischen Films im Dezember 2000 fort: »Das ist dramatisch, denn es war einst das beste Kino der Welt ... Die deutsche Filmindustrie ist an der Basis krank. Ihr ist es nicht gelungen, Talente ... zu halten. Wim Wenders dreht überall, nur nicht in Deutschland. Da stimmt doch irgend etwas nicht.« Nur noch fünf bis elf Prozent des Kinopublikums interessieren sich für deutsche Filme.

Aber kann es denn anders sein? Wer ein Volk verachtet, kann seine Sprache nicht lieben. Und wer das zentrale Element einer Kultur vernachlässigt, ist kulturell nicht wettbewerbsfähig. Das feinste Gespür haben hier wohl die früheren DDR-Dissidenten aufgrund ihrer Erfahrungen mit Intoleranz und Fanatismus, zum Beispiel Siegmar Faust, Schriftsteller und ehemaliger politischer Häftling: »Die Konservativen wiegten sich in dem Irrglauben, es genüge, die Wirtschaft im Griff zu haben. Indem sie die Kultur der Linken überließen, haben sie mitgeholfen, der Kulturnation das Grab zu schaufeln.«

Und die Bürgerrechtlerin Bärbel Bohley, die heute im Ausland lebt, meinte in einem »Spiegel«-Interview: »Noch nie war das politische und geistige Leben in Deutschland auf einem so niedrigen Niveau wie im Augenblick.«

Aber auch geistreiche Westdeutsche wie der Publizist Johannes Gross bekennen offen: »In 40 Jahren wachsenden Wohlstands hat der Staat Bundesrepublik nicht ein einziges Gebäude von architektonischem Rang errichtet, kein großes Denkmal in Auftrag gegeben, keine Musik, kein Bildwerk inspiriert – verschwände sie heute wie von Zauberhand, keine mit Sinnen wahrnehmbare Spur würde an sie erinnern. Durch konkludentes Handeln drückt das politische Phänomen Bundesrepublik einen Inferioritätskomplex aus, mögen seine Politiker auch gelegentlich auftrumpfende Reden halten. Was ihr Selbstbewußtsein wert ist, sagen die Steine, die nichts zu reden haben.«

11.

Einwanderung

»Das Volk auflösen und sich ein neues wählen«

Wie im 7. Kapital beschrieben, war und ist die Idee einer Kollektivschuld in vielen Köpfen unlösbar mit einer Art Rassismus verbunden. Bereits erwähnt wurde auch der Vorschlag des Harvard-Professors E. A. Hooton, die »deutsche Aggressivität« durch Vermischung mit möglichst vielen Einwanderern fremder Nationalität aus dem Volk herauszuzüchten: »Breed War Strain out of Germans«. Warum sollte bei Menschen nicht gelingen, was bei Hunderassen gang und gäbe ist?

Daß dieser Gedanke nicht nur die Privatmeinung eines verschrobenen Gelehrten war, konnte man auch dem Buch von Wendell E. Wilkie »One World« (New York 1943) entnehmen. Dieser Mr. Wilkie, ein früherer Präsidentschaftskandidat, war von US-Präsident Franklin D. Roosevelt zur Ausarbeitung alliierter Kriegsziele nach Moskau entsandt worden, und eines dieser Kriegsziele der US-Seite war zeitweise tatsächlich die »Abschaffung der Reinrassigkeit« (»abolition of racial exclusiveness«) in Deutschland.

Während solche Vorstellungen nach dem Zweiten Weltkrieg bald verschwanden, erlebten sie in den 60er Jahren eine wundersame Auferstehung.

Zum Beispiel bei dem Schriftsteller Rolf Italiaander: »Im Blut vieler Deutscher ist noch das Erbe des Nationalsozialismus virulent, nicht nur in jenen, die ihn leibhaftig erleben mußten, sondern auch in ihren Kindern.« Joseph von Westfalen hält die »deutsche Bestie« gar für den »widerlichsten Typ des Zweibeiners, den die menschliche Rasse bisher hervorgebracht hat«. Hier hilft wohl nur eine Mischung à la Prof. Hooton. Aus ähnlichen Gründen bevorzugt auch Prof. Heinsohn, Sozialpädagoge von der Uni Bremen, »ein vielfältiges Gemisch, das einander mehr Anregung und Abwechslung bereiten könnte als die Öde massiver Teutonenhaufen«.

Ein anderes Argument führt Jutta Limbach (SPD) an, die es immerhin bis zur Präsidentin des Bundesverfassungsgerichts gebracht hat. Wegen der »historischen Verantwortung« nach Holocaust und Naziterror müßten die Deutschen lernen, »mit Fremden zu leben und zu teilen«. Dies gelte auch in Zeiten wirtschaftlicher Krisen. Noch weiter ging der Fernsehredakteur Peter Huemer in der ARD-Sendung »Veranda« am 24. April 1991: »Wir werden teilen müssen unser Geld, wir werden teilen müssen unsere Jobs, unseren Wohnraum, unsere Geschlechtspartner.« Da es nicht so aussieht, als wolle Herr Huemer sein eigenes Geld, seine eigene Wohnung und seine eigene Ehefrau mit konkreten Tamilen oder Zigeunern teilen, ist anzunehmen, daß er nur auf Kosten anderer Leute den Gutmenschen spielen möchte.

Die »Neue Zürcher Zeitung« nennt diese menschliche Spezies mit Schweizer Direktheit die »Schreibtisch- und Maul-Guten« (»NZZ« vom 5./6. November 1988). Noch kritischer fällt ein anderer eidgenössischer Kommentar aus, nämlich der der Schriftstellerin Salcia Landmann: »Daß die heutigen Deutschen sich einreden, sie schuldeten diesen Milliardentribut an die ›Asylanten‹ … dem Andenken der gemordeten Juden, grenzt an Aberwitz.«

Zu dem nebulösen Hang vieler Deutscher zur Selbstaufgabe paßt vielleicht eine Stelle in Heinrich Heines Essay »Tendenzbären und Charakterhelden«: »Es erhob sich im deutschen Bardenhain … jenes vage, unfruchtbare Pathos, jener nutzlose Enthusiasmusdurst, der sich mit Todesverachtung in einen Ozean von Allgemeinheiten stürzte und mich immer an den amerikanischen Matrosen erinnerte, welcher für den General Jackson so überschwenglich beigeistert war, daß er einst von der Spitze eines Mastbaums hinuntersprang, indem er ausrief: ›Ich sterbe für den General Jackson!‹«

Als Indiz für die beginnende Abschaffung oder besser gesagt Entsorgung des deutschen Volkes kann der Bundestagsbeschluß vom 6. April 2000 gelten, gegen die Inschrift »Dem deutschen Volke« über dem Westportal des Reichstagsgebäudes ein Zeichen zu setzen und im Lichthof Nord in riesigen leuchtenden Lettern »Der Bevölkerung« zu schreiben. Der Vater der Idee, der Projektkünstler Hans Haake, fand die historische Widmung des Parlaments »aggressiv«; die Wörter »deutsch« und »Volk« hätten im 20. Jahrhundert eine unheilvolle Rolle gespielt. Der Volksname grenze nicht nur viele Einwohner dieses Landes aus, sondern sei auch angesichts der fortschreitenden Integration Europas fragwürdig.

Wenn eine Mutter vor allem ihr eigenes Kind versorgt oder ein Ehemann nur seine eigene Frau liebt, müßte man nach dieser Logik wohl auch von Diskriminierung der anderen oder gar von einem aggressiven Verhalten sprechen.

Der Vorschlag wurde später mit denkbar knapper – relativer – Mehrheit angenommen, und zwar mit 260 zu 258 Stimmen bei 31 Enthaltungen; 120 Abgeordnete nahmen nicht an der Abstimmung teil.

Nun ist es aber allgemeine Meinung, daß zu einem Staat drei Elemente gehören: Staatsvolk, Staatsgebiet und Staatsgewalt. Dietrich Murswiek, Professor für öffentliches Recht in Freiburg, erläutert dazu (im »Focus« Nr. 52/1999): »Subjekt der Staatsgewalt und Quell der demokratischen Legitimation aller Staatsorgane ist das deutsche Volk (Präambel und Artikel 20). Mit ›Volk‹ ist hier das Staatsvolk gemeint. Dieses umfaßt alle Staatsangehörigen, ungeachtet ihrer ethnischen Herkunft. Der Bundestag repräsentiert das Volk; seine Abgeordneten sind dessen Vertreter (Artikel 38). Sie haben ihr Mandat vom Volk erhalten, damit sie für es die politsche Macht ausüben. Die Regierung hat sich vor der Volksvertretung, diese vor dem Volk zu verantworten. Alle Staatsorgane haben dem Gemeinwohl des Staatsvolks zu dienen. Deshalb geloben Bundespräsident, Bundeskanzler und Bundesminister mit ihrem Amtseid, daß sie ihre Kraft ›dem Wohle des deutschen Volkes widmen‹.

Dies schließt durchaus ein, daß sie auch dem ausländischen Teil der Bevölkerung dienen. Aber Verpflichtungsgrund und -gegenstand sind die Interessen des Subjekts, von dem alle Staatsgewalt ausgeht. Diesen Bezugspunkt durch einen anderen auszutauschen wäre mit dem Grundgesetz unvereinbar.«

Tatsächlich ist es schwer zu verstehen, daß zu einer Änderung der Verfassung eine Zweidrittelmehrheit nötig ist, für eine Änderung des Verfassungsgebers aber nicht.

Angesichts des Ostberliner Arbeiteraufstands von 1953 hat Bert Brecht einmal gespottet, die Regierung sei mit dem Volk unzufrieden; sie gedenke das Volk aufzulösen und sich ein neues zu wählen. 47 Jahre später scheint aus dem Scherz Ernst zu werden ...

Dimensionen der Einwanderung

Aber sind die Dinge wirklich so dramatisch? Lastet der Migrationsdruck nicht auf allen Industriestaaten? – Letzteres ist sicher richtig. Nach Expertenschätzungen wollen zur Zeit rund eine halbe Milliarde Menschen ihre Heimat in der dritten Welt verlassen und in die westlichen Industrieländer auswandern. Meinungsumfragen haben auch ergeben, daß zum Beispiel in Marokko 89 Prozent der Bürger unter 30 Jahren auswandern wollen. Und tatsächlich haben sich fast alle Industrieländer mit der illegalen Einwanderung auseinanderzusetzen. Gegenüber der Bundesrepublik besteht aber ein qualitativer und ein quantitativer Unterschied.

Zum einen ist Deutschland das einzige Land der Welt, in dem der Asylanspruch als einklagbares Grundrecht ausgestaltet ist. Zum anderen ist der Ausländerzuzug in der Bundesrepublik – addiert man alle Arten der Einwanderer – relativ und absolut der höchste. Im klassischen Einwanderungsland USA zählte man in den 80er Jahren 2450 Einwanderer pro Million Einwohner, in der Bundesrepublik dagegen 10.220; 1993 stieg die letzte Zahl sogar auf 15.660. Bei einem Bevölkerungsanteil von 23 Prozent an der EG-Bevölkerung erhöhte sich der Anteil Deutschlands an den Asylbewerbern in Europa von 1989 bis 1992 von 52,6 auf 78,8 Prozent. – Weitere Zahlen: Während in den 80er und 90er Jahren in Deutschland rund sechs Millionen Ausländer legal oder illegal zuzogen, waren es in Großbritannien weniger als zwei Millionen, in Italien weniger als eine und in Frankreich weniger als eine halbe Million. – Von den 686.500 Bosnienflüchtlingen kamen nicht weniger als 410.000 nach Deutschland und Österreich.

Experten rechnen damit, daß etwa um das Jahr 2030 in Frankfurt am Main mehr Ausländer als Deutsche leben werden und daß sich auch in Stuttgart und München der Ausländeranteil der 50-Prozent-Marke nähern wird.

Zwar ist die Zahl der Asylgesuche von der Rekordhöhe von 2,018 Millionen im Jahr 1993 auf 88.290 im Jahr 2001 abgesunken, so daß Deutschland seit vielen Jahren nun nicht mehr Spitzenreiter in Europa ist (England registrierte 88.300 Anträge), aber das Asyl ist nur ein Weg von vielen, um sich in der Bundesrepublik ein warmes Plätzchen zu sichern. Es gibt noch acht andere.

1. Von den Bürgerkriegsflüchtlingen war schon die Rede.
2. Ausgiebig diskutiert, aber wenig praktiziert wurde bisher die sogenannte Green-Card-Regelung, wonach unter bestimmten Voraussetzungen deutsche Firmen ausländische Fachkräfte anfordern können. Wie sich die Dinge hier entwickeln, bleibt abzuwarten.
3. Weniger im Licht der Öffentlichkeit stand bisher die ungemein liberale Praxis des Familiennachzugs. Die entsprechende statistische Kurve näherte sich zu Anfang des 21. Jahrhunderts langsam, aber sicher der Jahresmarke von 100.000. Zu erwähnen wäre in diesem Zusammenhang auch, daß über 50 Prozent der türkischen Männer in Deutschland sich ihre Bräute nicht hier, sondern in der Türkei suchen.
4. Zunehmend problematisch gestaltet sich der Zuzug von Spätaussiedlern – heute fast ausschließlich Rußlanddeutsche –, ihrer Ehegatten und Angehörigen. Während in früheren Jahrzehnten ihre Arbeitsdisziplin und Sprachkenntnisse allgemein geschätzt wurden, versteht heute nur noch jeder vierte Deutsch. Angesichts ihrer grausamen Verfolgung glaubten viele Eltern auch noch nach Stalins Tod, ihren Kindern Gutes zu tun, indem sie ihre Sprache nicht weitergaben. Traurige Wirklichkeit ist jedenfalls, daß Sprach- und Berufskurse zunehmend auf Widerwillen stoßen und der Unterschied zu anderen Zuwanderergruppen immer mehr verblaßt. Allerdings sanken die Aussiedlerzahlen von über einer halben Million im Jahr 1990 auf gut 100.000 im Jahr 2000.
5. Seit 1990 gibt es für auswanderungswillige Russen einen noch einfacheren Weg, in den goldenen Westen

zu gelangen; das Stichwort lautet »Kontingentflücht-
linge«. 1990 beschloß die Bundesregierung nämlich,
jährlich ein gewisses Kontingent an jüdischen Russen
als »Flüchtlinge« in Deutschland aufzunehmen. An
eine politische Verfolgung glaubte Bonn wohl selbst
nicht recht; denn der Fraktionsvorsitzende der
Union, Wolfgang Schäuble, betonte, die Einwanderung solle sich »ohne viel Aufhebens« und »so leise
wie möglich« vollziehen. Nicht einmal das Parlament
wurde eingeschaltet. Bis zur Jahrtausendwende sind
immerhin gut 122.000 Personen als Kontingentflücht-
linge beziehungsweise deren nichtjüdische Angehörige eingewandert. Als Abstammungsbeweis genügt
in aller Regel der Eintrag »Jude« in der Rubrik »Nationalität« des alten sowjetischen Passes. Nun ist es
aber ein offenes Geheimnis, daß man in der ehemaligen Sowjetunion zum Teil schon für 300 Euro falsche
Papiere kaufen kann. Fachleute schätzen den Anteil
der echten Juden unter den Kontingentflüchtlingen
auf 10 bis 30 Prozent. Nach jüdischem Selbstver-
ständnis sind etwa zwei Drittel dieser Einwanderer
keine Juden, da sie keine jüdische Mutter haben. Genau beziffern läßt sich nur der Anteil der Sozialhilfeempfänger; er liegt regelmäßig bei zirka 80 Prozent.
Auch auf jüdischer Seite wurde schon Kritik laut. Der
Präsident des Zentralrats der Juden in Deutschland,
Spiegel, forderte 2001 in der »Allgemeinen jüdischen
Wochenzeitung« eine strengere Prüfung der jüdischen
Herkunft, und Ariel Sharon, seinerzeit noch israelischer Außenminister, meinte am 12. April 1999, es
sei Pflicht der Juden in Rußland, nach Israel zu kom-
men, um das Land zu stärken. A. Arnot, der deutsche
Botschafter in Kiew, beobachtete: »Nur in seltenen
Fällen erklären jüdische Antragsteller, daß sie zum
jüdischen Glauben eine engere Beziehung haben. In

den meisten wird offen zugestanden, daß man nach Deutschland und nicht nach Israel auswandern möchte, weil ... die wirtschaftlichen Bedingungen in Deutschland wesentlich besser sind.«

6. Die stärkste Zuwanderung aber erfolgt zur Zeit nicht an den Grenzen, sondern in den Kreißsälen, wie der langjährige Ausländerbeauftragte Hamburgs, Günter Apel (SPD), 1999 gegenüber der »Welt am Sonntag« feststellte. Die Erklärung liegt natürlich in dem größeren Kinderreichtum der Einwanderer.

7. Das nächste Stichwort lautet »Altfälle«.

Was Bundesinnenminister Schily (SPD) mit schöner Regelmäßigkeit jedes Jahr mitteilt, ist die erstaunliche Tatsache, daß im Durchschnitt nur drei bis vier Prozent aller Asylanträge begründet sind (unter den rumänischen Antragstellern ist gar nur jeder tausendste ein echter Asylfall). Etwa 97 Prozent der Asylbewerber sind also nichts anderes als illegale Einwanderer. Aber sie haben trotzdem gute Karten, zumindest in Deutschland. Schon am 15. Oktober 1991 kommentierte die »Iswestija«: »Ein Flüchtling aus Äthiopien, Sri Lanka, Pakistan etc. braucht nur das Zauberwort ›Asyl‹ auszusprechen, und der deutsche Staat sorgt für ihn mit Wohnung, Essen, Kleidung und Taschengeld, und sein Verfahren um Anerkennung zieht sich jahrelang in die Länge.« Nach drei bis vier Jahren erfolgt in der Regel die endgültige Ablehnung des Antrags und danach die Ausweisung. Ausweisung bedeutet aber noch keineswegs Abschiebung. Denn erstens enthält schon das Ausländergesetz eine Reihe von Gründen gegen die Abschiebung selbst von Schwerverbrechern, zum Beispiel »menschenunwürdige Behandlung« im Heimatland. Man spricht hier vom »kleinen Asyl«. Im übrigen muß der Betreffende nur seinen Paß wegwerfen oder untertauchen und in einem anderen Bundesland mit anderer

Identität wieder auftauchen. Das Spiel beginnt von vorne. Nach acht Jahren hat er es dann geschafft. Er gehört jetzt zu den »Altfällen« und darf »aus humanitären Gründen« nicht abgeschoben werden. Nun ist er eingegangen in das Paradies, wo er als Sozialhilfeempfänger mehr als zehnmal soviel verdient wie durch harte Arbeit in seiner asiatischen oder afrikanischen Heimat.

8. Die allergrößte Einwanderungswelle aber steht Mitteleuropa noch bevor, und sie wird nicht einmal auf dem Mißbrauch, sondern auf der ganz normalen Anwendung von Gesetzen beruhen. Die Rede ist von den zu erwartenden Arbeitsmigranten im Zug der EU-Osterweiterung. Zwei Forschungsinstitute, das Münchner Ifo-Institut und das Bonner IZA, prognostizieren einen Zuzug von bis zu sechs Millionen Osteuropäern im Westen innerhalb eines Jahrzehnts. Nach Schätzungen der EU-Kommission dürften bis zu 67 Prozent von ihnen nach Deutschland kommen. Kein Wunder, denn Experten sehen an der deutsch-polnischen Grenze das steilste Lohngefälle der Welt; die Durchschnittslöhne stehen im Verhältnis 1:11. Schon heute leben etwa 300.000 Osteuropäer legal und weitere 800.000 illegal in der EU, davon zwei Drittel in Deutschland. Auch dieser Umstand erhöht die Attraktivität für Einwanderer. Alle bisherigen Erfahrungen haben nämlich gezeigt, daß Migranten am liebsten in Länder kommen, wo ihre Landsleute bereits Stützpunkte gebildet haben.

Die Aufnahme der Türkei in die EU – von Berlin prinzipiell befürwortet, von der Bevölkerung entschieden abgelehnt – wird uns nach konservativen deutschen Schätzungen zusätzliche fünf Millionen, nach Schätzungen türkischer Intellektueller bis zu zehn Millionen türkischer Einwanderer bescheren.

Befürworter

Es steht also außer Frage: Die Einwanderungswellen rollen permanent an unsere Gestade. Außer warnenden Stimmen hört man aber auch Argumente für einen Ausländerzuzug – ernsthafte und weniger ernsthafte. Zu den letzeren zählt die Behauptung, Deutschland solle künftig ein Einwanderungsland sein, weil es ja jetzt schon eines sei. Diese Begründung ist etwa so plausibel wie die Behauptung, man müsse sich zum Drogenstaat erklären, weil der Rauschgifthandel hierzulande schon eine Tatsache sei.

Zu den unseriösen Argumenten gehört auch die These, die einwanderungsfreundliche Politik und die Vernachlässigung einer aktiven Familien- und Bevölkerungspolitik sei eben eine Abkehr von der nationalsozialistischen Politik der Rassenreinheit mit ihren Mutterkreuzen und »Kinderzuchtprämien«. Das ist zunächst historisch falsch; denn in der Zwischenkriegszeit bekannten sich auch sozialdemokratische Regierungen zu einer aktiven Bevölkerungspolitk, um den ersten großen Geburtenrückgang des Jahrhunderts (von 1900 an) zu stoppen. Auch die Logik dieser Form des »Antifaschismus« ist wenig überzeugend. Wenn grundsätzlich alles, was im Dritten Reich passierte, des Teufels ist, dann müßte man konsequenterweise auch Sport und Gesundheitsvorsorge verbieten ...

Die These vom Einwanderungsland Deutschland wird oft untermauert mit einem Hinweis auf die aktuelle demographische Entwicklung, sprich Rückgang des Kinderreichtums und Schrumpfung der Bevölkerung. Nun gehört die Bundesrepublik mit 210 Einwohnern pro Quadratkilometer zusammen mit England und den Beneluxstaaten zu den am dichtesten besiedelten Ländern Europas. Unsere Nachbarn Frankreich (108 Einwohner pro Quadratkilometer) und Polen (97 Einwohner pro Quadratkilometer) sind mit ihrer Bevölkerungsdichte sicher nicht weniger glücklich als wir. Wo steht geschrieben, daß wir unsere extreme Siedlungsdichte mit Gewalt aufrechterhalten müssen?

Ungleich schwerer als das Argument des Bevölkerungsrückgangs wiegt das der verschobenen Alterspyramide; das heißt, das zahlenmäßige Verhältnis von Jungen und Alten, von Erwerbstätigen und Rentnern verschiebt sich in allen Industrieländern und sogar in den Schwellenländern langsam, aber sicher zu Lasten der Jungen und Erwerbstätigen. Während 1990 erst jeder fünfte Einwohner Deutschlands 60 Jahre oder älter war, wird – nach Berechnungen der Deutschen Gesellschaft für Bevölkerungswissenschaften (DGBW) – 2030 schon jeder dritte zu dieser Gruppe zählen; erst um das Jahr 2050 werden die Spitzenanteile der Alten wieder sinken, weil dann die Tatsache des Geburtenrückgangs seit Mitte der 60er Jahre des 20. Jahrhunderts greift.

Zuwanderung kann das Problem der Überalterung und damit der Belastung des sozialen Netzes nicht lösen, wie der bayerische Ministerpräsident Stoiber in einem »Focus«-Interview (Nr. 35/2000) nüchtern konstatierte: »Um das Verhältnis der Erwerbstätigen zu den Rentnern konstant zu halten, müßten bis 2050 rund 190 Millionen junge Ausländer nach Deutschland zuwandern – mehr noch als das Doppelte unserer Bevölkerung. Ein solches Ausmaß an Zuwanderung wäre nicht mehr integrierbar.« Dies entspricht auch der Meinung der großen Masse der Bevölkerung: Nach Allensbacher Umfragen lehnen es 70 Prozent der Deutschen ab, den Bevölkerungsrückgang durch Einwanderer auszugleichen. Der Bevölkerungsforscher Herwig Burg betonte in einem Gutachten für die bayerische Staatsreierung, die daraus folgenden Risiken wären »wesentlich höher als die mit der Schrumpfung der Bevölkerung verbundenden Konsequenzen«.

Zu ergänzen wäre noch, daß nach den bisherigen Erfahrungen die Einwanderer das soziale System nicht entlasten, sondern belasten. 1967 noch waren die angeworbenen »Gastarbeiter« ganz überwiegend erwerbstätig und erhielten nur 1,3 Prozent des Sozialhilfebudgets. 1998 waren es 23,3 Prozent, obwohl die gemeldeten Ausländer nur sieben Prozent der Gesamtbevölkerung ausmachten.

Um so mehr überraschte im März 2001 ein Thesenpapier des Bundesverbands der Deutschen Industrie (BDI), in dem die Ausweitung der Green-Card-Regelung sowie die Abschaffung der bisherigen Auflagen gefordert wurden. Der Jahresbedarf an ausländischen Arbeitskräften liege bei 450.000. Eine überraschende Aussage; denn die Zahl der Arbeitslosen liegt zumeist an der Viermillionengrenze, die der Sozialhilfeempfänger an der Dreimillionengrenze. Hinzu kommen weitere Millionen Frührentner (Vorruheständler), Umschüler und Menschen in Fortbildungsmaßnahmen und Arbeitsbeschaffungsmaßnahmen – ein Reservoir von rund zehn Millionen potentiellen Arbeitskräften im Inland. Nicht von ungefähr sind Vermutungen laut geworden, die Unternehmer wollten ganz einfach Ausbildungs- und Lohnkosten sparen. Bernhard Jagoda, Chef der Bundesanstalt für Arbeit, berichtet: »Wir haben einen Arbeitslosen zum IT-Fachmann umgeschult. Doch der wird von der Industrie abgelehnt, weil er mit 37 Jahren als zu alt gilt ... Gutausgebildete Leute bleiben auf der Straße, während gleichzeitig viele Unternehmen behaupten, keine Arbeitskräfte zu finden.«

Norman S. Matloff, Informatikprofessor an der Universität von Kalifornien, bestätigt diese Beobachtungen nachdrücklich. Unternehmen entließen oft Tausende von

Angestellten, nachdem sie kurz zuvor von Arbeitskräftemangel gesprochen hatten. Nur zwei Prozent der von ihm befragten Firmen erklärten in einer Umfrage, Mitarbeiter mit mehr als zehn Jahren Berufserfahrung einstellen zu wollen.

Den unlösbaren Widerspruch zwischen kurzfristigen betrieblichen und langfristigen gesamtstaatlichen Interessen scheinen bisher die wenigsten Politiker erkannt zu haben. – Das Konzept dieser Betriebe ist simpel. Man spart zunächst Ausbildungs- und Lohnkosten, und die ungleich höheren Folgekosten nach der nächsten Entlassungswelle trägt natürlich die Allgemeinheit.

Vielleicht könnte auch das japanische Beispiel nachdenklich stimmen. Sieht man von den wenigen hunderttausend koreanischen Gastarbeitern in Japan einmal ab, so bleibt es unbestreitbare Tatsache, daß die Wirtschaft dieses Landes ihren kometenhaften Aufstieg nach dem Zweiten Weltkrieg ohne jede Einwanderung geschafft hat.

Kritiker

Die ungehemmte Völkerwanderung unserer Tage dürfte kaum weniger folgenreich sein als die große Völkerwanderung in Europa vom 4. bis 6. Jahrhundert n. Chr. Die Einwanderungslobby aber scheint für die Folgen blind. So sagte Heiner Geißler (CDU) 1991 auf einer Tagung der Evangelischen Akademie Tutzing: »Durch Asylbewerber und Ausländer hat kein einziger Deutscher auch nur eine Mark weniger verdient oder weniger Rente bekommen oder auch nur einen Quadratmeter Wohnraum verloren.«

Zehn Jahre später kam man bei der Berechnung der jährlichen Kosten unserer Asylpolitik in allen ihren Facetten und auf allen Ebenen (Bund, Länder, Gemeinden) auf weit über 30 Milliarden Mark; im Asyl-Rekordjahr 1992 waren es sogar 35 Milliarden. Allein die nicht heimkehrwilligen Bosnienflüchtlinge kosten den Steuerzahler jedes Jahr über drei Milliarden.

Der bayerische Innenminister Beckstein berichtete im Dezember 2001: »Wir haben gerade den Kopf einer Bande in Haft genommen, der nach interner Buchführung etwa 50.000 Menschen in die Bundesrepublik geschmuggelt hat.« Den Schaden für den deutschen Staat bezifferte er mit zwei Milliarden Mark.

Auch in puncto Wohnraum scheint Geißlers Reich nicht von dieser Welt zu sein; denn nach Angaben des Mieterbunds fehlen in Deutschland rund drei Millionen Wohnungen.

Wenn's wenigstens nur um materielle Dinge ginge! Leider stehen auch höhere Güter auf dem Spiel, nämlich der Frieden. So schreibt zum Beispiel der Verhaltensforscher Eibl-Eibelsfeldt: »Höchst problematisch ist dagegen Einwanderung Kulturferner und der Aufbau der von einigen Utopisten so eifrig propagierten multikulturellen Immigrationsgesellschaft. Sie führt ganz sicher zu Konflikten! Dafür gibt es genügend Beispiele, und zwar aus aller Welt. Xenophobie und Territorialität gehören zu den Universalien.«

Welchen Teil der Welt man auch betrachtet, stets waren die multikulturellen Gesellschaften friedlose Gesellschaften. Vom »Pulverfaß Balkan« sprach man schon im 19. Jahrhundert; in unseren Tagen erlebte und erlebt die Welt die Bestätigung dieser Redensart. Für Sri Lanka, Ruanda, Libanon und den Kaukasus gilt nichts anderes. Allein in letzterer Region verzeichnete man innerhalb kürzester Zeit gleich drei Konflikte: Rußland/Tschetschenien, Armenien/Aserbaidschan und Georgien/Abchasien.

Sicherlich kann ein Vulkan lange Zeit ruhen und die Menschen in trügerischer Sicherheit wiegen. Aber er bleibt ein Vulkan, und der nächste Ausbruch ist nur eine Frage der Zeit.

Es ist eben so, wie der bekannte österreichische Journalist Günter Nenning einmal geschrieben hat: »Ich glaube, jede Nation ist ein Produkt einer multikulturellen Entwicklung. Die Nation ist eine Mischung. Worauf es ankommt, das ist die konkrete Geschichte der Nation, ist das Geheimnis der Mischung. Ganz primitiv gesagt, wenn fünf Fremde zu einem Negerstamm kommen, wird ein Schwein gebraten. Wenn 50 kommen, wackelt der Häuptling mit dem Kopf, sind es sogar 500, wackeln alle mit den Köpfen, wenn 5000 kommen, werden die Speere geputzt und geschliffen.«

Angesichts der blutigen Rassenunruhen, die im Sommer 1992 Los Angeles drei Tage lang heimsuchten, meinte dagegen Heiner Geißler: »Los Angeles ist kein Gegenbeispiel, sondern im Gegenteil ein Beweis dafür, daß multikulturelle Gesellschaft möglich ist.« An den Ausschreitungen seien »bloß« 100.000 Menschen beteiligt gewesen, und das sei bei einer so großen Stadt eben nur eine kleine Minderheit. Die Konflikte im Zusammenleben der unterschiedlichen Gruppen ließen sich durch Information und Erziehung ausräumen. – Ob man durch Information und Erziehung wohl auch das Verbrechen aus der Welt schaffen oder die großen Fische dazu bringen kann, nicht mehr die kleinen zu fressen?

Sehr lehrreich wäre dagegen das Studium der Schweiz gewesen. Grundlage des eidgenössischen Friedens sind nämlich die Achtung der bestehenden Sprachgrenzen und der explizite Verzicht auf Unterwanderung beziehungsweise Kolonisierung. Die vielen Deutschschweizer zum Beispiel, die Jahr für Jahr nach Genf oder Lausanne übersiedeln, dürfen in der Welschschweiz keine deutschsprachigen Kindergärten oder Schulen einrichten; sie müssen Französisch lernen und sich assimilieren. – Ist es nicht erheiternd, daß dieses robuste System einer Leitkultur, Horrorvision unserer Multikulturprediger, den einzig funktionierenden Vielvölkerstaat der Welt hervorgebracht hat?

Sachkenner wie der frühere Ministerpräsident von Nordrhein-Westfalen und Ausländerbeauftragte der Bundesregierung, Heinz Kühn (SPD), haben schon vor vielen Jahren erkannt: »Übersteigt der Ausländeranteil die Zehnprozentmarke, wird jedes Volk rebellisch.« Zählt man die offiziell eingereisten Ausländer und die illegalen zusammen, so stand Deutschland zur Zeit der Jahrtausendwende genau an dieser ominösen Marke, und Bundesinnenminister Schily (SPD) mußte zugeben: »Die Zuwanderung hat die Grenzen der Belastbarkeit überschritten.« Weitsichtig warnte schon 1981 Bundeskanzler Helmut Schmidt auf einer DGB-Versammlung in Hamburg: »Wir können nicht noch mehr Ausländer verdauen, das gibt Mord und Totschlag.«

Aber auch ohne Gewalttätigkeit ist die Entwicklung vorgezeichnet: Die Gastfreundschaft der neuen Heimat wird sehr bald nicht mehr als Großzügigkeit angesehen, sondern als eine Verpflichtung der »Reichen« gegenüber den »Armen«. Man verweigert die Assimilation; der Gastgeber möge sich gefälligst dem Gast anpassen.

Schon seit Jahren verlangen polnische Vereine für ihre Landsleute in Deutschland Anerkennung als offizielle Minderheit in Verkennung der Tatsache, daß der Minderheitenschutz des Völkerrechts die alteingesessene Bevölkerung vor Überfremdung durch Zuwanderer schützt und nicht umgekehrt und außerdem den Besitz der Staatsangehörigkeit des betreffenden Landes voraussetzt. Ähnliche Bestrebungen zeichnen sich auch bei türkischen Organisationen ab.

Sehr deutlich wurde ein Afghane mit deutschem Paß, ein gewisser Walid Nakschbandi, am 19. September 2000 in der »Süddeutschen Zeitung«, wobei man wissen sollte, daß dieser Mann seit 1999 die zum mächtigen Holtzbrinck-Konzern gehörenden TV-Produktionsfirmen AVE, Spektrum-TV und Zeit-TV leitet und unter anderem für die HR-Sendung »Vorsicht! Friedman« und die ARD-Sendung »Friedman« zuständig ist: »Ihr könnt uns herabsetzen, beleidigen, demütigen oder verletzen, aber ihr werdet uns nicht los. Ein Leben ohne uns wird es für euch nicht mehr geben. Die Ibrahims, Stefanos, Marios, Laylas und Sorayas sind deutsche Realität. Ihr werdet es nicht verhindern können, daß bald ein türkischsprachiger Richter über euch das Urteil fällt, ein pakistanischer Arzt eure Krankheiten heilt, ein Tamile im Parlament eure Gesetze mit verabschiedet und ein Bulgare der Bill Gates eurer New Economy wird. Nicht ihr werdet die Gesellschaft internationalisieren, modernisieren und humanisieren, sondern wir werden es tun – für euch. Ihr seid bei diesem leidvollen Prozeß lediglich Zaungäste, lästige Gaffer. Wir werden die deutsche Gesellschaft in Ost und West verändern. Wir Ausländer.«

Das klingt wie eine Kriegserklärung und ist wohl auch so gemeint. Bloß ist Krieg nicht gleich Krieg. Hans Magnus Enzensberger hat für diese Konfliktform den Ausdruck »molekularer Bürgerkrieg« geprägt. Er schreibt: »Der Anfang ist unblutig, die Indizien harmlos. Der molekulare Bürgerkrieg beginnt unmerklich, ohne allgemeine Mobilmachung. Allmählich mehrt sich der Müll am Straßenrand. Im Park häufen sich die Spritzen und zerbrochenen Bierflaschen ... In den Schulzimmern werden die Möbel zertrümmert, in den Vorgärten stinkt es nach Scheiße und Urin. Es handelt sich um winzige, stumme Kriegserklärungen, die erfahrene Städtebewohner zu deuten wissen.« Am Ende stehen, so Enzensberger, Räume, die »off limits« sind, die nicht mehr ungefährdet betreten werden können. Die Bürger von

Marseille und Manchester, von Los Angeles und Johannesburg wissen Bescheid.

Aber bleiben wir in Deutschland, in Berlin! Dort hat sich in mehreren Bezirken seit Beginn der 80er Jahre ein türkischer Mikrokosmos herausgebildet, in dem Türken leben können, ohne auf Kontakte mit Deutschen angewiesen zu sein; sie haben ihre eigenen Gaststätten, Läden, Banken, Reisebüros, Anwälte, Videotheken. Zu Hause spricht man nur Türkisch, und fast die Hälfte der türkischen Erstkläßler versteht kein Deutsch, obwohl sie der zweiten und dritten Einwanderergeneration angehören.

Bundespräsident Rau berichtet: »Ich habe Schulen besucht, ich habe dort Mütter kennengelernt, die konnten kein Wort außer ›Guten Morgen, Herr Bundespräsident‹. Den Satz hatten sie eigens für meinen Besuch eingeübt. Diese Frauen konnten weder selbständig U-Bahn fahren noch in eine Apotheke gehen. Wie sollen sie ihren Kindern in der Schule helfen?« Die Berliner Schulverwaltung hat 2001 72 Grundschulen aufgelistet, in denen mehr als 50 Prozent der Kinder nichtdeutscher Herkunft sind. Die Resultate sind dementsprechend. Ein Viertel aller türkischen Jugendlichen verläßt die Schule ohne Abschluß, etwas mehr als die Hälfte erreicht gerade den Hauptschulabschluß, nur acht Prozent schaffen das Abitur. Was wiederum zur Folge hat, daß in Berlin 42 Prozent aller Türken in erwerbsfähigem Alter arbeitslos sind. Ein Teufelskreis: kein Deutsch, kein Schulabschluß, keine Arbeit. Berlins Schulsenator und Bürgermeister Klaus Böger (SPD) betont: »Da tickt eine sozialpolitische Zeitbombe, zumal ganze Stadtteile umzukippen drohen ... Bislang wurden die Probleme mit der Integration durch Schönreden vernebelt.« Und der frühere Berliner Innensenator Heinrich Lummer (CDU) bringt es auf die Kurzformel: Konflikte schaffen ohne Waffen.

Diese Probleme sind nicht auf Berlin beschränkt; an Münchens Hauptschulen übertrifft der Ausländeranteil schon seit 1993 den der einheimischen Kinder.

Der beschriebene Teufelskreis endet aber noch nicht bei der Arbeitslosigkeit. Die natürliche Fortsetzung ist oft die Kriminalität. 1999 stand in der »Süddeutschen Zeitung«, Nr. 17: »Hinter Gittern ist die multikulturelle Gesellschaft längst Realität. 40 Prozent oder 5200 der 13.000 Häftlinge (in Bayern) sind Ausländer, die aus weit über 100 Nationen stammen. Auch über die Hälfte der 4000 Untersuchungshäftlinge hat einen anderen Paß.«

In Hessen waren zur gleichen Zeit 50 Prozent der Knackis keine Deutschen.

Unübersehbar sind auch die internen Auseinandersetzungen der Ausländer, allein unter türkischen Staatsangehörigen die zwischen Rechts- und Linksradikalen, zwischen Kemalisten und Islamisten oder zwischen türkischen und kurdischen Nationalisten. Unvergessen sind zum Beispiel die kurdischen Autobahn- und Straßenblockaden von 1994.

In seiner Bundestagsrede vom 28. Mai 1993 hat der Ehrenvorsitzende der CDU, Dr. Alfred Dregger, auf einige wenig beachtete Aspekte der deutschen Ausländerpolitik hingewiesen: »Unbestreitbar ist, daß wir für die Finanzierung des Massenmißbrauchs unseres Asylrechts mehr Geld ausgeben als für die gesamte öffentliche Entwicklungshilfe.« Und weiter: »Die Asylbewerber, die zu uns kommen, gehören bestimmt nicht zu den Ärmsten, sonst hätten sie die Reise und irgendwelche Gebühren von Schlepperbanden nicht bezahlen können. Sie sind nach allem, was wir wissen, eher besser ausgebildet als der Durchschnitt der Bevölkerung.«

Später warnte auch ein internes Arbeitspapier des Bundesministeriums für Wwirtschaftliche Zusammenarbeit vor dem »Sogeffekt« von Einwanderungsgesetzen;

ebenso Bundesinnenminister Kanther: »Was tut man den Herkunftsländern an, wenn man ihre schmale, gutausgebildete Mittelschicht absaugt?« Für Afrika errechnete die Weltbank einen volkswirtschaftlichen Verlust pro Kopf eines qualifizierten Abwanderers in Höhe von 60.000 Dollar.

Daß umgekehrt den größten Reibach mit der illegalen Einwanderung die Schlepperbanden machen, ist unbestritten. 59 Prozent der europäischen und 64 Prozent der asiatischen Asylbewerber haben 1992 bei einer Untersuchung bayerischer Ausländerbehörden angegeben, mit solchen Organisationen nach Deutschland gekommen zu sein. Zwischen 3000 und 30.000 Mark kostete seinerzeit eine »Komplettausstattung« inklusive Transport, falsche Papiere etc. Über elf Milliarden (!) DM pro Jahr soll der Profit der Schleuser um die Jahrtausendwende allein an den deutschen Grenzen betragen haben.

Aber da weiß die grüne Europaabgeordnete Ilka Schröder Abhilfe. Immerhin gehört sie einer Partei an, die aus der »konkreten Utopie einer weltweiten Niederlassungsfreiheit« ein »Recht auf Einwanderung« ableitet. Frau Schröder verlangte in ihrem Informationsbrief »Denkpause« allen Ernstes EU-Subventionen für die Schlepperbanden, um die »oftmals zu hohen Gebühren für die Flüchtlinge« zu senken. – Seltsam, daß noch niemand auf den Gedanken gekommen ist, die Mafia zu subventionieren, um die oftmals zu hohen Schutzgelder zu senken.

Verwunderlich ist auch, daß gerade die Grünen, die sich grundsätzlich dagegen sträuben, Autobahnen zu bauen, und über die Zersiedlung unseres Landes klagen, Millionen von Ausländern zur Ansiedlung und damit Zersiedelung unseres Landes einladen wollen. Immerhin wird in Deutschland jedes Jahr eine Fläche von der Größe des Bodensees überbaut. Experten warnen vor einer »dramatischen Entwicklung«, die theoretisch dazu führen könnte, daß schon im Jahr 2077 die Bundesrepublik fast komplett zubetoniert und -geteert ist.

Nach Schweizer Untersuchungen ist Dichtestreß einer der Hauptgründe für die zunehmende Zahl alltäglicher Aggressionen und bestimmter Krankheitsbilder. Ähnlich argumentiert der Verhaltensforscher Paul Leyhausen, Weggefährte des großen Konrad Lorenz. Der Mensch sei kein Massenwesen, und übervölkerte Staaten zeigten die Symptome von »übervölkerten Wolfs-, Katzen-, Ziegen-, Mäusen-, Ratten- oder Kaninchengemeinschaften«, nämlich Streß und Gewalt. Auch amerikanische Fachleute fordern aus dem gleichen Grund ein Einfrieren der US-Bevölkerung auf dem gegenwärtigen Stand.

In seiner Schrift »Wider die Mißtrauensgesellschaft« betont der Verhaltensforscher Eibl-Eibelsfeld, es könne nicht angehen, daß die übervölkerten Länder Europas die »Bevölkerungsüberschüsse anderer Regionen aufnehmen«. Er fährt fort: »Die Einwanderer nehmen mit ihrer Niederlassung auf die Dauer die kostbarste Ressource in Anspruch, die einem Volk zur Verfügung steht, nämlich das Land ... Gestattet ein Volk anderen den Aufbau von Minoritäten im eigenen Lande, dann tritt es praktisch Land ab und belastet sich innerhalb der eigenen Grenzen mit zwischenethnischen Konflikten.«

Aus der Sicht der Einwanderer handelt es sich um eine unblutige Landnahme, aus der Sicht der Einheimischen um einen Verlust der Heimat; denn viele Familien ziehen aus den Ausländervierteln weg, weil sie den Eindruck haben, daß ihre Kinder in mehrheitlich deutschen Schulen mehr lernen oder weil ihnen die Straßen im Kiez zu unsicher geworden sind. Soweit es Vertriebene aus Ostdeutschland sind, verlieren sie ihre Heimat so zum zweiten Mal.

Doppelmoral

In den Stellungnahmen der deutschen Linken bis hin zum linken Unionsflügel (Geißler, Süßmuth, Weizsäcker) spielt die Belastung des Arbeits- und Wohnungsmarkts und der sozialen Sicherungssysteme in der Regel kaum eine Rolle, wenn es sich um die Einwanderer aus Asien, Afrika oder der Balkanregion handelt. Interessanterweise ändert sich das Argumentationsmuster schlagartig, wenn es um Spätaussiedler aus Oberschlesien, um Rußlanddeutsche oder – früher – um DDR-Flüchtlinge geht. Einen wahren Feldzug gegen diesen Personenkreis führte und führt der frühere saarländische Ministerpräsident und SPD-Kanzlerkandidat Lafontaine. In einem Interview mit der »Süddeutschen Zeitung« fragte er zum Beispiel: »Ist es richtig, daß wir allen Bürgern aus der DDR, allen Bürgern Polens, die deutscher Abstammung sind, oder den anderen, die in der Sowjetunion, Rumänien oder anderen Staaten Osteuropas leben – daß wir all denen den Zugriff auf die sozialen Systeme der Bundesrepublik einräumen: Kindergeld, Kranken- und Arbeitslosengeld, Renten?« Mit den deutschen Aussiedlern habe er »nur das Menschsein gemeinsam«.

Ähnlich äußerten sich andere SPD-Spitzen wie Gerhard Schröder oder Johannes Rau. Und Joschka Fischer, seinerzeit noch grüner Umweltminister in Hessen, forderte noch 1986 ausdrücklich, DDR-Flüchtlinge »zurückzuschicken«.

Wie sind diese Widersprüche zu erklären? Eine plausible Erklärung hat Botho Strauß so formuliert: »Zuweilen sollte man prüfen, was an der eigenen Toleranz echt und selbständig ist und was sich davon dem verklemmten deutschen Selbsthaß verdankt ... Intellektuelle sind freundlich zu Fremden, nicht um des Fremden willen, sondern weil sie grimmig sind gegen das Unsere und alles begrüßen, was es zerstört.«

Ein anderer Hintergedanke ist der Äußerung des früheren Berliner Bürgermeisters, Pastor Albertz (SPD), zu entnehmen, der die DDR-Flüchtlinge als konsumsüchtige Anpasser charakterisierte. Der Zorn des frommen Mannes könnte dem Wahlverhalten der Gescholtenen entspringen. Nach der Umfrage der Wickert-Institute von 1989 wählten nämlich DDR-Flüchtlinge und Aussiedler zu 67 Prozent CDU/CSU, 3 Prozent SPD, 4 Prozent Grüne, 6 Prozent Republikaner, 0 Prozent FDP und 20 Prozent keine Parteien.

Bei Umfragen unter den Ausländern in der Bundesrepublik zeigt sich ein anderes Bild. Eine Berliner Ausländer-Testwahl ergab im Jahr 1989 folgende Stimmanteile: Sozialdemokraten 46,8 Prozent, Grüne (AL) 23,8 Prozent, Kommunisten (SEW) 9,1 Prozent, Union 6,2 Prozent.

Spätere Umfragen unter Ausländern waren teils regional, teils national begrenzt, zeigten aber letztlich doch eine klare Tendenz. So betrug der Stimmanteil der Union 1989 (in Gladbeck) 3,9 Prozent; 1993 13 Prozent beziehungsweise (unter Türken) 1,3 Prozent; 1998 8,2 Prozent usw. Bereits zweimal hat der türkische Ministerpräsident Yilmaz seine wahlberechtigten Landsleute in Deutschland aufgefordert, Rot-Grün zu wählen. – 84 Prozent der hiesigen Türken wünschen sich im übrigen eine eigene Partei. Der grüne Abgeordnete Cem Özdemir hat es an Deutlichkeit nicht fehlen lassen: »Was unsere Urväter (1683 mit Feuer und Schwert) vor den Toren Wiens nicht geschafft haben, werden wir mit unserem Verstand schaffen.«

Schon 1971 hatten kommunistische Aktivisten anläßlich einer »antikapitalistischen und antifaschistischen Woche« in Zürich geklagt, mit einem zufriedenen Volk lasse sich keine Revolution machen; Träger einer solchen könnten nur unterpriviligierte Einwanderer sein. »Proletarier aller Länder, vereinigt euch«, dieser Schlußsatz aus Karl Marx' »Kommunistischem Manifest« von 1848 erfährt nach anderthalb Jahrhunderten die aktuelle Ergänzung: »... und kommt nach Europa!«

Wenn man kein Proletariat hat, muß man es eben importieren, damit sich die heiligen Schriften der roten Propheten erfüllen und man wieder von einer »Neuen Armut« reden kann. Zu letzerem Schlagwort existiert übrigens eine aufschlußreiche Studie des Zentrums für Sozialpolitik der Uni Bremen. In dieser »Bremer Langzeitstudie« kommt man zu dem Ergebnis, daß die gestiegene Zahl der Sozialhilfeempfänger ausschließlich auf die verschiedenen Formen der Zuwanderung zurückzuführen ist. Ohne diese wäre die Zahl derer, die »bereits vor Eintritt ihrer Notsituation ihren Wohnsitz in Deutschland hatten«, seit Mitte der 80er Jahre sogar rückläufig gewesen.

Innerer Friede

Wie schon erwähnt, registriert man rassistisch motivierte Übergriffe in allen Ländern, die in den Genuß der multikulturellen Gesellschaft gekommen sind. 1991 zum Beispiel gab es in England 7780 solcher Vorfälle, in Deutschland 2427. Aber im Land des Common Sense käme niemand auf die Idee, hieraus auf wachsenden Rechtsextremismus zu schließen. Man weiß, daß die multikulturelle Utopie nur dann problemlos funktioniert, wenn alle Menschen Engel sind, und man weiß auch, daß sie es leider nicht sind. In Deutschland scheinen das nur die Experten zu wissen. Im Auftrag des Bundesfamilienministeriums wurde im Jahr 1993 eine umfangreiche Untersuchung vorgelegt, die den Titel »Fremdenfeindliche

Gewalt: Eine Analyse von Täterstrukturen und Eskalationsprozessen« trug. Die Erkenntnisse waren wenig dramatisch. Die Täter seien hinsichtlich ihrer Motive »zu heterogen, als daß sie pauschal als rassistisch oder rechtsradikal etikettiert werden könnten«. Nicht eine gemeinsame Ideologie, sondern dumpfe Gefühle seien das Gemeinsame der unterschiedlichen Tätergruppen. Nur ein Viertel der Täter könne rechtsextremen Gruppen zugeordnet werden. Reisende Krawallmacher oder längerfristige Planung (wie bei den linksextremen Gewalttätern) kämen äußerst selten vor. In der Mehrzahl der Fälle spielten Alkohol und gruppendynamische Zwänge eine ausschlaggebende Rolle. Nach dem 1992er Verfassungsschutzbericht für Nordrhein-Westfalen wurde nur bei zwölf Prozent der Täter, die Delikte gegen Ausländer begangen hatten, ein »rechtsextremistischer Vorlauf« festgestellt.

In der Tat ist schwer einzusehen, warum ein Schlägertyp, der heute im Fußballstadion randaliert, morgen einen Behinderten oder einen Obdachlosen überfällt und übermorgen einen Farbigen, partout rechtsradikal sein soll. Eher fündig wird man schon bei den linken Parolen der 68er Revolte. Wer hat schließlich »law and order« lächerlich gemacht und den »Widerstand« gegen die »strukturelle Gewalt des kapitalistischen Systems« gepredigt? Wer hat »Gewalt gegen Sachen« und »begrenzte Regelverstöße« entschuldigt? Und wer hat gegen Vermummungsverbot, Rasterfahndung und Landfriedensbruch-Paragraphen und für ein liberales Strafrecht, insbesondere ein milderes Jugendstrafrecht, gekämpft? Es waren im wesentlichen die gleichen, die jetzt für mehr Härte gegen rechtsradikale Jugendliche plädieren. In der »FAZ« vom 5. März 1993 äußert Konrad Adam den »Verdacht, die rechten Schüler könnten ein Vermächtnis linker Lehrer sein ... Nichts zu lernen, Gewalt zu üben und die eigenen Wünsche über die aller anderen zu stellen – das braucht man niemandem beizubringen. Kindern schon gar nicht.«

Eine wichtige Rolle beim Heraufbeschwören des rechtsradikalen Phantoms spielen zweifellos die Massenmedien. Zur Verdeutlichung denke man zum Beispiel an das Musical »West Side Story«. Jeder kennt die Handlung, bei der es um Auseinandersetzungen zwischen zwei Jugendbanden geht; auf der einen Seite die Jets, Weiße aus der New Yorker Unterschicht, auf der anderen Seite die Sharks, eingewanderte Puertorikaner. In puncto Aggressivität und Gewaltbereitschaft steht keine Gang der anderen nach. Würde diese fiktive Story im heutigen Deutschland Wirklichkeit, dann könnte man davon ausgehen, daß über die Gewaltakte der Einheimischen auf der ersten Seite der Zeitungen ausführlich, über die der Einwanderer aber auf der vorletzten Seite nur ganz kurz berichtet würde.

Demgegenüber spricht die unbestechliche Kriminalstatistik eine andere Sprache, wenn man das Täter-Opfer-Verhältnis nach Nationalitäten aufschlüsselt. Hier zum Beispiel die Berliner Mordfälle des Jahres 1998:

Täter	Opfer	Prozent aller Straftaten
deutsch	deutsch	55,5
deutsch	nicht deutsch	5
nicht deutsch	nicht deutsch	27,7
nicht deutsch	deutsch	11,8

Die Ermordung eines Deutschen durch einen Ausländer ist also mehr als doppelt so wahrscheinlich wie der umgekehrte Fall.

Ein veritables Lehrstück war 1992 der Mordfall Kaindl in Berlin. 12 bis 14 Mitglieder der linksextremen türkischen Gruppe »Antifasist Genclik« (antifaschistische Jugend) hatten sich mit Hieb- und Stichwaffen ausgerüstet und ein Chinalokal überfallen, wo sieben Männer aus der rechten Szene beim Abendessen saßen. Mehrere Rechte wurden verletzt, einer davon lebensgefährlich, Gerhard Kaindl erstochen. Die Vorsitzende Richterin erklärte, die Antifa-Gruppen genössen in der liberalen Bevölkerung (!) viel Sympathie. Entsprechend mild war das Urteil: Drei Mitglieder der Todesschwadron kamen mit drei Jahren Gefängnis wegen Körperverletzung mit Todesfolge und Teilnahme an einer Schlägerei davon, zwei erhielten Bewährungsstrafen und zwei wurden freigesprochen. Kommentar der Richterin: »Eine Welle der Entrüstung würde über uns hereinbrechen, wenn wir im umgekehrten Fall dieses Urteil gegen Rechte gefällt hätten.« – Zum Vergleich: Der ehemalige NPD-Vorsitzende Günter Deckert verbüßte bis Oktober 2000 eine Freiheitsstrafe von mehr als vier Jahren wegen Beleidigung und Volksverhetzung; er hatte nicht an die Gaskammern von Auschwitz glauben wollen.

»Ausländerfeindlichkeit«

George Bernard Shaw hat gesagt: »Ein guter Schlachtruf ist die halbe Schlacht.« Die Karriere des Schlagworts »Ausländerfeindlichkeit« demonstriert die Richtigkeit dieser Erkenntnis in überzeugender Weise.

In seiner bereits erwähnten Rede vom 26. Mai 1993 zur Asylrechtsreform mußte Dr. Alfred Dregger (CDU) feststellen: »Unsere Mitbürger sind empört, wenn sie von manchen Politikern und Medien der Ausländerfeindlichkeit verdächtigt werden, während sie doch lediglich versuchen, sich aus ihren handgreiflichen Erfahrungen ein Urteil zu bilden. Das verstört und verletzt die Menschen. Manchmal entsteht bei ihnen sogar der

Verdacht, daß das undifferenziert ausgesprochene Wort ›Ausländerfeindlichkeit‹ von der Politik als Kampfbegriff zur Ruhigstellung des eigenen Volks verwendet wird. Ich kann nur warnen, meine Damen und Herren. Es wäre besser, wenn wir zugeben würden: Nicht das deutsche Volk hat in der Asylfrage versagt, sondern die deutsche Politik hat in der Asylfrage versagt.«

Zu ergänzen wäre, daß der genannte Kampfbegriff, so wie er heute öffentlich verwendet wird, auch noch eine Mogelpackung darstellt. Jede Kritik an einer schrankenlosen Masseneinwanderung soll wider besseres Wissen als ausländerfeindlich und rassistisch denunziert werden. Dazu ein Beispiel: Wenn ein Vater sagt: »Ein ausländischer Schwiegersohn kommt mir nicht ins Haus«, dann ist das Ausländerfeindlichkeit. Wenn aber ein Politiker sagt: »Wir haben schon Millionen eigene Arbeitslose, wir können nicht auch noch die Arbeitslosen anderer Länder übernehmen«, dann ist das nur gesunder Menschenverstand. – Der Verfasser muß gestehen, daß er seinen linken Freunden manchmal mit ernster Miene vorschlägt, Afrikas Bevölkerungsüberschuß von zirka 90 Millionen pro Jahr nach Deutschland einzuladen. Wenn dann der Gesprächspartner zögert, wird gleich nachgesetzt, ob der Betreffende vielleicht ein Ausländerfeind oder gar ein Rassist sei; denn er sperre sich gegen den Vorschlag nur, weil er die Neger hasse.

Ein aufschlußreiches Buch hat der Berliner Politologe Hajo Funke 1991 unter dem Titel herausgebracht: »Jetzt sind wir dran .../Nationalismus im geeinten Deutschland«. Dort steht zum Beispiel der Satz: »Wir sollten jeden Ausländer, der gern in unserem Land leben will, willkommen heißen.« Wer diese Aussage ablehnt, ist nach Funke »Ethnozentrist« und »Ausländerfeind«.

Wie verbreitet diese absurde Weltsicht ist, kann man auch dem Verfassungsschutzbericht des Landes Nordrhein-Westfalen vom Jahr 2000 entnehmen, wo die Wochenzeitung »Junge Freiheit« unter anderem mit folgender Begründung in die Nähe des Rechtsradikalismus gerückt wird: »Die ... Agitation der ›JF‹ gegen die multikulturelle Gesellschaft offenbart ... die Vorstellung, daß eine ›ethnisch homogene‹ Bevölkerung als Ideal angesehen wird beziehungsweise anzustreben sei.« – Daß andere wie zum Beispiel Altbundeskanzler Helmut Schmidt die multikulturelle Utopie noch viel schärfer kritisieren, scheinen die sichtlich unbedarften Verfassungsschützer nicht mitbekommen zu haben. Vor allem haben sie nicht begriffen, daß die schrittweise Abschaffung des Verfassungsgebers »deutsches Volk« nichts anderes als einen unblutigen Staatsstreich darstellt und demnach die wirklichen Verfassungsfeinde ... sie selbst sind.

Auch die Lufthansa ließ sich von der Mogelpackung »Ausländerfeindlichkeit« täuschen und deklarierte in Form von Aufklebern auf den Flugzeugsitzen ihr »Nein zum Ausländerhaß«. Mit gleichem Recht hätte man schreiben können: »Nein zum Diebstahl« oder »Nein zum Mord«. Der unbefangene Ausländer jedenfalls mußte den Eindruck gewinnen, die Deutschen seien – da sie ja solcher Belehrung bedürften – ein verdammt gefährlicher Haufen.

Über ein bezeichnendes Paradoxon berichtete die »Welt am Sonntag« am 5. September 1993: »Auch Ausländer äußern sich zunehmend ausländerfeindlich. Dabei handelt es sich vielfach um Gastarbeiter, die schon lange in Deutschland leben und gegen jüngst zugewanderte Asylbewerber Front machen, weil diese angeblich das Ansehen von Ausländern generell schädigten.«

Der Politologe Bassam Tibi, Professor für Internationale Beziehungen an der Universität Göttingen – der gebürtige Syrer ist übrigens der Erfinder des Begriffs »deutsche Leitkultur« –, berichtet: »Ghetto-Muslime feinden mich an, weil ich mich integrieren will; deutsche Multikulturalisten grenzen mich aus, weil ich eine andere Meinung habe als sie.« Narrenschiff Deutschland! Deutsche »Ausländerfreunde« feinden Ausländer an, weil sie gute Staatsbürger sein wollen, und »legale« Ausländer kritisieren illegale Einwanderer, die ihren Ruf ruinieren.

Scharf beobachtet Hans Magnus Enzensberger in seiner Schrift »Die Große Wanderung« (1992): »Die multikulturelle Gesellschaft bleibt ein konfuses Schlagwort, solange man die Schwierigkeiten tabuisiert, die ihr Begriff aufwirft, aber nicht klärt.«

Einige Bundesländer »lösen« die Probleme der multikulturellen Gesellschaft mittlerweile, indem sie die Ausländerkriminalität in den polizeilichen Statistiken nicht mehr auszuweisen. Auch die ständigen Mahnungen, die Einwanderungsproblematik aus dem Wahlkampf herauszuhalten, liegen auf dieser Linie. Diejenigen, die solches fordern, scheinen in ihrer demokratischen Reife nicht über das Jahr 1838 hinausgekommen zu sein. Damals nämlich prägte der preußische Innenminister von Rochnow das mittlerweile geflügelte Wort vom »beschränkten Untertanenverstand.«

Der zitierte Professor Bassam Tibi berichtet in einem »Focus«-Interview: »Ich war selber ein Linker, ich war SDS-Aktivist, habe bei Adorno und Horkheimer studiert und linke Zeitschriften mit getragen. Wir waren damals für Emanzipation, Transparenz und Abbau von Tabus. Die Linken sind heute für Tabus, gegen Transparenz, gegen Rationalismus. Wir wollten damals Verbote abbauen – die Linken heute führen Verbote ein.«

Auch der kleine Mann merkt allmählich, daß sich unter dem Deckmantel der politischen Korrektheit eine neue Gesinnungsdiktatur entwickelt. Nach Ermittlungen des Instituts für Demoskopie in Allensbach glauben 61 Prozent der Deutschen (66 Prozent im Westen, 42 Prozent im Osten), Asylanten seien ein »heikles Thema, bei dem man sich leicht den Mund verbrennen kann, wenn man darüber spricht«.

Was tun?

Das Klima von Tabuisierung und Hysterie scheint eine spezifisch deutsche Errungenschaft zu sein; alle anderen Völker dieser Welt – ausgenommen vielleicht die verwandten Österreicher – sehen diese Dinge ungleich nüchterner und pragmatischer. Wie »superliberal« unser Ausländerrecht (so Exminister Kinkel, FDP) im internationalen Vergleich ist, zeigt unter anderem das türkische Recht. Sogar die ausländische Ehefrau eines Türken muß jährlich ihre Aufenthaltsgenehmigung erneuern lassen.

Japan gewährt grundsätzlich kein politisches Asyl; von Anfang 1982 bis Ende 2000 wurden nicht mehr als 265 Asylbewerber anerkannt.

Auch andere Staaten verfahren recht unsanft mit ungebetenen Gästen:

- Holland verkürzte die Asylverfahren auf eine Instanz,
- Belgien operiert mit Heimunterbringung und reinen Sachleistungen,
- Italien mit minimalen Sozialleistungen,
- Dänemark erlaubt keinen Familiennachzug bei Sozialhilfeempfängern,
- Australien und neuerdings die Niederlande setzen auf Zeltlager.

In Deutschland erinnert man sich noch an den großen Aufschrei, als Altbundeskanzler Helmut Schmidt 1992 in einem Interview mit der »Frankfurter Rundschau« grenznahe Lager für Asylanten forderte.

Ähnlich verhielt es sich mit dem Vorschlag, ausländische Straftäter zum Strafvollzug in ihre Heimat zu verbringen. Hierzu schrieb Christian Wulff, Rechtsanwalt und Landesvorsitzender der Niedersachsen-CDU (»Focus« Nr. 6/1996): »Viele Kriminelle aus den ärmsten Ländern Europas empfinden unseren Vollzug als keineswegs unangenehme Unterbringung mit bester Verpflegung und Verdienstmöglichkeiten. Dabei leben sie teilweise besser als rechtstreue Bürger in ihrem Heimatland ... Auch bei einer Kostenerstattung an die Herkunftsländer würden wir angesichts der bei uns anfallenden Kosten von fast 200 Mark pro Hafttag Hunderte von Millionen einsparen.«

Aus dem Vorschlag wurde nichts, ebenso wie aus dem des kroatischen Botschafters in Bonn, Ilič (im Deutschlandfunk am 31. Juli 1992), Bosnienflüchtlinge aus humanitären Gründen lieber heimatnah in Kroatien unterzubringen, wo sie sich in ihrer eigenen Sprache verständigen könnten. Außerdem käme man dort pro Flüchtling mit sechs Mark täglich aus gegenüber 50 Mark in Deutschland. Der Publizist Johannes Gross hat wohl recht, wenn er schreibt: »Es gibt zwei Typen von Einwanderungsländern. Die einen, wie die USA, legen pedantisch fest, welche Leute sie hereinlassen, ökonomisch und sozial integrieren können. Die anderen, für die es bis jetzt nur ein historisches Beispiel gibt, bevorzugen Zuwanderer, mit denen sie nichts anfangen können, aber die sie wenigstens unterstützen wollen.«

Rein völkerrechtlich ist kein Staat verpflichtet, Ausländer auf sein Hoheitsgebiet zu lassen; dies gilt auch für politisch Verfolgte. Jeder Staat ist berechtigt, die Bedingungen selbst festzulegen, unter denen er Einwanderung erlaubt. Er kann Integration, Akkulturation und/oder Assimilation verlangen. »Aller Erfahrung nach entstehen Wanderungsbewegungen nur dann, wenn nicht nur ein großer Abwanderungsdruck in den Herkunftsregionen, sondern auch in den Zielgebieten eine gewisse Aufnahmebereitschaft herrscht«, schreibt Stefan Augenendt in der Zeitschrift »Internationale Politik« (Nr. 4/1999).

Was tun? spricht Zeus. Ein einleuchtender Vorschlag kommt von Prof. Kai Hailbronner, der in Konstanz Völker- und Europarecht lehrt: Harmonisierung des europäischen Asyl- und Flüchtlingsrechts, faire Verteilung der Schutzsuchenden auf alle Mitgliedsstaaten und Bestreitung der anfallenden Kosten aus Mitteln der EU (»FAZ« vom 17. Mai 2001). Bei dem bekannt schwachen Durchsetzungsvermögen der deutschen Repräsentanten in Brüssel kann aber vermutet werden, daß es zu einer solchen fairen Lastenverteilung nicht kommen wird. Bleibt also nur der Weg, die Attraktivität des deutschen Systems für Migranten auf das Niveau der Partnerländer abzusenken.

Eine grundlegende Reform des Sozialhilferechts würde auch den vermeintlichen Arbeitskräftemangel schnell beheben; denn seit 1992 haben sich Löhne und Sozialhilfe weitgehend angenähert. Nach Mitteilung des Bundesfinanzministeriums hatte ein »repräsentativer Arbeitnehmerhaushalt« mit zwei Kindern monatlich netto 2738 DM zur Verfügung gegenüber 2659 DM Sozialhilfe bei einem identischen Haushalt. In den östlichen Bundesländern hatten die Sozialhilfeempfänger sogar schon einen Vorsprung: Hier betrug die obige Relation 2112 DM zu 2279 DM.

»Einwanderung wird gegenwärtig zur heilbringenden Medizin bei der Bewältigung der großen Herausforderungen der Zukunft hochstilisiert«, staunte anno 2001 der Präsident des Hamburgischen Welt-Wirtschafts-Archivs (HWWA), Thomas Straubhaar. Im deutschen Arbeitsmarkt schlummerten aber »mehr als nur stille Reserven«, nämlich verlängerte Lebensarbeitszeit – an sich eine logische Konsequenz der gestiegenen Lebenserwartung – und mehr Erwerbstätigkeit von Frauen; sie liegt hierzulande bei nur 62 Prozent gegenüber 76 Prozent in Skandinavien, das obendrein eine höhere Geburtenrate hat.

Hermann von Laer, Professor für Wirtschaftspolitik, ergänzt: (Es wird) »… immer übersehen, daß jährlich etwa 100.000 Deutsche auswandern. Bei ihnen handelt es sich zu einem großen Teil um gutausgebildete Fachkräfte … Wenn es gelänge, zumindest einen Teil dieser ausreisewilligen deutschen Fachkräfte zu halten, dann wäre damit wirtschaftlich mehr gewonnen als mit allen Green Cards zusammen.«

Daß Deutschland im Jahr 2000 die niedrigste Geburtenrate in der EU hatte, wie das Europäische Statistikamt (Eurostat) mitteilt, war keineswegs schicksalhaft. Daß es auch anders geht, haben uns unsere Nachbarn im Westen und Norden vorgemacht. Der französische Demograph Herve-Le Bres berichtete (»FAZ«-Magazin vom 15. November 1996): »In Frankreich hat sich eine entsprechende Mentalität entwickelt: Der Staat will Kinder, also soll er sich auch um sie kümmern. Es gibt für Großfamilien viele soziale Privilegien, und die Kinderzulagen werden mit jedem neuen Baby höher. Mütter sind meistens berufstätig. Ihre Kleinkinder werden in Krippen, später Kindergärten betreut und viel früher als in Deutschland eingeschult. Es existieren Kantinen, und die Hausaufgaben können unter der Aufsicht von Lehrern im Klassenzimmer gemacht werden, bis die Eltern von der Arbeit nach Hause kommen.«

Die nötige Förderung der Teilzeitarbeit von Frauen ist wichtig, aber auch die Anrechnung der Kindererziehungszeiten in der Rente, ganz allgemein ein Ende der Benachteiligung von Familien gegenüber Kinderlosen. Solange erleichterte Abtreibungen und Homo-Ehen im

Mittelpunkt des Interesses stehen, sind wir von dem dringend erforderlichen Umdenken noch meilenweit entfernt. In einem Interview betont der bayerische Ministerpräsident Stoiber:

»Statt jetzt gegenzusteuern und mit Finanzhilfen die Entscheidung für Kinder zu erleichtern, dehnt Schröder auf Druck der Grünen willkürlich Leistungen auf nachrangige Bereiche aus und will homosexuelle Partnerschaften sogar in die Sozialversicherung einbeziehen. Hier werden die Prioritäten in skandalöser Weise falsch gesetzt.«

Neben der politischen und materiellen Seite darf aber die soziologische und psychologische Seite des Problems nicht unterschätzt werden. Seit der Emanzipationsbewegung im 19. Jahrhundert glaubte man vielfach, die Frauen von »Kindern, Küche, Kirche« befreien zu müssen. Hausfrauen und Mütter wurden als »Heimchen am Herd« belächelt. Auch heute zählt für viele nur die »Powerfrau«. Nichts gegen die Frau, die Karriere macht. Aber auch nichts gegen die Hausfrau, die ihren Kindern zuliebe die Karriere zurückstellt. Wie sich eine Frau auch entscheidet, man sollte jeder Entscheidung den gleichen Respekt entgegenbringen. Nur allzu verständlich ist der Leserbrief einer Mutter in der »Frankfurter Allgemeinen«: »Meine Kinder empfinde ich als außerordentliche Bereicherung meines Lebens. Wütend macht mich jedoch die fehlende gesellschaftliche Anerkennung. Mich überkommt immer wieder der Eindruck, daß man in diesem Land als ›Hausmütterchen‹ nichts mehr zählt.«

Genau diesen wunden Punkt hatte der Präsidentschaftskandidat der Unionsparteien, Steffen Heitmann, 1993 unter anderem angesprochen und sich dadurch den tödlichen Haß des linken Medienkartells zugezogen. Seiner anonym zitierten Aussage »Die Leistung der Frau als Mutter muß wieder höher bewertet werden« stimmten bei Meinungsumfragen 78 Prozent zu. Obwohl Heitmann mit dieser und seinen anderen Aussagen nur die Meinung einer übergroßen Bevölkerungsmehrheit ausgesprochen hatte, bejahten nur 19 Prozent die weitere Frage, ob Heitmann sage, »was viele Leute wirklich denken«. Die Mehrheit der Befragten glaubte, Heitmann habe ein »überholtes Frauenbild«, obwohl er ja nur ihr eigenes hatte. Ein klassisches Beispiel für Medienmanipulation, aber auch für den unterschwelligen Kleinkrieg gegen Mütter und Familien.

Der Direktor des Instituts für Bevölkerungsforschung und Sozialpolitk der Uni Bielefeld, Herwig Birg, fordert ein neues »Bevölkerungsbewußtsein«, das nicht von selbst entstehe, sondern wie das Umweltbewußtsein erst mit viel Aufklärungsarbeit geschaffen werden müsse.

Doch zurück zu den Einwanderern!

Ein kaum wahrgenommenes Integrationshindernis sei zum Schluß angesprochen. So schreibt in der »SZ« vom 6. Oktober 2000 Sonja Margolina, die als russische Jüdin über den Verdacht der »Deutschtümelei« erhaben sein dürfte:

»Die Migranten kommen meist aus traditionellen Gesellschaften, in denen Nationalismus und entsprechend nationaler Zusammenhalt, kollektive Solidarität und militant gefärbte Mannlichkeit Sitte sind. In Deutschland treffen sie auf eine Kultur, die sich der eigenen Nationalität schämt, Selbsthaß für die Norm hält und sich stets als undeutsch, als ›europäisch‹ verleugnet. Eine solche Kultur, die ihren Eigenwert gerade in der Leugnung des Nationalen sieht, kann für Migranten, die auf ihre neue Heimat stolz sein wollen, nicht sonderlich attraktiv sein. Die ›Überwindung‹ des Nationalen ist daher keine Bedingung für eine erfolgreiche Integration, wie die Politik suggeriert, sondern im Gegenteil ein ernsthaftes Hindernis. Förderlich ist die nationale Sprachlosigkeit indes für den militanten deutschen Rassismus.«

Der lange Rede kurzer Sinn: Die Zukunft läßt sich nur meistern durch eine realitätsbezogene Neuorientierung, durch Familienförderung und Ausländerintegration. Letztere ist aber unter anderem ein quantitatives Problem, das heißt von einer gewissen Größe der Immigrantenghettos an versagen alle Integrationsbemühungen, was wiederum eindeutig gegen weiteren Zuzug in der Zukunft spricht. Nach einem Vierteljahrhundert des planlosen Weiterwurstelns wird es Zeit, Klartext zu reden: Angesichts der unübersehbaren Balkanisierungs- und Proletarisierungstendenzen gibt es nur zwei schlüssige Motive für eine fortdauernde Einwanderung, nämlich Antigermanismus oder eine artifizielle Wiederbelebung des überwundenen Klassenkampfs.

12.

Außenpolitik

Europa

Vor dem Europaausschuß des Bundestags war im Dezember 2000 aus dem Mund von Außenminister Fischer ein Satz zu hören, der die Kenner seiner üblichen Kollektivschuldrhetorik überraschte. Er meinte, selbst im Hinblick auf zwei Weltkriege könne man der jungen Generation nicht klarmachen, daß die Größe der deutschen Bevölkerung beim Stimmrecht in der EU keine Rolle spiele.

Hintergrund war der deutsche Wunsch auf dem EU-Gipfel von Nizza gewesen, die Bevölkerungszunahme der Bundesrepublik aufgrund der Wiedervereinigung auch bei den Stimmen des Landes im Ministerrat zu berücksichtigen. Französisches Machtdenken und deutsche Zaghaftigkeit führten dazu, daß die Bewohner der ehemaligen DDR nun praktisch über null Stimmen verfügen, obwohl sie zahlreicher sind als Schweden und Dänen zusammengenommen, welche vier beziehungsweise drei Stimmen haben. Gesamtdeutschland mit seinen 82 Millionen Einwohnern hat jetzt nicht mehr Einfluß als Italien mit seinen 57 Millionen, nämlich zehn Stimmen. Unter allen EU-Bürgern hat die Stimme eines Deutschen das geringste Gewicht im Ministerrat.

Zyniker könnten ergänzen: Dafür ist der Nettobeitrag eines Deutschen der höchste in der EU. Während im Leben sonst der Grundsatz gilt: »Wer zahlt, schafft an«, beweist die EU das exakte Gegenteil. Deutschland zahlte und zahlt netto mehr an die EU als alle anderen Nettozahler zusammengenommen. Dabei liegt die

Bundesrepublik mit ihrem Bruttoinlandsprodukt von 23.800 Dollar je Einwohner innerhalb der EU nur im Mittelfeld zwischen Luxemburg mit 43.700 und Portugal mit 10.000 Dollar; in puncto Wirtschaftswachstum bildete die Bundesrepublik 2001 sogar EU-weit das Schlußlicht.

Zu Beginn der 80er Jahre erreichte Großbritannien nur aufgrund des resoluten Auftretens von Margaret Thatcher in Brüssel einen pauschalen Rabatt von rund sechs Milliarden Mark jährlich. Die eiserne Lady soll damals mit ihrer Handtasche auf den Tisch geschlagen und gerufen haben: »Ich will mein Geld zurück!« – Ein ganz anderes Bild bietet das deutsche Lager. Eine typische Pressenotiz dazu lautet (»FAZ« vom 29. September 1999): »Der Vorsitzende des Bundesfachausschusses Außen- und Sicherheitspolitik der CDU, Pflüger, und Generalsekretärin Merkel warfen vor allem Bundeskanzler Schröder mangelnde Sensibilität in der Außenpolitik vor ... Dem Bundeskanzler warf er (Pflüger) vor, daß dieser die nationalen Interessen Deutschlands ›fast trotzig‹ betone ... Die Bundesregierung habe mit ihrer populistischen Rhetorik hinsichtlich des deutschen EU-Beitrags alles getan, um sich selbst zu isolieren.« Schon Jahre vorher hatte Otto von Habsburg, Sohn des letzten Kaisers und langjähriger Europaabgeordneter, angesichts solcher und ähnlicher Äußerungen geseufzt: »Die größte Belastung für die Arbeit als Europapolitiker sind die allzu zahlreichen deutschen Politiker, die tief gebeugt durch die Gegend schleichen und die Welt ununterbrochen dafür um Verzeihung bitten, daß sie überhaupt leben.«

Obwohl sich bei Meinungsumfragen unter den Bürgern der 15 Mitgliedsländer der EU keine Mehrheit für die geplante Osterweiterung findet (43 Prozent Befürworter im Durchschnitt, in Deutschland gar nur 38 Prozent), scheint es zur Zeit nur noch um die Frage zu gehen, ob sechs oder gleich zwölf Kandidaten aufgenommen werden. Das relative Gewicht der zehn deutschen Stimmen im Ministerrat wird dadurch abermals sinken. Zum Beispiel könnten die drei Baltenländer (insgesamt 7,58 Millionen Einwohner) mit je drei Stimmen Deutschland überstimmen, wenn sie sich mit Malta (0,38 Millionen Einwohner, zwei Stimmen) absprechen.

Was die Kosten der Erweiterung angeht, so ist zu bedenken, daß der Lebensstandard der Kandidatenländer bei nur 20 Prozent des EU-Durchschnitts liegt. Nach Berechnungen der EU-Kommission wird das Durchschnittseinkommen in der Gemeinschaft durch die Aufnahme von zehn Bewerberstaaten um 13 Prozent sinken. Aufgrund eines Gutachtens des Münchner Europainstituts, das die Zeitschrift »Capital« in Auftrag gegeben hatte, befürchtet der CSU-Europaabgeordnete Ingo Friedrich, einer der Vizepräsidenten der Straßburger Deputiertenkammer, daß für die auf 14 Jahre geschätzte Aufnahmephase Gesamtkosten von mindestens 822 Milliarden Mark anfallen würden, wobei Deutschland aufgrund des bisherigen Verteilerschlüssels mehr als die Hälfte aufbringen müßte. Es würden Deutschland – so Friedrich – dramatische Probleme erwachsen; denn nach ihrer Aufnahme könnten die neuen Mitglieder aufgrund der Einstimmigkeit jede Reform, die zu ihren Lasten ginge, blockieren.

Die deutsche Freigiebigkeit in der EU muß natürlich durch Einsparungen an anderer Stelle ausgeglichen werden. Goethe-Institute wurden bereits in beträchtlicher Zahl geschlossen, und Außenminister Fischer hat auch schon verkündet, daß er deutsche Botschaften in der Europäischen Union für überflüssig halte, hier könne man viel einsparen. Beginnt hier vielleicht ein deutscher Circulus vitiosus? Weil der deutsche Einfluß in Europa so schwach ist, müssen wir überdimensionale Beiträge zahlen. Um die zu finanzieren, muß man Botschaften und Kulturinstitute schließen und dadurch die eigenen Einflußmöglichkeiten abermals verringern. Und so weiter.

Auch deutsche Personalinteressen in Brüssel verfolgt man weit weniger zielstrebig als zum Beispiel Briten oder Franzosen. Dies gilt sowohl für Karrierechancen nach der Rückkehr der Beamten in die Heimat als auch für die Unterstützung der laufenden Arbeit. »Was wollen die Deutschen?« lautet in Brüssel eine häufig gestellte Frage. Aus Angst, als Nationalisten gebrandmarkt zu werden, erlegen sich viele Deutsche in Brüssel übertriebene Zurückhaltung auf, meinte ein hoher deutscher EU-Beamter.

Auf sprachlicher Ebene ist ein deutsch-französisches Gefälle unübersehbar. Zunächst fällt auf, daß alle drei Europastädte – Brüssel, Luxemburg und Straßburg – zwar offiziell zweisprachig, aber de facto eben frankophon sind; am Europäischen Gerichtshof in Luxemburg ist sogar Französisch die einzige Amtssprache. Im Brüsseler Alltag dominieren Französisch und Englisch. Obwohl das Deutsche die meistgesprochene Muttersprache in der EU ist, rangiert es in der Eurokratie unter »ferner liefen«.

Bei seinem Deutschlandbesuch im Jahr 2001 kritisierte sogar der russische Präsident Putin die Haltung derjenigen, die in Deutschland stets vor »Deutschtümelei und Großmannssucht« warnten und eine bescheidene Rolle Deutschlands in Europa und der Welt forderten. »Ich halte diese Position für falsch. Kein Land darf ewig unter der Schuld leiden, die es einmal in der Geschichte auf sich geladen hat.« Mit sicherem Instinkt erkennen und instrumentalisieren viele Politiker den Schuldkomplex als die deutsche Schwachstelle, zum Beispiel der seinerzeitige türkische Ministerpräsident Yilmaz, der die Bun-

desrepublik einer nationalsozialistischen Lebensraum-
politik zieh, weil sie nicht einem sofortigen EU-Beitritt
Ankaras zustimmen wollte. Abgesehen von der abstru-
sen Logik liegt die besondere Unverfrorenheit dieses
Vorwurfs vor allem darin, daß ihn der Vertreter eines
Landes erhebt, das allein im 20. Jahrhundert seinen Le-
bensraum durch ethnische Säuberungen, zum Teil in
Verbindung mit Völkermord, dreimal – auf Kosten von
Armeniern, kleinasiatischen Griechen und Zyprioten –
erweitert hat.

Scharf beobachtete Sonja Margolina (in der Zeitschrift
»Merkur« Nr. 8/1999): »Auch in den internationalen
Beziehungen leidet Deutschland unter dem Täterreflex.
Während die anderen europäischen Staaten die EU als
Instrument für die Fortsetzung ihrer nationalen Interessen in einer anderen Form verstehen, sieht Deutschland
darin eine Aufhebung der nationalen zugunsten der angeblich europäischen Interessen. Die altruistische Einstellung hat zur Folge, daß Deutschland selbst seinen
Partnern ideologische Argumente für die eigene Ausbeutung liefert: Zu bereitwillig werden in Frankreich und
England antideutsche Klischees eingesetzt, wenn es
darum geht, die ›deutschen Interessen‹ in ihre Schranken
zu verweisen. Das läuft nach dem Motto: Wenn die
Deutschen sich plötzlich um ihre nationalen Interessen
kümmern, erwachen in ihnen die Nazis ... Allerdings
kann man nationale Interessen kaum überzeugend vertreten, wenn man die Nation ex negativo als Tätergе-
meinschaft versteht und sich selbst der Zugehörigkeit zu
ihr schämt.«

Die Londoner Wochenzeitschrift »Spectator« schrieb
am 23. Dezember 2000, die französischen Vorstellungen
von Europa seien »ein französischer Jockey auf einem
deutschen Pferd«. Vorstellung und Wirklichkeit haben
sich mittlerweile einander angenähert.

Wiedergutmachung

Während die gegenwärtige deutsche Europapolitik also durch diplomatische Inkompetenz und diffuse Schuldkomplexe bestimmt ist und eher einer Komödie gleicht, begann die deutsche Israelpolitik als ernstes Stück. Der Ausgang dieses Dramas, das schließlich mit dem Luxemburger Abkommen vom 10. September 1952 (Israel-Vertrag und Haager Protokolle) endete, war keinesfalls von Anfang an klar.

Der junge Staat Israel war seinerzeit finanziell fast am Ende seiner Kräfte, hatte aber ein unbestreitbares Anrecht auf Wiedergutmachung gegenüber dem Rechtsnachfolger des Schurkenstaats »Drittes Reich«. Andererseits wußte der israelische Ministerpräsident Ben Gurion, daß dieser Anspruch – als Anspruch eines erst nach dem Krieg gegründeten Staates – zwar moralisch, nicht jedoch juristisch bestand und daß das kriegszerstörte Deutschland, vollgestopft mit Millionen bettelarmer Ostvertriebener und ausgeblutet durch alliierte Demontagen und Reparationsentnahmen aus der Industrieproduktion, selbst noch am Boden lag. In seinen Memoiren »Mein Leben als deutscher Jude« berichtet Nahum Goldmann, der seinerzeitige Sprecher der »Conference on Jewish Material Claims Against Germany« (JCC), einer Dachorganisation der größten nichtstaatlichen jüdischen Organisationen, über sein historisches Treffen mit Konrad Adenauer, den er als tiefreligiösen Menschen und weitblickenden Staatsmann beschreibt.

Der Kanzler erklärte seinerzeit: »Mein Wille zur Wiedergutmachung ist aufrichtig. Ich betrachte sie als ein großes moralisches Problem und eine Ehrenschuld des neuen Deutschland.« Goldmann erreichte schließlich mehr, als er erhofft hatte – etwa 3,5 Milliarden Mark, nach heutiger Kaufkraft eine schwindelerregende Summe.

208

Der erfolgreiche Unterhändler fährt fort: »Als ich mich am Morgen nach meiner Ankunft zum israelischen Ministerpräsidenten David Ben Gurion begab, kam er mir in feierlicher Stimmung entgegen und erklärte: ›Du und ich haben das Glück gehabt, zwei Wunder zu erleben – die Schaffung des Staates Israel und die Unterzeichnung des Abkommens mit Deutschland. Ich war für das erste, du warst für das zweite verantwortlich. Der Unterschied ist nur der, daß ich an das Eintreten des ersten Wunders immer geglaubt habe, bis zum letzten Augenblick aber nicht an das zweite.‹«

Später versuchte die Bundesregierung Härtefällen abzuhelfen, indem sie der Claims Conference weitere 400 Millionen Mark zur Verfügung stellte und 100 Millionen an nichtjüdische Verfolgte verteilte. 1988 überwies Bonn der Claims Conference – vor allem für die osteuropäischen Spätauswanderer – weitere 180 Millionen. 1990 und 1996 wurde der Fonds der Claims Conference abermals aufgestockt, und die Experten gehen davon aus, daß noch weitere Erhöhungen folgen werden.

Erwähnenswert ist noch der Härtefonds für Nichtglaubensjuden in Höhe von 70 Millionen Mark, der schon 1952 eingerichtet wurde und nicht der Verwaltung der Claims Conference unterlag.

Die Rückgabe von Immobilien in der ehemaligen DDR an enteignete jüdische Besitzer wurde dagegen wieder über die JCC abgewickelt. Diese setzte Anmeldefristen für die Besitzer beziehungsweise deren Erben fest und versuchte das Eigentum bei verspäteten Anträgen für sich zu behalten, was aber in den USA und Israel einen wahren Proteststurm auslöste; die Funktionäre mußten das Grundvermögen schließlich doch noch auf die rechtmäßigen Besitzer beziehungsweise deren Erben übertragen. Aber es blieb immer noch genug in den Kassen der Verbände; nach Aussagen von Edgar Bronfman,

Präsident des World Jewish Council – eines der größten Mitglieder der JCC –, hat allein seine Organisation »grob geschätzt sieben Milliarden Dollar Entschädigungsgelder angehäuft«, vgl. »FAZ« vom 26. Januar 2000 und »New York Times« vom 24. Juni 1998.

Am 12. Juni 1980 trat ein deutsch-israelisches »Abkommen über soziale Sicherheit« in Kraft, das es israelischen Staatsbürgern erlaubte, sich gegen eine bescheidene Einmalzahlung in die deutsche Rentenversicherung einzukaufen. Da ein Verfolgtenschicksal nicht erforderlich war, kamen auch gebürtige Palästinaaraber, jüdische Einwanderer aus Jemen oder Äthiopien etc. zu einer lebenslangen Rente. Rund eine Milliarde an Rentenzahlungen erreichte aber die Empfänger nicht, sondern blieb bei gerissenen Anwälten, Kreditvermittlern und Versicherungsexperten hängen, die das Geld meistens in Steueroasen verschoben, was später die Staatsanwaltschaft in Tel Aviv auf den Plan rief (»Spiegel« Nr. 38/1999).

1999 konnte das Bundesfinanzministerium mitteilen, die öffentliche Hand habe bisher 103,8 Milliarden Mark für die Wiedergutmachung aufgebracht. Damit seien »nahezu alle durch NS-Unrecht verursachte Schäden erfaßt«. Allein aufgrund schon bestehender Entschädigungsregelungen dürften jedoch in den nächsten Jahren weitere 26 Milliarden dazukommen, überwiegend aufgrund des erwähnten Rentenabkommens.

Aus der Fülle der einschlägigen Literatur zum Thema Reparationen und Wiedergutmachung seien beispielhaft erwähnt: Doehring/Fehn/Hockerts: Jahrhundertschuld, Jahrhundertsühne (2001); Brodesser/Fehn/Franosch/Wirth: Wiedergutmachung und Kriegsfolgenliquidation (2000); Nordbruch: Der deutsche Aderlaß (2001); Hockerts: Wiedergutmachung in Deutschland. Eine historische Bilanz 1945–2000 (Vierteljahreshefte für »Zeitgeschichte« Nr. 2/2001). Übereinstimmend weisen die

Autoren darauf hin, daß es keinen Fall in der Geschichte gebe, in dem ein Staat Summen dieser Größenordnung aufgebracht habe, um Schuld zu sühnen und eine Vielzahl von Schäden auszugleichen. Hockerts überlieferte auch die Äußerung von Walter Schwarz, einem der führenden deutschen Opferanwälte, der schon 1984 feststellte, daß »jeder Deutsche ein Recht hätte, auf das Werk der Wiedergutmachung stolz zu sein«.

Demontagen, Reparationen, Massenenteignungen

Alle Leistungen der deutschen Regierung verblassen aber vor den gewaltigen Dimensionen der alliierten Demontagen und Reparationsentnahmen.

Hierzu zählen in den westlichen Besatzungszonen neben Zwangsexporten vor allem die Wegnahme von

- Edelmetallen und ausländischen Valuten,
- Industrieausrüstungen,
- Handelsschiffen,
- Urheberrechten und Forschungsergebnissen,
- deutschem Auslandsvermögen, einschließlich des Vermögens im neutralen Ausland,

insgesamt eine Summe von fast 45 Milliarden Reichsmark nach dem Wert von 1938, nach heutiger Kaufkraft wohl mindestens das Zwanzigfache.

In der sowjetischen Besatzungszone schlugen außer den genannten Positionen vor allem die Entnahmen aus der laufenden Produktion zu Buche, ferner Kunstraub in exzessiver Form.

Bezeichnend für letzteren Fall sind einige sowjetische Gerichtsverfahren gegen Offiziere – nicht weil sie geplündert, sondern weil sie das Raubgut für sich behalten hatten. Aus dem Prozeß gegen Marschall Schukow, den hochdekorierten »Helden der Sowjetunion«, ist bekannt, daß die ermittelnden Behörden in seiner Stadtwohnung und seiner Datscha große Mengen an deutschem Goldschmuck entdeckten, ferner 4000 Meter Seide, Brokat und Samt, Hunderte von Pelzen, 44 Teppiche und große Gobelins aus Schlössern, 57 klassische Gemälde, Kisten voller Kristall, Porzellan und Tafelsilber. Sicherheitsminister Abakumow berichtete an Stalin: »Auf dem Wochenend-Grundstück (Schukows) findet sich nichts, was in der Sowjetunion hergestellt wurde, ausgenommen der Plattenweg von der Pforte bis zum Hauseingang. In dem Haus steht kein einziges sowjetisches Buch. Dafür wurden in den Bücherschränken Unmengen von Büchern mit herrlichen goldgeprägten Einbänden gefunden. Sie sind alle in deutsch.«

An dieser Stelle sei eine kurze Fußnote zum Thema Beutekunst erlaubt. Moskau weigert sich bekanntlich, geraubte Kulturgüter zurückzugeben, obwohl die Rechtslage eindeutig ist: Erstens ist es spätestens seit 1907 verbindliches Völkerrecht, daß Werke der Kunst und Wissenschaft nicht beschlagnahmt oder als Reparationen in Anspruch genommen werden dürfen. Zweitens hat sich Rußland 1992 ausdrücklich verpflichtet, »unrechtmäßig verbrachte Kulturgüter« zurückzugeben, und drittens hat der Europarat die Aufnahme Rußlands mit der Auflage verknüpft, Beutekunst zurückzugeben. Bisher ist nicht erkennbar, daß Berlin seiner berechtigten Forderung irgendwie Nachdruck verleihen will. Georgien und Armenien, die ihren Anteil am sowjetischen Raubgut zurückgegeben haben, stehen so als die Dummen da. Enttäuscht vom Desinteresse der Bundesregierung trat im Januar 2001 Werner Schmidt, der Vorsitzende der Fachgruppe Museen und Kunstsammlungen bei der deutsch-russischen Regierungskommission, von seinem Posten zurück.

Die Reparationsleistungen aus der sowjetischen Besatzungszone wurden von Experten auf 82,5 Milliarden Mark der DDR veranschlagt. – So konnte der SPD-Vorsitzende Kurt Schumacher schon am 20. Juni 1949 in Gelsenkirchen feststellen: »Deutschland hat schon jetzt mehr an Reparationen bezahlt als nach dem Ersten Weltkrieg.«

So unvorstellbar groß die Reparationen im Osten und Westen auch waren, sie sind doch nichts gegenüber dem gigantischen Raubzug, der mit Völkervertreibung und Völkermord in Ostdeutschland und Osteuropa einherging. 18 Millionen einheimische plus zwei Millionen während des Kriegs zugezogene Deutsche wurden gänzlich enteignet. Dieser Personenkreis entspricht der seinerzeitigen Bevölkerungszahl der Republiken Finnland, Irland und Island sowie der Königreiche Dänemark, Schweden und Norwegen zusammengenommen. Was Generationen in 600 oder gar 800 Jahren fleißiger Arbeiter den Urwäldern abgerungen und aufgebaut hatten, wurde mit einem Federstrich enteignet: Häuser und blühende Industrien, Schlösser und Kirchen, Felder und Wälder, Straßen und Bodenschätze, Valuten und Devisen, gewerbliche Urheberrechte (wie zum Beispiel das Rezept des Karlsbader Becherbitters) etc. Dieser Billionenraub ist in der Geschichte Europas ohne Beispiel.

In offiziellen Begründungen hieß es vielfach, man benötige das Vermögen der Vertriebenen, um NS-Opfer zu entschädigen, so zum Beispiel in den tschechoslowakischen Präsidialdekreten (Benesch-Dekreten) vom 21. Juni beziehungsweise 25. Oktober 1945 (Nrn. 12 und 108). Hätte man diese Propagandabehauptung umgesetzt, dann wäre – angesichts der geringen Zahl tschechischer Verfolgter und des hohen Werts des deutschen Vermögens – jedes NS-Opfer Millionär geworden.

Wie zum Hohn für die überlebenden Ostdeutschen werden – von der breiten Öffentlichkeit kaum beachtet – immer wieder wertvolle Kulturgüter an die Vertreiberstaaten übergeben, zum Beispiel der sogenannte Posener Goldschatz, Folianten aus der Bibliothek der 1743 gegründeten »Naturforschenden Gesellschaft Danzig« oder Tausende von katholischen Kirchenbüchern aus Ost- und Westpreußen (»FAZ« vom 19. März 1999 beziehungsweise 17. September 2001). Der letztere Fall ist doppelt befremdlich, da ja die Nachkommen der in diesen Büchern registrierten Geborenen und Verstorbenen in der Bundesrepublik und nicht in Polen leben. – Ermuntert durch solche Spendierlaunen verlangt Polen unter dem Stichwort »Lokalisierung« weitere Kulturgüter, die in den ostdeutschen Vertreibungsgebieten entstanden sind, zum Beispiel Urkunden des Deutschen Ritterordens.

Aber das ist noch nicht alles. In seiner umstrittenen Rede auf dem Schlesiertreffen von 2001 sprach Bundesinnenminister Schily anerkennend zu den Schlesiern: »In den vergangenen Jahrzehnten haben Sie (die Schlesier) das Gespräch zwischen Polen und Deutschen intensiviert ... Sie haben die Sanierung von Kirchen, den Erhalt von Friedhöfen ... auf Ihre Tagesordnung gesetzt.« – Die vornehmste Pflicht des Eigentümers eines gestohlenen Autos besteht also offenbar darin, dem Dieb die verbliebenen Ersatzteile nachzuliefern und auch noch künftige Reparaturen zu bezahlen.

Ein selten erwähntes Kapitel der deutschen Leistungsbilanz sind die zwei bis drei Milliarden Arbeitstage, die deutsche Kriegsgefangene nach dem Zweiten Weltkrieg ableisten mußten.

Fachleute wie Gerhard Reichling (»Die deutschen Vertriebenen in Zahlen«, Bonn 1986) nehmen an, daß die verschleppten Zivilisten eine vergleichbare Gesamtzahl von Arbeitstagen ableisten mußten wie die Kriegsgefangenen, also weitere zwei bis drei Milliarden. Bedenkt man, daß die Gefangenen mindestens zehn Stunden am Tag arbeiten mußten, so kommt man auf 40 bis 60 Milliarden Arbeitsstunden bei Soldaten und Zivilisten zusammengenommen. Zum Vergleich: In der bundesdeutschen Industrie wurden 1985 von den Betrieben mit mehr als 20 Beschäftigten von 4.769.000 Arbeitern 7,9 Milliarden Arbeitsstunden geleistet, wie das Statistische Jahrbuch für die Bundesrepublik Deutschland von 1986 ausweist.

Kenner der Materie werden daher ohne Zögern der Aussage zustimmen, daß jedenfalls die Reparations- und Wiedergutmachungsansprüche derjenigen Staaten, die in großem Maßstab deutsche Zwangsarbeiter gehalten oder sich deutsche Siedlungsgebiete angeeignet und »ethnisch gesäubert« haben, um ein Vielfaches übererfüllt sind. Konsequenterweise hatten Moskau und Polen schon 1953 auf deutsche Reparationen verzichtet. Um so erstaunlicher sind die Milliardenzahlungen, die in der Folge von Bonn vor allem an die Vertreiberstaaten im Osten geleistet wurden, wobei es fließende Übergänge gab zwischen Zahlungen als Wiedergutmachung, als Billigkredit (zum Beispiel 99 Jahre Laufzeit beziehungsweise 2,5 Prozent Zinsen) oder für kulturelle Zwecke. Außerdem war es von der Umschuldung notleidender Kredite bis zum Erlaß oft nur ein kleiner Schritt.

Im einzelnen wäre hier zu erwähnen:

Jugoslawien erhielt 300 Millionen DM aufgrund des Protokolls vom 16. Oktober 1956 und weitere 700 Millionen aufgrund des Abkommens vom 10. Dezember 1974.

Polen kassierte aufgrund des Rentenabkommens vom 9. Oktober 1975 1,3 Milliarden DM und zugleich einen »Jumbo-Kredit« von über einer Milliarde, der später weitgehend erlassen wurde. Weitere Milliardenkredite folgten nach 1990, und der Erlaß ist auch hier wohl nur eine Frage der Zeit.

An die Staaten des ehemaligen Ostblocks sind aus der Bundeskasse nach der Wiedervereinigung über 150 Milliarden Mark geflossen, davon über 100 Milliarden an Rußland und die anderen GUS-Staaten. Sicher lag es 1990 im deutschen Interesse, Moskau den Truppenabzug aus der DDR zu versüßen, doch dieses Bonbon macht nur den kleineren Teil des schwindelerregenden Milliardenbetrags aus.

In Globalabkommen mit 16 ost- und westeuropäischen Staaten schüttete die Bundesregierung weitere 2,5 Milliarden DM aus, davon 1,9 Milliarden für Stiftungen.

Die deutsche Industrie hat zwischen 1958 und 1988 als freiwillige Entschädigung für ehemalige Zwangsarbeiter ohne Anerkennung einer Rechtspflicht eine Summe von 118,5 Millionen Mark zur Verfügung gestellt.

Zwangsarbeit

Das Bundesfinanzministerium konnte daher mitteilen, daß in der Vergangenheit schon neun von zehn ehemaligen Zwangsarbeitern individuell entschädigt wurden. Individuelle Rechtsansprüche bestehen übrigens völkerrechtlich nicht, da persönliche Schäden – sei es das verlorene Bein eines Veteranen, sei es rechtswidrige Zwangsarbeit – immer nur über zwischenstaatliche Reparationsansprüche auszugleichen sind, von der generellen Verjährung aller persönlicher Ansprüche einmal ganz abgesehen.

Gleichwohl gingen im September 1998 die ersten Sammelklagen ehemaliger Zwangsarbeiter gegen deutsche Banken und Industrieunternehmen bei amerikanischen Gerichten ein – einen Monat nachdem die bereits erwähnte Jewish Claims Conference (JCC) Schweizer Banken unter erheblichem amerikanischem Druck 1,25 Milliarden Dollar plus Zinsen für sogenannte schlafende Konten pauschal abgehandelt hatte. Die amerikanischen Historiker Henry Friedlander und Norman G. Finkelstein vermerkten, daß sich hier nach erprobtem Muster eine Kampagne aufbaute; bald sprangen auch deutsche Gutmenschen auf den fahrenden Zug auf, zum Beispiel der rechtspolitische Sprecher der Grünen, Volker Beck: »Wer nicht zahlt, muß öffentlich als geschichtsloser und amoralischer Lump an den Pranger gestellt werden.« Schließlich verschickten sogar der Deutsche Industrie- und Handelstag und die einzelnen Industrie- und Handelskammern Rundbriefe mit der Aufforderung an alle Betriebe – auch die nach 1945 gegründeten –, sich an dem mittlerweile beschlossenen 10-Milliarden-Mark-Fonds für die Zwangsarbeiter zu beteiligen; es gehe um die »Anerkennung einer moralischen Verantwortung, die die deutsche Wirtschaft als Ganzes und das deutsche Volk betrifft«. Der Sprecher des Bonner Süßwarenherstellers Haribo, Franz Weihrauch, mutmaßt, daß unter dem Stichwort »Solidarität« die These der Kollektivschuld wieder aktualisiert werden solle.

Wie dem auch sei, für die mehrheitlich osteuropäischen NS-Opfer wird nun zum Teil zum fünften Mal bezahlt (zuerst die Ausplünderung der ostdeutschen Vertreibungsgebiete, dann Demontagen, Reparationen und deutsche Zwangsarbeiter, schließlich die Bonner Individualentschädigung, ferner diverse Pauschalzahlungen und jetzt die Berliner Zusatzentschädigung). Schuldkomplexe sind nun einmal ein teures Vergnügen. Aber den größten Schnitt machten die amerikanischen Anwälte, nämlich satte 118 Millionen Mark. Roman Kent, Vizepräsident der Claims Conference, kritisiert: »Diese verdammten Anwälte hätten nie einen Abschluß erreicht, wenn nicht die Überlebenden und das passende politische Klima (gemeint ist die persönliche Intervention von Präsident Clinton) für sie gekämpft hätten«; den deutschen Anwalt Michael Witti bezeichnete er als »Teil der tierischen Anwaltsherde«.

Allerdings sollte man zur Kenntnis nehmen, daß bei Anwälten und Richtern der Vereinigten Staaten Gepflogenheiten herrschen, die für den Durchschnittseuropäer nicht immer nachzuvollziehen sind. So schreibt zum Beispiel der österreichische Psychologieprofessor Paul Watzlawick in seiner »Gebrauchsanweisung für Amerika«: »Während es die Verkehrsgesetze vieler europäischer Länder auch unbeteiligten Drittpersonen zur Pflicht machen, in Lebensgefahr schwebenden oder verletzten Verkehrsteilnehmern Hilfe zu leisten, muß ich Sie – so unmenschlich es scheinen mag – davor warnen, in den USA den guten Samariter zu spielen. Sie riskieren nur, daß Ihnen ein geschäftstüchtiger und auf solche Fälle spezialisierter Rechtsanwalt einen Prozeß anhängt, weil Ihre unsachgemäße Hilfe die Verletzungen seines Klienten angeblich noch verschlimmert hat.«

Kaum war die Tinte unter dem Zwangsarbeiterabkommen getrocknet, da meldeten sich in Übersee erneut findige Advokaten. Die einen hatten sich in das deutsche Versicherungsrecht der 30er Jahre vertieft, die anderen vermeintliche Lücken bei der Wiedergutmachung der »Arisierung« jüdischen Vermögens entdeckt; für sechs verlorene Aktien der früheren Rheinstahl – Vereinigte Stahlwerke AG zum Beispiel wurden nicht weniger als acht Millionen DM gefordert. Der stellvertretende Vorsitzende der Unionsfraktion im Bundestag, Wolfgang Bosbach, der Mitglied der deutschen Verhandlungsdelegation gewesen war, warnte vor einem erneuten Nachgeben Berlins: »Offenbar sehen hier vor allem Anwälte in den USA gute Möglichkeiten, viel Geld zu verdienen.« Der Begriff »Holocaust-Industrie« gewann jetzt an Popularität.

Forderungen kommen aber auch aus anderen Ländern. Am bekanntesten dürfte der Fall des griechichen Ortes Distomo sein, wo die SS 1944 nach einem Partisanenüberfall Vergeltung an Unschuldigen geübt und 218 Dorfbewohner erschossen hatte. Die Klage von Angehörigen der Getöteten war vor dem obersten griechischen Gericht, dem Areopag, erfolgreich, obwohl, wie schon erwähnt, Ansprüche dieser Art nur als Reparationsansprüche von Staat zu Staat bestehen und Reparationen nach Abschluß des Zwei-plus-Vier-Vertrags von 1990 nach herrschender Meinung nicht mehr geltend gemacht werden können. Im übrigen wurden an Griechenland aufgrund des Vertrags vom 18. März 1960 »über Leistungen zugunsten griechischer Staatsangehöriger, die von Verfolgungsmaßnahmen betroffen worden sind« bereits 115 Millionen Mark bezahlt. Nach der völkerrechtlichen Praxis ist es Sache des Empfängerlandes, die Leistungen an die geschädigten Privatpersonen zu verteilen.

Selbst im fernen Afrika meldeten sich schließlich Anspruchsteller. Vertreter des Herero-Volks in Namibia teilten im September 2001 mit, sie hätten bei einem US-Gericht eines Sammelklage in Höhe von zwei Billionen Dollar gegen die Deutsche Bank eingereicht; diese habe die deutsche Kolonialpolitik maßgeblich finanziert und dadurch indirekt Anteil an der »Ermordung von 100.000 Hereros« zur Zeit des Aufstands von 1904 im seinerzeitigen Deutsch-Südwestafrika. Tatsächlich hatte der seinerzeitige Oberkommandierende in Südwest, der Generalleutnant Lothar von Trotha, die aufständischen Stämme rücksichtslos verfolgt, so daß auf ihrer Flucht nach Britisch-Betschuanaland zwei Drittel der Flüchtlinge im wüstenartigen Grenzgebiet verdursteten oder verhungerten, wie 1905 der neue Zivilgouverneur von

Lindequist schätzte. Von Trotha wurde seinerzeit zwar in der deutschen Öffentlichkeit als »Herero-Schlächter« scharf kritisiert. Von einer »Ermordung von 100.000 Hereros« kann allerdings keine Rede sein, weil es vor dem Aufstand nur zwischen 60.000 und 84.000 Hereros gab.

777.000 Billionen Dollar forderten afrikanische Staaten 1999 auf einer Konferenz in Accra als Entschädigung für den Sklavenhandel vergangener Jahrhunderte. Das Geld müsse innerhalb von fünf Jahren bezahlt werden, und zwar von den nord- und südamerikanischen und den karibischen Ländern sowie von der EU. Vorbild seien die Sammelklagen von NS-Opfern in den Vereinigten Staaten. – Geradezu bescheiden wirkt dagegen die Forderung der Mitglieder (beziehungsweise derer Nachkommen) der Untergrundbewegung »Mau-Mau«, die in Kenia in den 50er Jahren gegen die britische Kolonialmacht kämpfte. Sie verlangen bloß 15 Milliarden Dollar.

Anno 2001 hat ein findiger Düsseldorfer Anwalt namens Peter Wolz eine Sammelklage gegen die amerikanische Regierung beim Bundesgericht in Washington D. C. eingereicht. Er verlangt für seine Mandanten 40 Milliarden Dollar, weil die US-Luftwaffe die Eisenbahnlinien nach Auschwitz nicht bombardiert hat. Nach eigenen Angaben habe er sich auf »innovative Großprojekte« spezialisiert und untersuche den Markt nach Vorbild seiner amerikanischen Kollegen laufend nach »juristischen Betätigungsfeldern«.

Ausblick

Doch zurück nach Berlin.

Seit Gründung der Bundesrepublik ist das Bestreben, es allen recht zu machen, eine Konstante deutscher Außenpolitik. Die Deutschen erstreben »freundschaftliche Beziehungen mit dem Himmel, vertiefte Partner-

schaft mit der Erde, aber auch fruchtbare Zusammen-
arbeit mit der Hölle«, notierte der britische Publizist
Timothy G. Ash. Ein Quentchen vom britischen Rea-
lismus würde wohl den meisten deutschen Politikern
guttun, etwa die Erkenntnis des großen Staatsmannes
Viscount Henry J. T. Palmerston, daß Staaten nicht
Freunde, sondern Interessen haben – übrigens eines der
Lieblingszitate Gorbatschows.

Eine zweite Besonderheit kam nach 1968 dazu, nämlich die Eroberung des »kulturellen Überbaus« durch
eine linke Intelligenzija, die sich ganz überwiegend als
antideutsch verstand. »Die Linke ist antideutsch, oder sie
ist nicht«, konstatierte das linke Kampfblatt »konkret«.
Und Jürgen Habermas rief dazu auf, die ausländische
Presse zu mobilisieren, um die deutschen Zustände im
linken Sinne zu beeinflussen – ein Appell, den jeder französische Kommunist als Aufforderung zum Verrat
empört zurückweisen würde. Ähnlich wie hierzulande
liegen die Dinge beim Nachbarn Österreich. Man erinnert sich an die Anti-Waldheim- und an die Anti-Haider-
Kampagne der Wiener Sozialisten, die ihrem Land im
Ausland schweren Schaden zufügten. Der Europaspre-
cher der österreichischen Grünen, Johannes Voggen-
huber, sagte ausdrücklich, die internationale Ächtung
Österreichs wegen der Regierungsbeteiligung der rechts-
liberalen FPÖ sei eine »Hilfe zur weiteren innenpolitischen Klärung in Österreich«.

Ähnlich wirkten sich für Deutschland die Kampagnen
gegen eine vermeintliche Ausländerfeindlichkeit und »gegen rechts« aus, von denen weiter oben schon die Rede
war. Mit dem Argument »Das Ausland ist beunruhigt«
erhoffte man sich einen Verstärkereffekt im Inland.

Die Folgen des doppelten Handicaps der deutschen
Außenpolitik zeigen sich bei allen möglichen Gelegenheiten und können zum Teil kuriose Formen annehmen,

zum Beispiel bei dem Besuch des iranischen Außenministers Welajati in Bonn anno 1994. Am Vorabend des offiziellen Besuchsprogramms traf man sich ungezwungen bei der »Parlamentarischen Gesellschaft«. Als einige deutsche Teilnehmer Wein bestellten, drohte Welajati, das Essen abzubrechen. Der Vorsitzende des Außenpolitischen Ausschusses, Stercken (CDU), ließ daraufhin den Wein abservieren, worauf der SPD-Außenpolitiker Voigt vorzeitig das Lokal verließ. Er sagte, demnächst könnten iranische Gäste verlangen, daß deutsche Politikerinnen Kopftücher tragen müßten. Bei seinen vielen Besuchen in der iranischen Botschaft habe er sich an den dortigen Brauch gehalten, keinen Wein zu trinken, doch sei in diesem Fall der Außenminister der Gast, der, wie überall auf der Welt, die Gebräuche des Gastlands zu respektieren habe. – Fünf Jahre später verlangte Präsident Chatami ähnliches im Vorfeld seines Staatsbesuchs in Paris. Selbstverständlich wurde diese Zumutung zurückgewiesen.

Bezeichnend sind auch zwei Episoden am Rand der Verhandlungen über die Entschädigung der Zwangsarbeiter. Nachdem es unstreitig war, daß sich der Bundespräsident noch einmal bei den Zwangsarbeitern entschuldigen wollte, tauchten eines Tages die US-Unterhändler mit einer fertigen Rede in Berlin auf und übergaben sie mit dem Bemerken, dies sei die Entschuldigungsrede, die Rau als Bundespräsident halten solle (»FAZ« vom 5. Dezember 2000). Es wurde zwar nicht diese, sondern eine ähnliche Rede gehalten, aber das Wort von der eingeschränkten Souveränität der Bundesrepublik machte wieder einmal die Runde. – 2001 wurde dann im amerikanischen Kongreß ein Gesetz vorbereitet, das die Bundesregierung zu regelmäßigen Berichten darüber verpflichten sollte, ob die Stiftung der deutschen Unternehmen ihre Zusagen an die Zwangsarbeiter auch einhielte. »Man muß sich mal vorstellen, der Bundestag würde einen Beschluß fassen, der die US-Regierung unter Aufsicht stellt«, kommentiert kritisch Wolfgang Bosbach, Mitglied der deutschen Delegation in den USA.

Wie eine Vorahnung solcher Tendenzen liest sich die Stuttgarter Rede des SPD-Vorsitzenden Kurt Schumacher vom 6. Dezember 1947: Aufgabe der Sozialdemokratie sei es, »... unserem Volke ein gutes und gesundes Selbstbewußtsein zu geben«, gleich fern von dem hysterischen Nationalismus der Vergangenheit und der »jammervollen Kriecherei der Leute mit dem Ergebenheitsdiener.« – Der Publizist und Essayist Johannes Gross hat die deutsche Schwäche auf die Kurzformel gebracht: »Die Verwaltung der deutschen Schuld und die Pflege des deutschen Schuldbewußtseins sind ein Herrschaftsinstrument. Es liegt in der Hand aller, die Herrschaft über die Deutschen ausüben wollen, drinnen wie draußen.« Warum sollte im profanen Bereich nicht gelingen, was das Christentum über zwei Jahrtausende erfolgreich praktiziert hat, nämlich die Menschen durch den Glauben an die Erbsünde und durch ein schlechtes Gewissen gefügig zu machen?

13.

Endstation Neurose

Symptome

In den vergangenen Kapiteln wurde versucht darzulegen, daß Schuldkomplexe und Selbsthaß wie ein roter Faden das öffentliche Leben der Bundesrepublik durchziehen. Gewisse Details aber sind besonders aufschlußreich.

Schon der Gebrauch einer seltsamen Chiffrensprache verheißt dem Psychologen ein lohnendes Betätigungsfeld. Wie man im Mittelalter den Teufel nicht beim Namen nannte, sondern vom Leibhaftigen oder vom Gottseibeiuns sprach, so sagt man heute gern »jüngste Vergangenheit«, wenn man die Naziverbrechen meint. Besonders deutlich zeigen sich die unterschwelligen Strömungen bei einer Stimme aus der Nachkriegsgeneration: »Ja, ich wußte genau, daß ich Hitler war, bis zum Gürtel, daß ich da nicht herauskommen würde, daß es ein Kampf auf Leben und Tod ist, der mein Leben verseucht, seine gottverdammte Existenz hat sich an meine geklebt wie Napalm … Ich muß versuchen, die brennende Flamme zu löschen, aber es ist gar nicht Hitler, ist mein Vater, ist meine Kindheit, meine Erfahrung, BIN ICH …«

Das Zitat stammt aus dem Romanessay »Die Reise« von Bernward Vesper, dem Sohn des NS-Schriftstellers Will Vesper, ehemaligen Verlobten der Linksterroristin Gudrun Ensslin und seinerzeitigen APO-Verleger. Unwillkürlich löst die Stelle Assoziationen mit der Legende von Ahasverus, dem fluchbeladenen Juden, aus, von dem A. Silbermann in seinem Buch »Der ungeliebte Jude/Zur Soziologie des Antisemitismus« schreibt: »Es wird mysteriös und diffus eine fortdauernde jüdische Schuld, ein unerbittlicher Fluch, konstatiert, der – und das ist wesentlich – nicht davon ausgeht, was der Jude tut, sondern davon, was er ist, also von seinem Wesen, seiner Natur her.« Bernward Vespers Buch wurde von der »Weltwoche« als »Nachlaß einer ganzen Generation« gewürdigt. Vesper starb 1971 durch Selbstmord.

Schon Helmut Schmidt warnte: »Wenn unsere deutsche Geschichte nur noch bewertet würde als eine einzige Kette von Verbrechen und Versagen und Versäumnissen ... kann die Gegenwart unseres Volkes ins Schwanken geraten und die Zukunft gefährdet werden.«

Ein Gang durch das Berliner Reichstagsgebäude bestätigt die Befürchtungen des Altbundeskanzlers unmißverständlich. Von dem Versuch, den Verfassungsgeber, das deutsche Volk, durch die Schrift »Der Bevölkerung« optisch zu entthronen, war bereits die Rede. Abgeschafft wurde auch gleich noch das christliche Abendland; denn in dem Andachtsraum für die Abgeordneten findet sich zwar eine festinstallierte Gebetsmarkierung gen Mekka für Moslems und eine Klagemauer für Juden, aber kein Kreuz für Christen. – Ebenfalls sakralen Charakter hat der sogenannte Ruheraum für Abgeordnete. In ihm stehen drei Pulte mit aufgeschlagenen Bänden, die die Namen der in der NS-Zeit ermordeten beziehungsweise verfolgten Reichstagsabgeordneten enthalten. Die Wand hinter den Pulten bedeckt ein abstraktes Gemälde, bei dem Teile einer menschlichen Wirbelsäule zu erkennen sind; es soll den Blick in die Brennkammer eines Krematoriums darstellen.

Was fehlt, ist eine angemessene Präsentation des deutschen Widerstands. Dieses helle Kapitel einer dunklen Epoche paßte offenbar nicht ins Konzept. – Von der Eingangshalle führt ein langer Gang zu den Eingängen Süd, West und Nord. Seine Wände sind über weite Strecken übersät mit kyrillischen Buchstaben – Grafitti der sowjetischen Eroberer Berlins. Diese Erinnerungen an den Triumph Stalins sollen erhalten bleiben, obwohl sie viele Berliner an Plünderungen, Vergewaltigungen und Morde des Jahres 1945 erinnern müssen.

Über den großen Bundesadler im Plenarsaal des Parlaments spottete man schon in Bonn. Von einer »fetten Henne« sprachen Politiker, und Ornithologen zweifelten, ob der fast runde Vogel überhaupt flugfähig sei. Aber genau dieses Monstrum sollte nach dem Willen des Bundestagspräsidenten in leicht vergrößerter Kopie auch den Reichstag schmücken. Wörtlich lobte Thierse, das Objekt wirke »jedenfalls so unaggressiv und friedlich, wie ein Adler nur sein kann«. Er sei damit ein Symbol für den politischen Konsens der Bundesrepublik. Während viele Länder dieser Welt den Adler im Wappen führen, weil er Stolz und Würde verkörpert, begnügt sich Berlin mit einer Karikatur, die das genaue Gegenteil ausdrückt. Schon 1983 hat es der grüne Politiker Rainer Trampert unmißverständlich klargestellt: »Laßt uns den Adler nur als Karikatur benutzen, die Farben Schwarz-Rot-Gold niemals …«

Vor dem Umbau entfernt wurden zahlreiche Porträts von Reichstagsabgeordneten, Bilder der Reichskanzler Bismarck und Bülow usw. – 1998 war die Frankfurter Ausstellung »1848 – Aufbruch zur Freiheit« ein großer Erfolg. Sie zeigte unter anderem die ungebrochene Vitalität parlamentarischer Erinnerungsstücke. Vor allem beeindruckte die über sechs Meter hohe Germania mit dem Thema »Demokratie sprengt Fesseln« von Philipp Veit, dem Sohn von Dorothea Schlegel und dem jüdischen Bankier Simon Veit. Kann man sich einen passenderen Platz für das Gemälde als den Reichstag und einen symbolträchtigeren Schmuck für das Hohe Haus vorstellen? Was spricht dagegen, die Frankfurter Ausstellung als

Dauerausstellung im Bundestag zu präsentieren? Alle Völker erfreuen sich am Sitz des Parlaments der Höhepunkte und Triumphe ihrer Geschichte. Nur die Deutschen scheinen sich auf Scheitern und Katastrophen konzentrieren zu wollen.

Das Parlamentsgebäude ist aber nur die verkleinerte Ausgabe der neuen Bundeshauptstadt. Schon 1999 verzeichnete der offizielle »Wegweiser zu den Gedenkstätten für die Opfer des Nationalsozialismus« hier 62 Objekte. Zu den wichtigsten gehören das internationale Dokumentations- und Begegnungszentrum »Topographie des Terrors« auf dem ehemaligen Gelände von Gestapo und Reichssicherheitshauptamt, das Haus der Wannseekonferenz, das deutsch-russische Museum Berlin-Karlshorst (früher »Kapitualationsmuseum«), das neue Jüdische Museum (Libeskind-Museum), ferner die nahegelegenen Konzentrationslager Sachsenhausen und Ravensbrück (je mit Museum) und die Dokumentationsstelle Brandenburg im größten Gefängnis der NS-Zeit in Brandenburg an der Havel.

Die neueste Errungenschaft ist das Berliner »Denkmal für die ermordeten Juden Europas«, ein gigantisches Stelenfeld auf einer zwei Hektar großen Fläche am Brandenburger Tor mit angegliedertem »Haus der Erinnerung«, das durchgesetzt wurde gegen die Bedenken der Berliner Bevölkerung, des Regierenden Bürgermeisters, der Vertreter der existierenden Berliner und Brandenburger Gedenkstätten, zahlreicher prominenter Schriftsteller und Intellektueller und der jüdischen Gemeinde in Berlin. Der Sprecher der letzteren warnte vor einer »Bewältigungsbranche« als »selbständigen Bereich deutscher Kulturpolitik«, und in der »Frankfurter Allgemeinen« schrieb Dieter Bartetzko: »Die unbeirrbaren Befürworter eines erschlagend monumentalen Mahnmals … übersahen, daß ihr Riesenbau verzweifelt an die Architekturhybris der Nazis erinnert, die Speers Nord-Süd-Achse mit dem höchsten Triumphbogen der Welt abschließen wollten, auf dessen Fronten die Namen aller Gefallenen deutschen Soldaten eingemeißelt werden sollten.«

Während in Berlin die Fähigkeit zu trauern immer neue Blüten treibt, zeigt sich zugleich eine frappante Unfähigkeit zur Freude: 177 Bundestagsabgeordnete aus CDU/CSU, SPD und FDP beantragten im April 2000 den Bau eines »Einheits- und Freiheitsdenkmals« am Berliner Schloßplatz, das an die unblutige Revolution von 1989, aber auch an deren Vorläuferin, die Revolution von 1848, erinnern sollte. Der Antrag wurde im November 2001 schon im Kulturausschuß des Bundestags von PDS und SPD abgewürgt. »Die Sozialdemokraten wollen kein positives deutsches Nationaldenkmal«, klagte Unionsfraktionsvize Günter Nooke. Schon Jahre vorher hatte Johannes Gross in seinem Buch »Phönix in Asche« geschrieben: »Wenn der Staat Flagge zeigt, tut er es halbmast, seine Feiertage sind Trauertage, die Bekundungen der Staatsmänner triefen von Betroffenheit. Seine Geschichte ist in Wahrheit die des NS-Regimes und der Gedenktage seiner Greuel.«

Diagnose

Bekanntlich lieben die deutschen Grünen ihr Land nicht. Bei einer »polis«-Umfrage vom März 2001 bekannten sich zum Stolz auf ihr Land: bei der Union 80 Prozent, FDP 70 Prozent, SPD 60 Prozent, PDS 56 Prozent und bei den Grünen 36 Prozent. Für den grünen Umweltminister Trittin ist der Nationalstolz gar ein rechtsrassistisches Erkennungsmerkmal. Auf seinen Briefköpfen verwendet er auch nicht die offizielle Bezeichnung »Mitglied des Deutschen Bundestags«, sondern nur »Mitglied des Bundestags«. Das Deutschlandlied singt er grundsätzlich nicht mit.

Wie es mit dem Nationalstolz in Europa bestellt ist, zeigte eine Umfrage der EU-Kommission vom gleichen Jahr. Im europäischen Mittel waren 83 Prozent der Befragten »sehr stolz« beziehungsweise »ziemlich stolz« auf ihre Nationalität. Spitzenreiter waren die Iren mit 97 Prozent, Schlußlicht Deutschland mit 68 Prozent.

Daß die Deutschen sogar weltweit am wenigsten auf sich selbst stolz sind, haben Langzeitstudien des Instituts für Demoskopie in Allensbach belegt, die wiederum von anderen Instituten wie IMAS oder Ipos bestätigt wurden. Dabei fällt auch auf, daß der Stolz bei Jüngeren und bei besser Ausgebildeten schwächer ausgeprägt ist als bei den anderen Befragten. Mit anderen Worten, die Talfahrt geht weiter, und die Kluft zwischen jung und alt und zwischen Deutschland und dem Rest der Welt wird größer.

Nun hat es Theorien gegeben, die besagen, der Mangel an Nationalstolz könne die Gefühle der Menschen gewissermaßen umlenken, sie so vor Mißbrauch schützen und guten Zwecken zuführen. So zum Beispiel Helge Pross aus soziologischer Sicht oder der Unionslinke Heiner Geißler: »Wir brauchen Liebe zum Nächsten und nicht Liebe zum Volk … Das Nationalgefühl als völkisch-kollektive Emotion ist zu irrational … Es gibt keinen aufgeklärten Nationalismus …«

Vielleicht hätte der Christdemokrat nicht so vorschnell geurteilt, wenn er nur für einen Augenblick an Christus gedacht hätte: »Liebe deinen Nächsten wie dich selbst.« Jesus verlangt also keineswegs persönlichen oder kollektiven Selbsthaß, vielmehr sind Selbstliebe und Selbstachtung für ihn natürliche Grundtatsachen, ja Notwendigkeiten. Auch der Volksmund weiß vom Zusammenhang zwischen Selbstachtung und Fremdachtung, wenn er bei einem Griesgram vermutet: Der mag sich selbst nicht. Neuere Untersuchungen bestätigen diese schlichten Weisheiten übereinstimmend. Der amerikanische Psychologe und Demokratietheoretiker Paul M. Sniderman hat schon 1975 in einer umfangreichen theoretischen und empirischen Studie herausgearbeitet, daß Selbstachtung (»self-esteem«) und Fremdachtung eng zusammenhängen: Wenn ich mich schätze, mag, mir vertraue, schätze ich in der Regel auch andere Menschen, mag sie und vertraue ihnen. Nach Sniderman strahlt die Selbstachtung auch in den politischen Raum aus und fördert aktive Teilhabe an und Vertrauen zu demokratischen Institutionen.

Ganz ähnliche Ergebnisse erbrachten die Untersuchungen des Allensbacher Instituts: Verbunden mit dem Stolz auf die Nation sind auch der Stolz auf die eigene Arbeit, auf Familie und Kinder, schließlich die Bereitschaft, sich für Gemeinschaftsaufgaben einzusetzen, sowie das Vertrauen zu Parlament und Armee, Rechtsprechung und Polizei. Je größer das Mißtrauen gegenüber den demokratischen Institutionen, um so größer auch die Anfälligkeit für extremistische Tendenzen.

Immer wieder wird Stolz mit Arroganz verwechselt. Dazu konstatiert Prof. Elisabeth Noelle-Neumann, die Leiterin des Allensbacher Instituts: »Stolz, das zeigen die Ergebnisse, ist nicht kalt wie Hochmut, sondern eine warme Empfindung, die zwischen dem einzelnen und seiner Umwelt ein Band herstellt, Bindefähigkeit schafft, auch zur Selbstlosigkeit befähigt.« – Marie von Ebner-Eschenbach hat schon 100 Jahre vorher erkannt: »Vaterlandsliebe ist erweiterte Familienliebe.«

Im Januar 2001 veröffentlichte die Zeitschrift »Psychologie heute« Tips für ein gesundes Alter. Neben »aktiv bleiben« und »moderat leben« hieß es dort »stolz sein«. Denn wer stolz auf sich sei, habe ein starkes Selbstwertgefühl, das ihn vor Depressionen und einem Gefühl der Hilflosigkeit bewahre. – Nach einer bundesweiten Studie der Gesellschaft für wissenschaftliche Gesprächspsychotherapie (GWG) aus dem gleichen Jahr leiden vor allem Singles oft an »fehlender Selbstliebe«. Dieses Manko behindere stets auch die Liebe zu anderen Menschen und mache krank.

Allensbacher Untersuchungen brachten noch eine weitere Querverbindung der individuellen und kollektiven Selbstachtung ans Licht, nämlich die zum subjektiven Glücksgefühl. »Sehr glücklich« fühlten sich im amerikanischen Durchschnitt 33 Prozent, im europäischen 21 Prozent und im deutschen 10 Prozent der Befragten.

Demoskopisch signifikant wird der »deutsche Sonderweg« beim Glücksgefühl wie so vielen anderen Phänomenen erst seit Mitte der 60er Jahre, also etwa seit der Weichenstellung zum sozialistischen »Marsch durch die Institutionen«. Auch die »Lachforscher« bestätigen die Erkenntnisse aus Allensbach: In den 50er Jahren lachten die Menschen hierzulande noch 18 Minuten im Tagesschnitt, heute sind es nur noch sechs Minuten (»Focus« Nr. 41/1999).

Der »Spiegel«-Journalist Erich Wiedemann kommentierte in seinem Buch »Die deutschen Ängste/Ein Volk in Moll«: »Die jungen evangelischen Theologen sehen es nicht mehr als ihre Aufgabe an, gute Botschaften zu verbreiten. Sie haben das ganze Jahr Bußtag und würden, wenn man sie ließe, am liebsten ein elftes Gebot in die Bibel hineinredigieren: Du sollst dich nicht freuen ... Sie haben ... die Hosen voll und die Herzen leer.«

Der bereits zitierte US-Psychologe Sniderman beschreibt den Gegenpol zur Selbstachtung als Selbstverachtung, die stets mit einem diffusen Schuldgefühl verbunden sei und zu leichter Verletzbarkeit und zu feindseligen Reaktionen führe. Ein freudloser Mensch ohne Selbstachtung wird seinen Minderwertigkeitskomplex eher auf aggressive Weise zu kompensieren versuchen und sich zum Beispiel sagen: »Wenigstens bin ich kein Neger.« Wer dagegen Stolz und Freude empfindet, hält es mehr mit Friedrich Schiller: »Freude, schöner Gotterfunken … Alle Menschen werden Brüder, wo dein sanfter Flügel weilt. Seid umschlungen, Millionen! Diesen Kuß der ganzen Welt!«

Im Grunde sagen die modernen Psychologen nichts anderes als die alten Philosophen, zum Beispiel Nietzsche in seiner Schrift »Vom Nutzen und Nachteil der Historie für das Leben«: »Es gibt einen Grad von Schlaflosigkeit, von Wiederkäuen, von historischem Sinne, bei dem das Lebendige zu Schaden kommt und zuletzt zugrunde geht, sei es nun ein Mensch oder ein Volk oder eine Kultur.«

Nun könnte man dagegenhalten, das Selbstwertgefühl sei in Deutschland schon immer schwächer ausgeprägt gewesen als bei seinen Nachbarn, und dabei auf die Jahrhunderte alte Spottfigur des »deutschen Michel« verweisen, der es jedem recht machen will und keinem recht machen kann. Sicherlich bildet diese historische Quelle einen gewissen Zufluß zum Strom der gegenwärtigen deutschen Befindlichkeit, aber eben nur einen Nebenfluß; der Hauptstrom entspringt anderswo.

Daß rassische, ethnische, kulturelle oder religiöse Gruppen eine Art von Selbsthaß entwickeln, wenn sie aus irgendwelchen Gründen in eine Abseitsposition geraten, ist in der soziologischen und sozialpsychologischen Literatur oft und ausführlich beschrieben worden. Eine klassische Untersuchung ist die von Clark und Clark aus dem Jahr 1947. Sie gaben Negerkindern im Alter zwischen drei und sieben Jahren »weiße« und »schwarze« Puppen mit Fragen wie: »Mit welcher Puppe möchtest du gern spielen? Zeig mir die Puppe, die böse aussieht« usw. Mehrheitlich wollten die Kinder mit der weißen Puppe spielen; die schwarze Puppe wurde als »böse« bezeichnet.

Eine der zahlreichen Analysen des jüdischen Selbsthasses stammt von K. Lewin. In seinem Buch »Revolving Social Conflicts« beschreibt der Autor die eigenen Minderwertigkeitsgefühle, die er als Heranwachsender hatte, und fährt dann fort: »Das Minderwertigkeitsgefühl des Juden ist nur ein Indikator der Tatsache, daß er die jüdischen Angelegenheiten mit den Augen der unfreundlichen Mehrheit sieht.« Das Ergebnis dieses Zustands bezeichnet er als »negativen Chauvinismus«.

Die klassischen Selbsthaßsymptome sind zwar in der Regel bei Minderheiten zu registrieren, doch ist nicht zu bestreiten, daß es auch Ausnahmen von dieser Regel gibt. Im Fall der deutschen Nachkriegsneurose übernehmen im wesentlichen die elektronischen Massenmedien die Rolle der repressiven Mehrheit und die gleichsam sprachlose Bevölkerung die der Minderheit. Durch hilfreiche Vermittlung dieser Massenkommunikationsmittel sehen sich die Deutschen zur Zeit nicht mit ihren eigenen Augen, sondern mit den Augen der ehemaligen Kriegsgegner mit allen ihren historischen Irrtümern und Vorurteilen, vor allem sehen sie sich aus der Perspektive des Antigermanismus der 40er Jahre. Erinnert sei hier nochmals an die vertrauliche Denkschrift des Legationsrats Adam von Trott, eines der Märtyrer des Widerstands, an die amerikanische Adresse: die angelsächsischen Länder seien erfüllt von Vorurteilen und pharisäischen Theorien und offenbar nicht in der Lage zu verstehen, daß die Deutschen selbst ein unterdrücktes Volk seien.

Erfreut konnte jedenfalls der amerikanische Kollektivschuld-Guru Daniel J. Goldhagen am 10. März 1997 in der Bonner Beethoven-Halle vermerken, die US-Umerziehung habe einer Internationalisierung des Blicks auf die eigene Geschichte gebracht durch »Integration kritischer Perspektiven Außenstehender in das Verständnis der deutschen Nationalgeschichte«. Was Goldhagen mit »Integration kritischer Perspektiven Außenstehender« umschreibt, ist nichts anderes als die Übernahme der von Trott kritisierten »Vorurteile und pharisäischen Theorien«.

Als deutscher Emigrant in Frankreich hatte Heinrich Heine reichlich Gelegenheit, die Unterschiede in der Mentalität der beiden Völker zu studieren. Besonders beeindruckte ihn die lebensnahe und realistische Denkweise unserer Nachbarn: »Die Franzosen sind sicherer im Umgang, eben weil sie positiv und traumlos – der träumende Deutsche schneidet dir eines Morgens ein finsteres Gesicht, weil ihm geträumt, du hättest ihn beleidigt oder sein Großvater hätte von dem deinigen einen Fußtritt bekommen.«

Heute müßte man diese scharfsichtige Beobachtung wohl umgekehrt lesen: Der Deutsche macht ein finsteres Gesicht, weil sein Großvater dem deinigen einen Fußtritt versetzt hat. Wie eine Illustration dieser Feststellung liest sich der Bericht eines Mitglieds der »Wissenschaftlichen Kommission für deutsche Kriegsgefangenengeschichte« im Frankreichband (Nr. XIII) der mehrbändigen offiziellen Kriegsgefangenengeschichte:

»Daher durfte der Unterzeichnete es wagen, dem General (Duc de Cossé-Brissac, Leiter des »Service historique de l'Armeé«) seine tiefste Sorge vorzutragen, die ihn für den Band über die deutsche Kriegsgefangenschaft in Frankreich bewegte, eine Sorge, die um so tiefer war, als er selbst durch verwandtschaftliche und zahlreiche freundschaftliche und kollegiale Beziehungen mit Frankreich verbunden war und ist. Wie in jeder Kriegsgefangenschaft, so gab es auch für die deutschen Kriegsgefangenen in Frankreich negative Erscheinungen. Sie zu unterdrücken, hätte der wissenschaftlichen Wahrhaftigkeit widersprochen; sie zu schildern, könnte die junge Freundschaft zwischen den beiden Völkern belasten. Da antwortete der General: wir müßten die Wahrheit sagen, doch es komme darauf an, welche Betonung solchen negativen Fällen gegeben werde; wenn man einen Fleck durch das Mikroskop sähe, beherrsche er das ganze Blickfeld, doch wenn man ihn auf einem Teppich sähe, wäre er eben nur ein Fleck.«

Zweifellos würde ein Franzose die zwölf Jahre Hitlerdiktatur nicht anders bewerten, hätten sie sich in Frankreich abgespielt: wenn man sie durch ein Mikroskop sieht, beherrschen sie das ganze Blickfeld, doch wenn man sie auf dem Teppich einer 1200jährigen Nationalgeschichte sieht, sind sie eben nur ein Fleck.

Aber soviel Augenmaß wird man bei den professionellen »Antifaschisten« und deutschen »Antideutschen« kaum finden. Sie reagieren in allen Lebenslagen eher wie Diederich Heßling, die Hauptfigur in Heinrich Manns Roman »Der Untertan«. Bevor er in der Hochzeitsnacht zu seiner Braut ins Bett steigt, spricht er markig: »Bevor wir zur Sache selbst schreiten, gedenken wir seiner Majestät unseres allergnädigsten Kaisers.« Heute gedenkt man natürlich – pflichtschuldig schuldbewußt – eines gewissen Herrn aus Braunau.

Therapie

Demgegenüber ermahnen erstaunlich viele ausländische Beobachter die Deutschen, wieder den aufrechten Gang zu erlernen, sei es der Regisseur Steven Spielberg (Shoah-Zeitzeugen-Projekt), sei es Theodore Ellenhof (American Jewish Committee) oder der seinerzeitige Präsident der Europäischen Kommission, Jacques Delors, der in einem »Welt«-Interview betonte: »Die junge deutsche Generation muß die Möglichkeit haben, zu leben, sich zu entfalten, auf ihre Nation stolz zu sein.« Im übertragenen Sinn ist der aufrechte Gang für die psychische Gesundheit des einzelnen und für die Überlebensfähigkeit einer Gemeinschaft essentiell. Und im Wortsinn war er vermutlich der Grund, warum wir heute keine Menschenaffen mehr sind; einschlägige Fachbücher berichten: »Die entscheidende Phase der Menschwerdung spielte sich vor rund vier Millionen Jahren mit der Entwicklung des aufrechten Ganges ab.« Geistreiche Menschen wie Johannes Gross vermuteten, daß sich dieser epochale Prozeß außerhalb von Deutschland abgespielt haben muß: »Als die ersten Menschen sich aufrichteten, um auf zwei Beinen zu gehen, ist gleich ein Deutscher herbeigeeilt, um dringlich zu warnen: das sei gefährlich, es drohe der Sturz, besonders den Kindern und Alten; vor allem sei es unsolidarisch gegen die übrigen Vierbeiner, auch theologisch bedenklich, denn es wende das Menschengesicht ab von der Erde, dem mütterlichen Grund.«

Der Therapeut der deutschen Neurose hat es nicht leicht. Zum einen muß er die verkorksten Denktraditionen des weltfremden deutschen Michel bewußtmachen und zum anderen dem akuten Schuldkomplex auf den Grund gehen. Im gegebenen Fall ist noch einmal daran zu erinnern, daß der neurotische Selbsthaß diskriminierter Minderheiten auf der Übernahme von Vorurteilen der feindseligen Mehrheit beruht. Bei der deutschen Neurose fungieren wie gesagt vor allem die elektronischen Massenmedien als »Mehrheit«, das Volk als Minderheit; das übernommene Vorurteil liegt in der rassistisch gefärbten Kollektivschuldtheorie.

Der weitere Verlauf der Behandlung ist in jedem beliebigen Lexikon unter dem Stichwort »Psychoanalyse«

nachzulesen: Die Einsicht in die unbewußte Konflikt-ursache und die klare Auseinandersetzung damit befreit die für die Verdrängung gebrauchte psychische Energie und läßt zugleich auch die Symptome verschwinden.

Die Therapie wird zusätzlich erschwert durch den Umstand, daß sich der kollektive Schuldkomplex – unter diversen wohlklingenden Decknamen – zur deutschen »Zivilreligion« entwickelt, also mittlerweile pseudoreli-giöse Formen angenommen hat. Und mit der Religion ist das so eine Sache. Der große Philosoph Ludwig Feuer-bach schrieb 1841 in seinem Buch »Vom Wesen des Chri-stentums«: »Die Religion knüpft an ihre Lehren Fluch und Segen, Verdammung und Seligkeit. Selig ist, wer glaubt, unselig, verloren, verdammt, wer ihr nicht glaubt. Sie appelliert also nicht an die Vernunft, sondern an das Gemüt ... an die Affekte der Furcht und Hoffnung.«

Um sich von dieser Gängelung zu befreien, braucht unser Patient auch eine gehörige Portion Mut. Immanuel Kant hat in seinem Aufsatz »Beantwortung der Frage: Was ist Aufklärung?« formuliert, worauf es ankommt: »Aufklärung ist der Ausgang des Menschen aus seiner selbstverschuldeten Unmündigkeit. Unmündigkeit ist das Unvermögen, sich seines Verstandes ohne Leitung eines anderen zu bedienen. Selbstverschuldet ist diese Unmündigkeit, wenn die Ursache derselben nicht am Mangel des Verstandes, sondern der Entschließung und des Mutes liegt, sich seiner ohne Leitung eines anderen zu bedienen. Sapere aude! Habe Mut, dich deines eige-nen Verstandes zu bedienen! ist also der Wahlspruch der Aufklärung.«

Aus der Sicht des Psychologen

Nachwort von Prof. Herbert Speidel

Kollektivschuld steht im Gegensatz zu den herrschenden Rechtsprinzipien. Jeder Bürger weiß, daß Schuld individuell nachgewiesen werden muß und – flankierendes Rechtsprinzip – davor die Unschuldsvermutung gilt. Unser Recht verlöre sich im Chaos, wenn diese Dioskurenprinzipien nicht peinlich befolgt würden. Der individuelle Schuldnachweis gilt uns als Ausweis zivilisierten Umgangs und kultureller Entwicklung. Nun wissen wir aber, daß dieses Rechtsfundament einen großen kulturellen Aufwand an Aggressionsregulierung erfordert und unter vielen Bedingungen durch regressive psychische, interindividuelle und kollektive Prozesse außer Kraft gesetzt werden kann. Es bedarf deshalb des besonderen Schutzes durch elaborierte Gesetzeswerke.

Aggressive Affekte, Grundbestandteil unserer psychischen Ausstattung, folgen nicht diesem Rechtsprinzip. Sie müssen vielmehr durch dieses ihres destruktiven Potentials entkleidet werden. Setzten sie sich ungezügelt durch, so wirkten sie nach ihren Auslösungs-Reaktionsmodalitäten und unabhängig von objektiven Schuldbeurteilungskriterien, aber konform mit einer archaischen Schuldzuschreibungsmechanik: wer mich in Wut bringt, ist schuldig und muß bestraft oder auch vernichtet werden. Streitigkeiten sind von Affekten geleitet und arbeiten mit externer Schuldzuschreibung, die den Argumenten Nachdruck verleiht und das Gewissen entlastet. Weil aber das Ausagieren von Affekten im Konflikt mit gegenseitigem Angewiesensein und übergeordneten Gefühlen von Zusammengehörigkeit oder auch mit dem eigenen Überlebensinteresse steht (der Gegner könnte ja stärker sein), versuchen sich im individuellen wie im kollektiven Lebensinteresse rationale Strukturen den Affekten entgegenzustellen beziehungsweise sich überzuordnen und in Gestalt von Gesetzen zu formalisieren.

Intrapsychisch sind diese sozialen Kontrollen im Gewissen beziehungsweise Über-Ich repräsentiert. Weil es je nach frühen Lebenserfahrungen unterschiedliche Qualitäten hat und auch mehr oder weniger korrumpierbar ist, bedarf es äußerer sozialer Kontrollen. Da aber auch Rechtsinstanzen wegen affektgeleiteter Interessen nicht als unanfechtbar gelten können, haben zivilisierte Staaten hierarchisch gegliederte Kontrollorgane eingeführt. Ihre Aufgabe ist es, die Wirkung von Affekten, die der kognitiven Differenzierung und damit der rechtlichen Beurteilung entgegenstehen, im Interesse differenzierter, gerechter und das heißt individueller Betrachtung unter Begrenzung der Wirksamkeit aggressiver Affekte zu kontrollieren.

Dies gelingt aber nicht unter allen Umständen, vor allem dann nicht, wenn die Affekte nicht neutralisiert werden können. Gerichte sollen deshalb neutral sein, das heißt nicht affekt- und interessengeleitet. Diesem Neutralitätsgebot dient das Befangenheitsprinzip. Mißlingt diese Kontrolle, so neigen die affektgeleiteten Interessen dazu, sich rationalisierend in Rechtsnormen zu verstecken, diese also zu pervertieren. Das geschieht regelhaft, wenn eine mächtigere Gruppierung einer schwächeren gegenübersteht, aber das Anschein von Recht, das heißt von normgeleiteter Affektkontrolle, beibehalten werden soll. Die Nürnberger Prozesse nach dem Zweiten Weltkrieg sind solche Beispiele. Hier wurde ein Verfahren der Rechtsprechung für einen anderen Zweck benutzt, nämlich dem des Umgangs des Siegers mit den Besiegten.

Die unterschiedlichen Interessen von Staaten führen

im Konflikt zu (wechselseitiger) kollektiver Schuldzu-
weisung und bei extremer Konfliktstärke in einem
Quantensprung zu archaischen, angriffs- und verteidi-
gungsorientierten Handlungsmustern, deren Haupt-
merkmal die Aufhebung des Tötungsverbots ist. Unter
diesen Bedingungen kommen regelhaft Kollektivschuldzuschreibung, Tötung, Unterwerfung und Beraubung
vor, unter Wahrung von Resten zivilisierter, epochenab-
hängiger Gesetze wie zum Beispiel den Geboten der Rit-
terlichkeit, dem Schutz von Frauen und Kindern und
dem Kombattantenstatus, die im Zweiten Weltkrieg
einer weitgehenden Anomie wichen (beiderseitige massenhafte Vernichtung von Zivilisten). Nach Abschluß
der Kriegshandlungen kommt es zu Friedensverträgen:
unterlegene Staaten werden mehr oder weniger gedemütigt und beraubt, und zwar vorzugsweise mit Begründungen aus der Rechtssprache. Nicht Gerechtigkeit
wird aber gewährt, sondern die Überlegenheit der Sieger
und ihre unumschränkte Handlungsmacht kommen zur
Geltung.

Kollektivschuldurteile sind also rationalisierende, af-
fektgeleitete, machtgestützte Zuschreibungen. Sie dienen
dazu, den eigenen, vom gegnerischen Blut besudelten
»Volkskörper« von der Schuld des Tötens durch Projektion auf den unterlegenen Feind zu befreien, und sie dienen der moralischen Unterwerfung des Gegners durch
die Entwertung seines kollektiven Wertesystems, seines
Nationalgefühls. Wie für Individuen der individuelle, ist
für Völker der kollektive Narzißmus ein notwendiger Bestandteil zur Garantie der Integrität und des Wertekanons
und damit die Grundlage des Zusammengehörigkeitsgefühls. Nationalgefühl beziehungsweise Nationalstolz
sind somit das Analogon zum Narzißmus als Begriff für
das individuelle Selbstgefühl, das Organ der Selbstab-
grenzung, Selbstdefinition und Werteverteidigung. Beim

nationalen Narzißmus handelt es sich also nicht um eine pathologische Formation, sondern um ein notwendiges kollektives Selbstdefinitions- und Abwehrsystem.

Kluge Sieger berücksichtigen den kollektiven Narziß-mus der Besiegten und vermeiden zu schwere Kränkungen. Denn die reparativen Aktivitäten des kollektiven narzißtischen Systems sind vor allem auch eine Funktion der Schwere seiner Verletzung. Die Pariser Vorstadtver-träge am Ende des Ersten Weltkriegs waren insofern un-klug. Kollektivschuldurteile, wie sie hier ausgesprochen wurden, haben aber unterschiedliche Folgen, je nach Zu-stand der Selbstwahrnehmung des Kollektivs, dem die Zuschreibung gilt, und der Existenz stabilisierender Ge-genkonzepte.

Wird die Selbstwahrnehmung eines Kollektivs durch hinreichende, den nationalen Narzißmus stabilisierende Konzepte gestützt, was immer auch ein hohes Maß flan-kierender historischer Verleugnung voraussetzt, wird die Kollektivschuldzuschreibung nicht wirksam, wie zum Beispiel im Falle der massenhaften Morde im Zusam-menhang mit der Französischen Revolution oder der Ausrottung der amerikanischen Ureinwohner. Beide Massaker haben der positiven kollektiven Selbstwahr-nehmung, dem jeweiligen nationalen Narzißmus nicht geschadet. Weder wurde wirksam der Kollektivschuld-vorwurf erhoben, noch wurde er in das nationale Selbst-konzept übernommen. Sind solche den kollektiven Nar-zißmus stützenden Konzepte beschädigt, aber noch vorhanden, zum Beispiel im Falle der deutschen Nieder-lage im Ersten Weltkrieg, so können sich reparative Ten-denzen gegen die Übernahme von Kollektivschuldvor-würfen und deren materiellen Folgen durchsetzen, was im Falle Deutschlands schließlich zur Etablierung einer Diktatur führte.

Ist die Niederlage zu schwer und steht ihr kein stabilisierendes Konzept im Sinne der Schuldabwehr zur Erhaltung des nationalen Narzißmus und der ihn flankierenden Verleugnung entgegen, so kann der von außen kommende Selbstvorwurf in das Innere der kollektiven Selbstwahrnehmung eindringen. Er wird damit zum Bestandteil des nationalen Selbstkonzepts und entwickelt nun ungehindert sein aggressives Potential als kollektive Autodestruktion. Dies ist die Situation Deutschlands nach dem Zweiten Weltkrieg.

Eine derartige Sozialpathologie ist also die Folge der Destruktion des Nationalgefühls und dessen das Kollektiv schützender Funktion, und gleichzeitig destabilisiert sie dessen Reste, nämlich das kulturelle Zusammengehörigkeitsgefühl. Die im Namen dieser kulturellen Gemeinschaft begangenen Verbrechen sind natürlich eine Voraussetzung für diese Entwicklung, aber vermutlich nicht die wichtigste, denn andere Völker konnten ihr Nationalgefühl vor dem Eindringen kollektiver Scham- und Schuldgefühle wirksam schützen, obwohl in deren Namen ebenfalls grausame Verbrechen begangen wurden. Hier wirkt eine Kombination idealisierender und verleugnender Mechanismen protektiv, wie sie im militärischen Triumph wirksam werden kann, nicht aber unter den Bedingungen von Zerstörung, Niederlage, Vertreibung, Verlust bisheriger geistiger Orientierung und entwertender Indoktrination, also der Situation Deutschlands am Ende des Zeiten Weltkriegs und nach diesem. Hier fand das für die moralische Kohärenz notwendige verleugnend-idealisierende kollektive Abwehrverhalten nicht mehr Halt und Resistenz, und so drang die moralische Destruktion, infolge der Wahrnehmung der für die meisten erst nach dem Krieg erkennbaren Fülle von Verbrechen, vor allem der massenhaften Vernichtung der europäischen Juden, und durch die Indoktrination von seiten der Siegermächte, welche die Werte der nationalen

Geschichte zerstörte, ungehindert in das allgemeine Bewußtsein ein und prägte es nachhaltig. Sein zentraler und wichtigster Bestandteil ist die Kollektivschuld, das Negativ des kulturellen Zusammengehörigkeitsgefühls. Ist sie, wie im Nachkriegsdeutschland, zum Bestandteil des nationalen Selbstkonzepts geworden, so kann man analog zu den individuellen psychischen Prozessen von einem kollektiven malignen Introjekt sprechen.

Dieses autodestruktive Introjekt, also die kollektive Vorstellung der Wertlosigkeit, Gefährlichkeit usw. der Werteprinzipien der solchermaßen beschädigten nationalen Gemeinschaft, erzeugt und fördert eine masochistische Moral. Ihre Modalitäten sind unaufhörliche Schuldbekenntnisse und Bußerituale, die nationale Selbsterniedrigung und die Bereitschaft zu unbegrenzten Wiedergutmachungsangeboten. Eine derartige kollektive Moralpathologie besitzt große Dauerhaftigkeit, weil sie mit vielfachen Belohnungen verknüpft ist: die moralische Haltung verschafft deren Vertretern ein großes moralisches Überlegenheitsgefühl und rettet außerdem in der Selbsterniedrigung eine pathologische Form nationaler Kohärenz; die Selbsterniedrigung ist aber gleichzeitig auch das Mittel der Verschleierung dieses Überlegenheitsgefühls. Sie bringt zu ihrer Erhaltung das Opfer materieller Ausbeutbarkeit und genießt deshalb große Anerkennung von seiten der Ausbeuter, und weil sich die Aggression gegen das eigene Kollektiv wendet, viel Lob wegen dessen Harmlosigkeit von seiten potentieller oder ehemaliger Gegner, die entweder den destruktiven Aspekt, weil nicht nach außen gerichtet, nicht sehen oder ihn zwar vermuten, aber wegen dessen autodestruktivem Charakter eher begrüßen oder aber mißtrauisch bleiben, weil sie die Aggressionsumkehr fürchten. Die Übernahme der Kollektivschuldthese als zentrales Konzept einer Sozialpathologie, deren dominierendes Kennzeichen eine kollektive masochistische Moral ist, stellt einen komplexen Prozeß dar, dessen Voraussetzung die Zerstörung der kollektiven Schutzmechanismen (Verleugnung und Idealisierung von Nationalbewußtsein und -stolz) ist. Die kollektive masochistische Moral (wir sind ein gefährliches, für Diktatur anfälliges, barbarisches Volk, das vor sich selbst geschützt werden muß und hierfür das Nationale abstreift) stellt einen Abwehrmechanismus dar, der den Siegermächten die beruhigende Außenseite der Selbstdestruktion einschließlich unbegrenzter materieller Opfer anbietet und dahinter eine grandiose Moralposition entwickelt, deren Arroganz durch die demutsvolle Schauseite verborgen wird und die durch Kollektivschuld und masochistische Moral als Negativ des nationalen Zusammengehörigkeitsgefühls dieses verbirgt. Kollektivschuld und flagellantischer moralischer Masochismus sind die nun wirksamen, aber verborgenen Nationalembleme, samt dem damit verbundenen Negativ des Nationalstolzes, der als solcher durch die masochistische Mimikry unerkannt bleibt. Masochistische Moral ist ein sekundärer Abwehrmechanismus unter der Bedingung der Wirksamkeit des malignen kollektiven autodestruktiven Introjekts.

Vertreter masochistischer Moral feiern begeistert alle Beleidigungen und Verletzungen der Wertegemeinschaft, in der diese masochistische Moral dominiert, scheinbar ohne Kritik und Gegenwehr; die Beleidiger werden als mutige Helden gefeiert, weil sie die flagellantischen Bedürfnisse der masochistischen Moralgemeinschaft am besten bedienen. Diese feiert ihre grenzenlose Friedfertigkeit und entwickelt in deren Schutz ein totalitäres Regime, deren Mechanik schon Freud beschrieben hat (siehe unten). Das als äußere Realität vernichtete totalitäre System ersteht in neuem Gewande wieder, weil die Bekämpfung des Bösen dieses nicht vernichtet, sondern ihm ein geheimes Überleben in Gestalt negativer identifikatorischer Prozesse anbietet, wie im Kampf der 68er Generation gegen die Naziväter mit der »Militanz«, das heißt der terroristischen Aktivität ihrer Wort- und Handlungsführer.

Masochismus, dominierender Bestandteil nationaler Erlebnisstruktur Nachkriegsdeutschlands, und Sadismus sind aber Geschwister, und wo Masochismus, verborgen in seinen honorigen Verkleidungen wie Antinationalismus, politische Korrektheit, Antifaschismus usw., blüht, ist sein sadistisches Pendant nicht weit: in Gestalt eines totalitären öffentlichen, in unseren Medien weitverbreiteten Meinungsterrors, exekutiert zum Beispiel an Nolte, Jenninger, Heitmann, Annemarie Schimmel, Walser, mit dem ein großer Teil des Wahrheitsspektrums unterdrückt wird. Er ist die unausweichliche Folge der Implantierung der Kollektivschuld und ihrer moralischen Repräsentanz, denn Kollektivschuld und masochistische Moral bedürfen zu ihrer Aufrechterhaltung einer Ideologie, deren Bestand durch Verdrängung und Verleugnung aufrechterhalten werden muß und deren Gegner mit denselben totalitären Haltungen und passenden Methoden bestraft werden, die projektiv dem bekämpften Weltbild zugeschrieben werden.

Eine solche kollektive pathologische Haltung hat aber schwerwiegende Folgen; die Destruktion des nationalen Zusammengehörigkeitsgefühls als eines Aspekts von Bindungsfähigkeit beschädigt auch dessen andere Bestandteile: verbindliche Beziehungen, die Sozialverbindlichkeit der Sexualität, die Vertrautheit zwischen den Generationen, die Generativität, das heißt das Interesse an der nachfolgenden Generation, die Erziehungskompetenz der Eltern, die Pädagogik, die Bildungspolitik – alle diese Elemente der Bindungsfähigkeit sind unter dem Einfluß einer masochistisch-destruktiven Moral als Abwehrformation unter der Wirkung des malignen Introjekts der Kollektivschuld tatsächlich auch schwer beschädigt worden.

Die Agenten dieser kollektiven Selbstdestruktion sind die sogenannten 68er. Die Angehörigen dieser tragischen Generation sind die Träger dieses autodestruktiven Introjekts. Die Geschichtsindoktrination durch die Sieger und das Verstummen der Kriegsgeneration der Enttäuschten, Gefoppten, Geschlagenen, Diffamierten, die mit einer Minderheit von Verbrechern konfundiert wurde (siehe die Reemtsma-Ausstellung, in der eine ganze Generation als Bestandteil einer Verbrecherorganisation dargestellt wird), haben die im Wohlstand aufgewachsenen Söhne der Kriegsgeneration ihren Eltern entfremdet, ihnen ein verzerrtes Geschichtsbild, gleichzeitig aber das Hochgefühl der beschriebenen masochistischen Moral vermittelt, das sie so resistent gegen Wahrnehmungskorrekturen macht.

Diese unter komfortablen Bedingungen lebende Nachkriegsgeneration verstand die Lebensbedingungen ihrer Eltern nicht und wurde an deren Verständnis auch durch das die Vergangenheit entwertende Geschichtsbild (die Reduktion der Geschichte auf Hitler und Auschwitz) verhindert. So blieb der Kriegsgeneration, welcher der Mut zur Gegenwehr abhanden gekommen war, in dem verkürzten Verständnis der Nachkommen nur die Alternative, als Verbrecher oder als politische Dummköpfe zu erscheinen. Diese Nachfolgegeneration entwickelte einen unlimitierten Hochmut gegenüber der Elterngeneration und verlor darüber jegliches differenzierende Geschichtsverständnis zugunsten der die Kollektivschuld stützenden masochistischen Moral. Weil diese differenzierte Betrachtungen ersetzen und die belohnungsträchtige masochistische Moral stützen mußte, wurden und werden bis heute widerstrebende Betrachtungsweisen von

der Mehrzahl der publizierenden Öffentlichkeit bekämpft. Die Generation der 68er kann deshalb vorläufig
die Lebenslüge eines verzerrten Menschen- und Welt-
bilds aufrechterhalten und verteidigen, obwohl es so un-
abweisbar gescheitert ist.

Weite Felder der Wahrheit gelten deshalb als obszön
und werden wie auch in totalitären Systemen unterdrückt.
Die Mechanismen dieser Unterdrückung sind einfach:
die die herrschende Ideologie und ihre masochistische
Moral, Wächterin der Kollektivschuld, bedrohenden Inhalte müssen lediglich mit Vokabeln wie rechtsradikal,
populistisch (ein Synonym für die Kundgabe kollektiv
unterdrückter Wahrheiten) oder antisemitisch belegt
werden. So wird jede differenzierende Perspektive re-
flektorisch außer Kraft gesetzt. Die Haltbarkeit dieser
pathologischen Wahrnehmungsverzerrung verdankt sich
aber auch einem kognitiven Moment: die Entdifferenzie-
rung der Wirklichkeit in Gut und Böse bietet die Über-
zeugungskraft des Einfachen und gewinnt hieraus eine
stabilisierende Eigendynamik.

Die inneren Bedingungen der inzwischen staatstra-
genden 68er Generation sind ihr zu großen Teilen gemeinsam. Sie haben eine wichtige Bedeutung für das Verständnis der beschriebenen Mechanismen. Gemeinsam
ist ihr die schwere Störung der Identifizierung mit der
Vatergeneration: viele waren vaterlos aufgewachsen, weil
ihre Väter im Krieg gefallen oder in der Gefangenschaft
verhungert waren, konnten sich aber wegen der totalen
materiellen und moralischen Niederlage des Staatsgebil-
des, für das die Väter ihr Leben geopfert hatten, nicht mit
ihnen als Helden identifizieren, wie das sonst in und
nach Kriegen üblich ist und auch Waisenkindern noch zu
einer für die Persönlichkeitsentwicklung wichtigen positiven Identifikation mit den toten Vätern verhilft. Diejenigen, welche das Glück hatten, ihren Vätern nach dem

Krieg wieder zu begegnen, erlebten Beschädigte, Gedemütigte, Beschämte und deshalb Verstummte, deren einzige Chance, die Selbstachtung wiederzugewinnen, war, das zerstörte Land und die eigene materielle Existenz wiederaufzubauen. Dies aber entfernte sie eher weiter von ihren Kindern, welche zwar die wiederkehrende Wohlhabenheit selbstverständlich genossen, aber den Vätern die Schwierigkeit, sich mit ihnen positiv zu identifizieren, nicht verziehen, vielmehr sie unter dem Einfluß der Geschichtsschreibung der Sieger, die ihre Wahrnehmungsmatrix wurde, zu hassen und zu verachten begannen. Statt dessen suchten sie sich andere, starke Väter, die, in Antithese zu ihrer Vatergeneration, welche mit einer »rechten« Politik gescheitert waren, »links« sein mußten, und so fielen sie dem Sozialismus, genauer dem Stalinismus und dem Maoismus, also ebenfalls totalitären Strukturen, zum Opfer, die sie mit Hilfe von Verleugnung und Verkehrung ins Gegenteil sowie mit der Idealisierung, die sie ihren eigenen Vätern versagen mußten, verklärten.

Dem realitätsverzerrten Weltbild waren dreierlei destruktive unbewußte Identifikationen unterlegt, welche ihre eigene Sprengkraft entwickelten und bis heute behalten haben. Zum einen waren die 68er Jünglinge unter dem Einfluß des ihnen vermittelten Geschichtsbilds unbewußt mit dem Phantasma einer verbrecherischen Vatergeneration identifiziert, von dem sie ihre aktionistische Destruktivität bezogen. Gleichzeitig waren sie mit der Destruktivität des Stalinismus identifiziert, dessen Vorteil war, daß sie diesen per Idealisierung, Verleugnung und Verkehrung ins Gegenteil so aufwerten konnten, daß er für ein idealistisches Weltbild und dessen Verwirklichung nutzbar wurde. Eine weitere Quelle der Destruktivität, das von den Alliierten zerstörte Land, was als materielle Realität anfänglich am direktesten wahrnehmbar und gerade deshalb wirksam, weil durch Indoktrination verleugnet und projiziert. Das Zerstörte war nun wertlos und seine Reste nicht schutzwürdig, wie es sich in der Häßlichkeit der Nachkriegsarchitektur und dem geschichtsmißachtenden Umgang mit den Spuren früherer Epochen manifestiert.

Die Generation der 68er war somit von drei gigantischen Quellen der Destruktivität umgeben, von denen zwei bereits der jüngsten Vergangenheit angehörten (die Nazigreuel und die Vernichtungswut der Alliierten) und eines noch lange wirksam war, nämlich Stalinismus/Maoismus. Diese drei Destruktionsquellen konnten nicht ohne destruktive identifikatorische Prozesse verarbeitet werden.

Die Identifikation mit der vorgefundenen und unausweichlichen Destruktivität hatte zwei mögliche Richtungen, die auch tatsächlich beobachtbar waren und sind: die nach außen gewandte Destruktivität richtete sich gegen den inzwischen etablierten demokratischen Staat, bis hin zum Terrorismus, aber auch gegen die alliierten Initiatoren dieses Staatswesens, die ihre Väter gedemütigt hatten. Hier verbirgt sich eine vierte, unbewußte Identifikation mit den verachteten Vätern, die den für die politische Linke Nachkriegsdeutschlands so charakteristischen Antiamerikanismus erklären kann und – in anderer Terminologie – eine Delegation der Ressentiments der gedemütigten Väter an die Söhne darstellt.

Die Wendung nach innen, die sich im Laufe der Jahre durchsetzte, spätestens seit aus Steinewerfern Minister werden konnten, ist die autodestruktive Richtung, deren ideologischer Inhalt die Kollektivschuld, deren strukturelle Grundlage die masochistische geprägte Moral ist.

Diese Moral und ihr wichtigster Inhalt sind für die nationale Identität von zentraler Bedeutung geworden, weil sie in dem historischen Dilemma Nachkriegsdeutschlands wichtige Vorteile boten, ja geradezu eine Rettung der nationalen Gemeinsamkeit (auf pathologischem masochistischem Niveau) versprachen, nämlich einen negativen Nationalismus. Die Kollektivschuld wurde ein wichtiges Bindemittel der gestörten Beziehung zwischen den Generationen: wenn »wir Deutschen« eine unvergleichliche, unlösbare Schuld auf uns geladen haben, dann eint dies in der Schuld Eltern, Kinder und Enkel. (Die »Gnade der späten Geburt« wurde ja von der kollektivschuldimprägnierten Öffentlichkeit schroff abgelehnt.)

Die destruktive Aggression, deren Verarbeitungsform kollektive masochistische Moral und deren Inhalt die Kollektivschuld ist, kann im Gewand der moralischen Demut ohne Schuldgefühl ausgelebt werden, nämlich in Gestalt einer totalitären Verfolgung entgegenstehender Haltungen, auf welche die eigene Aggressivität projiziert wird. Alles, was politisch »rechts« ist, wird als Projektionsfläche nutzbar. Die masochistische Moral schafft jenen pathologischen, gemeinschaftsbildenden Modus des Überlegenheitsgefühls, welches die gedemütigte Nation außer im Sport sonst nicht bieten kann.

Sie vermittelt die Selbstidealisierung einer in ihrer moralischen Selbstverurteilung sich konstituierenden negativ auserwählten Nation mit der Möglichkeit, sich mit den Juden zu identifizieren, deren Vernichtung so zum Bestandteil der eigenen Identität wird (deutsch sein heißt Auschwitz denken), und gleichzeitig die schleichende Selbstvernichtung als Bußeleistung anzubieten. Einer der Bestandteile dieser Identifikation ist nämlich die Generativitätsverweigerung eines sterbenden Volkes, das heißt sein Desinteresse, in hinreichendem Ausmaß Kinder zu erzeugen und gut zu erziehen. Aber auch die stetig wiederholte Beteuerung der deutschen Schuld ist Ausdruck der Identifikation mit den Juden und deren Tradition der stetigen Wiedererinnerung.

Die Nutznießer dieser Haltung (ehemalige Gegner) gratifizieren diese Moral, jedenfalls solange und insoweit deren Abwehrcharakter die zugrundeliegende destruktive Aggression durchblicken läßt.

Solange diese Bedingungen gegeben sind, gilt: Die in der masochistischen Moral gebundene destruktive Aggression läßt das Kollektiv nach außen als friedlich erscheinen, gemäß Sigmund Freuds hellsichtigem Diktum: »Es ist merkwürdig, daß der Mensch, je mehr er seine Aggressionen nach außen einschränkt, desto strenger, also aggressiver in seinem Ich-Ideal wird.« Die masochistische Nachkriegsmoral bringt in der Kollektivschuld eine negative Form von Nationalismus und antideutschem Rassismus zur Blüte, als Negativ des Nationalsozialismus, der dieser kollektiven Abwehrform sein Fortleben verdankt, per Projektion aber außen bekämpft werden kann. Die masochistische Moral ist aber auch ein unbewußter Rettungsversuch für die nationale Wertegemeinschaft auf einem pervertierten pathologischen Niveau.

Die Untersuchung der deutschen Nachkriegsverfassung anhand der psychoanalytischen Abwehrlehre ist wiederholt versucht worden. Am bekanntesten ist das Buch des Ehepaars Mitscherlich, »Die Unfähigkeit zu trauern«, geworden, obwohl oder genauer weil es fachlich äußerst fragwürdig und in der Tendenz eine gnadenlose, haßerfüllte Abrechnung mit den Deutschen ist. Es salvierte aber wie kaum ein anderes die masochistische deutsche Nachkriegsmoral. Schon der Titel zeigt jedoch, daß die Subtilität der Betrachtung nicht ihre Sache war: gab es doch kaum eine deutsche Familie, die nicht schwer getroffen war – traumatisiert würde man heute sagen. Unzählige tote Angehörige waren zu betrauern, aber auch der Verlust von Hab und Gut, der Verlust der Heimat, des Glaubens an lang verteidigte Werte und kultureller Kostbarkeiten. Von der Unfähigkeit zu trauern zu sprechen ist gerade für Psychoanalytiker eine peinliche Bankrotterklärung. Die Anwendung des Trauerbegriffs in bezug auf die Judenmorde, denen gegenüber Affekte wie Entsetzen, Grauen, Scham oder stellvertretende Schuldgefühle angemessen wären, zeigt eine völlige Unkenntnis der Qualität von Affekten, welche die Autoren auch den Unterschied von expressiven (das heißt zur Äußerung drängenden wie Freude, Wut, Angst) und reflektiven Affekten, die nicht zur Veröffentlichung neigen, übersehen ließ, und deswegen auch die Unsichtbarkeit von Schuld und Scham. Weil dies so ist, neigt die öffentliche Rede, die in Deutschland bei jeder Gelegenheit Schuld und Scham reklamiert, ja auch zu einem schwer erträglichen Mangel an Authentizität. Die Mitscherlichs prägten aber die einschlägigen Vorstellungen der nachfolgenden Generation im Sinne der masochistischen Moral und im Dienste der Kollektivschuldvorstellung, wie sie andererseits ihren immensen publizistischen Erfolg der bereits indoktrinierten Kollektivschuld verdankten. Waren sie ein besonders abschreckendes Beispiel für das Versagen der deutschen Psychoanalyse in bezug auf die Analyse der gesellschaftlichen Nachkriegssituation, so war doch auch im übrigen die psychoanalytische Publizistik trotz der dafür sehr geeigneten Instrumente dieser Wissenschaft zu sehr durch ihre innere Abhängigkeit von ihren ausländischen Kollegen und deren Geschichtsrezeption geprägt, als daß sie eine kritische Position gegenüber der dominierenden deutschen Nachkriegsideologie hätte zustande bringen können. So wurde die massenhafte Traumatisierung der deutschen Bevölkerung nie ihr Gegenstand; sie verhielt sich vielmehr ganz konform mit und ohne kritische Distanz zu der herrschenden Meinung, die oft bloß mit psychoanalytischen Begriffen garniert anstatt analysiert wurde.

Untersucht man das verbreitetste psychoanalytische Fachblatt, so findet sich dort zwar ein respektabler Anteil von über zehn Prozent historisch-politisch-soziologischen Themen, aber sie beschränken sich auf die nationalsozialistische Vergangenheit, auf Holocaust und Rechtsradikalismus. Die gesellschaftliche Realität kommt (darüber hinaus) nicht vor. Natürlich ist auch die wissenschaftliche Betrachtung der Kollektivschuld wegen mangelnder kritischer Distanz kein Gegenstand. Dabei ist deren Ursache, Einbettung und Verflechtung in einem komplexen historischen Kontext gerade im Zusammenhang unbewußter kollektiver Prozesse ein unentbehrlicher Bestandteil des Verständnisses deutscher Nachkriegsmentalität und ihrer konkreten geschichtlichen Folgen. Betrachtet man nämlich die Situation am Ende des Zweiten Weltkriegs, so waren die physische Bedrohung (mehrere Millionen starben an Hungerfolgen, nicht zuletzt, weil die Alliierten anfangs die vorhandenen Nahrungsmittel der Bevölkerung vorenthielten) und der drohende Identitätsverlust mit Niederlage, Entwertung und Demütigung eine bedrohliche Situation, die massive Abwehr provozieren mußte. Die kollektiven psychosozialen Sofortmaßnahmen waren, psychoanalytisch gesprochen, manische Abwehr und als deren materielle Folge der legendäre Wiederaufbau sowie Verleugnung der traumatischen Vergangenheit und Gegenwart, beides die Alternativen zu einer kollektiven Depression, wie sie erst später schleichend, verschleiert, als Generativitätsverweigerung zutage trat. Das Kollektivschuldintrojekt bot in der prekären Nachkriegssituation die Chance einer pathologischen Identität auf sadomasochistischem Niveau. Wie auch jede invidiuelle Psychopathologie stiftete sie einen »Leidensgewinn«, genauer eine Reihe wichtiger Vorteile: sie schützte vor kollektiver Depression und Verzweiflung, sie bot den Schutz der Identifikation mit dem Aggressor, das heißt mit den Siegermächten, welche diese Form der Unterwürfigkeit mit Wohlwollen und, soweit es sich um die USA handelte, auch mit materiellen Zuwendungen belohnten. Die kollektive Selbstbeschuldigung war ein wichtiges, vielleicht das einzige Mittel, von den Alliierten, denen gegenüber völlige Abhängigkeit bestand und besteht, akzeptiert zu werden.

Die Kollektivschuld und ihr kollektives intrapsychisches Täterorgan, die masochistische Moral, boten mittels der Abwehrmechanismen der Verkehrung ins Gegenteil und der Reaktionsbildung die Chance, eine Haltung der absoluten Friedlichkeit zu entwickeln. Die masochistische Moral lieferte auch mit dem in der Niederlage verlorengegangenen Überlegenheitsgefühl eine Immunität gegenüber Anklagen, Entwertungen und Beschuldigungen: hierin ist die masochistische Moral allemal schneller, unüberholbar und deshalb unverletzbar.

Kollektivschuld und masochistische Moral wurden so auch zum Eintrittsbillett in die Völkergemeinschaft. Weil es sich aber um einen komplexen Abwehrmechanismus handelt, erfordert diese Haltung einen immerwährenden, nie nachlassenden Aufwand an Wiedergutmachung und Bußeritualen, an Verleugnung, Ausbeutungsangeboten und Aggressionsunterdrückung. Sie kann leicht stimuliert werden, zum Beispiel durch den Antisemitismusvorwurf, der die repräsentative Öffentlichkeit reflexhaft in eine masochistische Unterwerfungshaltung zwingt. Insbesondere die aus schlimmer Erfahrung hellwachen Juden spüren den Abwehrcharakter der kollektiven masochistischen Moral und bleiben mißtrauisch.

Kann man die Verankerung der Kollektivschuld als eine unausweichliche pathologische kollektive Abwehrform in einer traumatischen historischen Situation verstehen, analog zu individuellen Neurosen, so müssen, ebenfalls in Analogie zu individuellen neurotischen Syndromen und den damit verbundenen Ich-Einschränkungen als Tribut an die neurotische Konfliktlösung, die Kosten der Sozialpathologie Nachkriegsdeutschlands gesehen werden. Kollektivschuld als nationales Konzept hat verheerende Wirkungen; sie verhindert innere nationale Unabhängigkeit, positives nationales Selbstbewußtsein, damit aber auch die Kreativität und deren Förderung. Sie beschädigt ein produktives Zusammengehörigkeitsgefühl und mit ihm Generativität, Erziehungs-, Bildungskompetenz und geistige Selbständigkeit. Sie fördert Unterwerfung und eine Satellitenmentalität. Das Kollektivschuldintrojekt ist ein gefährliches Risiko, ob es wie bisher autodestruktiv wirkt oder per Aggressionsumkehr nach außen. Deshalb ist dieses Buch so wichtig.